日本の地域別生産性と格差

R-JIPデータベースによる産業別分析

徳井丞次［編］

東京大学出版会

Regional Productivity Differences in Japan :
Industry-Level Studies Based on the R-JIP Database

Joji Tokui, editor
University of Tokyo Press, 2018
ISBN 978-4-13-040285-9

はしがき

　この本は，私がプロジェクト・リーダーを務めている R-JIP（都道府県別産業生産性）データベースに関する研究を纏めたもので，データベースの構築と改良を扱う第 I 部と，それを使った応用分析とそれらを補完する関連研究からなる第 II 部で構成されている．各章の内容の簡単な紹介と本著のなかでの位置づけについては，序章をご覧いただきたい．

　「来年度から JIP（日本産業生産性）データベースの都道府県版を作るプロジェクトを始めるからそのリーダーを担当してくれないか」という相談が，本著の共著者でもある深尾さんと宮川さんからあったのは，JIP データベースの仕事を手伝うようになって何年か経った 2011 年の年明けの頃と記憶している．お二人はどちらもゼミの先輩で，学年は 3，4 年離れているものの小さな勉強会などを通じてこちらが大学生の時から面識があって，そのご縁で JIP プロジェクトにも声をかけてもらっていた．そうした経緯でのお話だったので，このプロジェクト・リーダーの話がきたとき，責任の重さに少しためらったものの，引き受けさせていただくことにした．

　このようなわけで，このプロジェクトの本当の発案者は深尾さんと宮川さんで，私は振られた役割を引き受けたというのが本当のところだったが，この話を聞いて私なりの抱負が全くなかったということではない．それは，やはり本著の共著者の一人である乾さんが内閣府統計委員会担当室長の任にあったときに，統計制度のことを勉強する研究会に誘ってもらって，日本の地域統計には大きな問題があるという認識を持っていたからだ．その研究会では，海外の統計作成政府機関の担当者等からヒアリングを行う機会もあったが，「質の低いデータに基づいて決定された政策判断は大きなコストをもたらすことをしっかりと意識しなければならない」という言葉で，統計データの精度を向上させることの重要性を指摘されたことを今でも鮮明に記憶して

いる．このプロジェクトに取り組むことを通じて，地域統計の課題に一石を投じたいというのが，私自身のささやかな抱負だった．

　こうした（少なくとも私にとっては）小さな抱負のものと始めた研究プロジェクトであったが，その後 2014 年頃から，将来の人口減少のなかでの地方の厳しさへの指摘を受けて，「地方創生」が日本の政策課題として大きく浮上することになった．R-JIP プロジェクトも一躍タイムリーな企画となり，この頃からデータベースの利用について多くの問い合わせをいただくようになった．例えば政府の白書では，『平成 27 年度　経済財政白書』，『平成 27 年度　労働経済白書』，『平成 29 年度　通商白書』が R-JIP データベースを利用した分析を行っている．

　データベースを公開して多くの方に利用していただいていると，データについての質問や問い合わせが時々寄せられ，そのタイミングが悪くてこちらも忙しくしているときなどには，正直に言うと煩瑣なことと思うこともある．しかし，寄せられた質問から推計作業の単純ミスを発見することや，将来の推計方法の改善課題に気づかされることもある．そうした折には，こうしたデータの利用者と作成者の間のフィードバックの重要性も，やはり先にふれた統計制度の研究会で勉強させてもらったことの一つであったことをしみじみ思い出している．

　R-JIP データベースのプロジェクトは，独立行政法人経済産業研究所の研究プロジェクトの一つとして，一橋大学経済研究所の協力も得て，2011 年度の立ち上げ以来現在まで継続させていただいている．こうした全面的なバックアップがなければ，このプロジェクトを発足させ維持することはできなかったことは間違いない．また本著を構成する多くの章は，経済産業研究所の DP として既発表のものを書き直したりデータを新しくしたりした内容を含んでおり，同研究所の DP 検討会の参加者からは多くの有益なコメントをいただいた．その他にも Asia-KLEMS の参加者や，幾つかの研究会や講演会等でも貴重なコメントと示唆をいただいた．また，本著を構成するいくつかの章は，科研費基盤研究 C（課題番号 15K03423，代表者：徳井丞次），科研費基盤研究 S（課題番号 16H06322，代表者：深尾京司），科研費基盤研究 B（課題番号 15H03351，代表者：宮川努）の助成を得た研究成果であるこ

とを付記する．最後に，この本の編集担当者である東大出版会の大矢宗樹さんには，本当に丁寧な編集作業を行っていただいたことに感謝申し上げる．

　2018 年 7 月

徳 井 丞 次

目　次

第 II 部　地域間の産業別生産性格差

序　章

徳井丞次

1.　地域データ構築の意義と課題

　国連等が発行している国民経済計算（SNA）のマニュアルには，SNAの応用編の位置づけで「地域勘定（regional accounts）」について言及されている．その場合の「地域」は，一国内の地域，または複数の国が集まってできた経済圏内の地域と定義されて，地域間で経済社会発展の格差が大きいとき，「地域勘定」に基づく分析は特に重要になると書かれている．

　最近の世界情勢は，この指摘の重みを再認識させるものではなかろうか．市場統合による経済成長の加速と，域内各国間の経済格差の縮小を期待されて1993年にスタートした欧州連合（EU）は，当初の期待を裏切り，特に近年になって域内各国間の格差を背景に軋み始め，経済統合の効果を疑問視する声が浮上してきている．また，2016年に行われた米国大統領選挙では，かつて「Wall Street 対 Main Street」に象徴された米国内の地域間格差が，現在も形を変えて米国社会の底流に流れていることを露わにした．

　一方，日本国内に目を転じると，長期的にみれば概ね大正時代以降，なかでも戦後の高度成長期から1970年代頃まで縮小傾向が続いてきた地域間格

差が，この30年間は下げ止まっていることが明瞭になっている[1]．そのこと
に加えて，今後日本全体で人口減少が進むなかで，地方はさらに厳しい人口
減少に直面するのではないかと懸念されるようになっている．なぜなら，地
方の人口減少の背景には，人口の年齢構成と出生率から予想される自然減に
加えて，人口の地域間移動から生じる社会減があり，低所得地域はより深刻
な人口流出を予想せざるを得ないからだ．

　いったい日本の地域間生産性格差は今後縮小していくのか，あるいはそう
ではないのか．そして，地域間格差が縮小していないとすると，その原因は
どこにあるのか．こうした疑問に答えようとすると，地域間格差を生産要素
投入と生産性に要因分解するための，できるだけ正確なデータを準備する必
要がある．我々は，こうした要請に答えるために都道府県別産業生産性（R-
JIP）データベースの構築と，それを使った分析及び関連する分析を行って
きた[2]．幸いこのデータベースは多くの方の関心を呼び様々に活用していた
だいている．本書は，こうしたデータ構築と分析の取組みを紹介するもの
で，第I部のデータ構築編と，第II部の分析編から構成される．

2. データ構築編について

　第I部のデータ構築編は4つの章からなり，第1章と第2章は，現在公表
しているR-JIPデータベースの構築方法とそこから得られる地域生産性に関
する基本的な分析結果を報告している．それに対して，第3章と第4章は，
地域間サービス価格の乖離と，地域を跨ぐ本社サービスの投入という，地域
データを扱う際に生じる特有の困難な問題にどう取り組むべきかを試みてみ
たものである．冒頭に言及した国民経済計算マニュアルの「地域勘定」の解
説でも，地域を跨いだ企業・機関の活動と，地域間価格格差の問題の2つが
「地域勘定」特有の困難な課題として指摘されていて，それらの課題に挑戦

---

1)　日本の地域間格差の長期的趨勢については，本書第5章を参照．
2)　都道府県別産業生産性（R-JIP）データベースの構築は，独立行政法人経済産業研究
　　所の研究プロジェクトの一部として行われ，データは同研究所のウェブサイトで公開
　　されている（http://www.rieti.go.jp/jp/database/r-jip.html）．

したものである．ただし，定期的なデータ更新が期待されている R-JIP デー
タベースの性格上，第 3 章と第 4 章の分析は試算に留まっており，現在公表
中の R-JIP データベース本体には反映されていないことを付言しなければな
らない．

　第 1 章「R-JIP データベースの特徴と作成方法」（徳井丞次・牧野達治）
は R-JIP データベース最新版（R-JIP2017）のデータ作成方法を説明し，また
それを使った地域別の成長会計，労働生産性の地域間格差の収束の有無，地
域間生産性格差のレベル比較とその要因分解を行っている．R-JIP データベ
ースは 2012 年に初めて公表して以来これで 3 回目の改定・更新になる．
我々は，推計データを単に更新するだけでなく，分析に利用するなかで気づ
いた点を踏まえて推計方法の見直しも行ってきた．その結果，主に資本投入
サービスを推計する第一歩として必要な投資フローデータの推計方法を変更
している．また，地域間生産性格差のレベル比較とその要因分解から，1970
年時点には地域間格差が労働生産性格差の重要な要因となっていた資本労働
比率が，2010 年になると地域間格差の主な説明要因ではなくなったことに
気づく．40 年前には 4 位に位置していた東京都が断トツの労働生産性トッ
プに躍り出ているが，その要因は労働の質格差と TFP 格差であることを指
摘している．

　第 2 章「地域間人的資本格差の推計と分析」（徳井丞次・牧野達治）は，
地域間の労働の質格差に注目してより詳細な分析を行っている．産業，学
歴，就業上の地位，性，年齢といった就業者属性の違いを同時に考慮して，
地域間の労働の質格差を指標化する方法を提案し，「国勢調査」のデータを
使って分析を行った．その結果，1970 年から 2008 年までの約 40 年間で人
的資本の質の地域間格差は縮小してきているものの，なお 3 割程度の格差が
残存している．また，こうした地域間の人的資本格差は労働生産性格差と明
瞭な正の相関を持っており，両者の関係はむしろ近年強まってきていること
を指摘した．また，1970 年時点では学歴に加えて産業立地要因が重要な地
域間格差の発生原因となっていたが，その後の 40 年間で産業立地要因は剝
落し，学歴要因のみが人的資本の質の地域間格差の主要要因となっている．
さらに，若年者労働移動は，地域の人的資本の総量面では大きな影響を与え

ており，その意味では地域間の人的資本の偏在をもたらしているものの，人的資本の質の面に注目すると，必ずしもそうした系統的な傾向はみられないことを確認している.

　第3章「地域間価格差指数の推計と分析」（徳井丞次・水田岳志）は，サービス分野の多くの産業には「消費と生産の同時性」があることから，地域間の価格裁定が働きにくく，地域間価格差を推計して生産性分析に反映させる必要があるとの課題に対応する試みである．総務省統計局「小売物価統計調査」の地域別のサービス価格の品目別データを基に，サービス分野の各産業別（建設，電気・ガス・水道，不動産，運輸・通信，その他の民間サービス）に地域間価格差を各年代で推計し，それを使って地域間生産性格差を再計算した．推計方法は，Country-Product-Dummy（CPD）Method という国際間の絶対的購買力平価の推計に使われる方法を，日本の都道府県間のデータに当てはめた．再計算の結果，2009 年では地域間 TFP 格差指数の標準偏差が 0.079 から 0.069 へと約 13% 縮小することを確認した．また導出された地域間物価水準格差指数を使って，国際経済間で成立するバラッサ・サミュエルソン効果が日本の地域経済間でも成り立っていることを示した.

　第4章「地域を跨ぐ本社サービス投入の推計と影響評価」（新井園枝・金榮愨）は，都道府県を跨ぐ企業活動における本社サービスの投入の取扱いが，「県民経済計算」のなかで東京都とその他の 46 都道府県との間で不整合であるという問題に取り組む試みである．この章で行っている試算は，全ての都道府県の県内総生産を東京都方式に整合的に推計し直してみたものである．すなわち，この研究では幾つかの基礎データを組み合わせて，各都道府県に所在する本社が生み出す「本社サービス」の付加価値額と，都道府県間を跨ぐ純投入としての「本社サービス」を推計し，これらが県内総生産や都道府県間生産性格差に与える影響を分析した．その結果を反映した地域間生産性格差分析の再計算を行っている.

3.　データ分析編について

　第 II 部のデータ分析編では，R-JIP データベースと関連するデータを使っ

た，日本の地域間格差の要因に焦点を当てた幾つかの分析を紹介している．第5章では，R-JIP データベースの産業集計レベルデータをより長期に遡及して，日本の地域間格差の長期的動向を概観する章となっている．第6章では，地域間の人口減少・高齢化進行速度の違いに着目して，地域間というクロスセクション情報から，日本の今後の人口減少・高齢化が進む姿を分析している．また，第7章では，日本の地域間資源配分効率に着目しつつ，社会資本投資と構造改革特区の政策効果を比較検討している．以上の意味で，第6章と第7章は，R-JIP データベースを活用して現代の政策課題を分析する効果的な研究例を示すことができたと考えている．一方，第8章と第9章では，R-JIP データベースを使った分析を補完するために，特に製造業の研究開発機能の立地や研究開発のスピルオーバー効果に注目して，ミクロデータを活用した分析を行っている．

第5章「日本の地域間経済格差：1874–2010 年」（深尾京司・牧野達治・徳井丞次）では，19 世紀まで遡って日本の地域間格差の長期的趨勢を概観する一方，同時に 1970 年以降の時期については産業別に分解した地域間格差の要因を探る分析を行っている．本書第Ⅰ部でデータ構築方法を解説した R-JIP データベースは，現在のところデータの起点は 1970 年からであるが，R-JIP データベースとタイアップした一橋大学経済研究所のプロジェクトでは，明治初期にまで遡る長期の地域間格差データを作成している．これは，都道府県別の付加価値と労働投入を推計したもので，R-JIP データベースのように生産性の要因分解や詳細な産業別の分析はできないものの，明治初期から戦後高度成長期まで日本がダイナミックに発展していった時期を長期にカバーするもので，興味深い事実を発見している．この長期データをみると，大正期から始まり戦後高度成長期までが日本の地域間格差縮小期であり，その後はこの傾向がはっきりとはみられなくなっていることが分かる．この章の第4節では，1970 年代以降について R-JIP2017 を使った産業別の分解を行い，近年では労働生産性の地域間格差要因として，サービス分野の産業での地域生産性格差が重要となってきていることを指摘している．

第6章「人口減少・高齢化と地域経済」（深尾京司・牧野達治）は，人口減少・高齢化と生産性の関係を R-JIP データベースを使って分析したもので

ある．今後数十年に亘って日本社会全体で人口減少・高齢化が進むことが予測されており，そのことが労働生産性に与える影響をどのように考えるかは今後の潜在成長力の予測に欠かせないものである．ところが，日本を都道府県別に分けてみると，こうした人口減少・高齢化の進展時期には大きな開きがあり，地域によっては日本全体の動向を 30 年程も先取りして既に人口減少・高齢化を経験してきているところがある．この事実に着目すると，都道府県別にクロスセクションで行う分析が，今後の日本全体の将来予想に活用できる可能性がある．本章は，こうした着眼点に立った分析を行っており，R-JIP データベースのもう一つの利用方法を提案しているといえよう．

　第 5 章で指摘したように，近年の地域間労働生産性の格差要因が，資本装備率の地域間格差ではなく，また格差要因となる産業もサービス産業に移ってきているとすると，とられるべき地域活性化策も 40 年前のものとは変わっていく必要がある可能性がある．**第 7 章「地域の資源配分と生産性向上政策」**（宮川努・川崎一泰・枝村一磨）では，地域における資本と労働の資源配分効率に注目しつつ，R-JIP データベースを使って社会資本投資と構造改革特区という 2 つの政策を比較分析したものである．その結果，社会資本の影響では，資本収益率差に伴う生産性向上に対してはマイナスの効果しかもたらしていない一方，賃金差に伴う労働移動による生産性向上に関しては，社会資本の影響がみられる．2000 年代に入って新たな地域政策として登場した構造改革特区数の増加が，資源配分に伴う生産性向上効果にどのような影響があったかを推計したところ，労働力の移動に伴う生産性向上効果に対しては有意な影響が観察されている．

　第 8 章「地域の知識集積と企業の研究開発機能の立地」（枝村一磨・乾友彦・山内勇）では，工場立地動向調査の個票データと集計した科学技術研究調査，都道府県別産業生産性（R-JIP）データベースの情報を用いて，企業が工場に研究開発機能を付設する際の要因を実証的に分析した．設置される工場の特性，工場が設置される都道府県の人口，労働コスト，産業集積，その他都道府県固有の影響，工場設置が決定された年の影響を考慮し，企業が工場を設置する際に研究開発機能を付設する場合としない場合を比較して推計を行った結果，公的研究機関や大学に近い場所に工場を設置する場合に研究

開発機能を付設する傾向があることが分かった．また，使用される研究費や，所属している研究者数の規模が大きい公的研究機関及び大学が周囲にある場所に工場を設置する場合に，研究開発機能を付設する可能性が高いことも明らかになった．

　第9章「製造業における生産性動学とR&Dスピルオーバー」（深尾京司・権赫旭・金榮愨・池内健太）では，『工業統計調査』や『科学技術研究調査』のミクロデータを接合し，地域における負の退出効果と研究開発（R&D）スピルオーバーの効果を分析した．まず，生産性動学を全製造業と都道府県別に行いどの地域で負の退出効果が生じたかを分析したところ，1995年以降，東京，大阪，神奈川など製造業の集積地で大きな負の退出効果が生じたことが分かった．また，工場のTFP上昇に対する，当該工場を持つ企業の研究開発（R&D）の効果，他社や政府のR&Dのスピルオーバー効果等を計測した結果，ある企業の工場が他企業のR&Dから受けるスピルオーバー効果は，他企業の工場との距離が遠いほど減衰すること，産業集積地におけるR&D集約的な企業の工場閉鎖が1990年代後半以降スピルオーバー効果を著しく弱めたことが分かった．産業集積地におけるR&D集約的な企業の工場閉鎖が，負の退出効果と中小工場におけるTFP上昇の低迷を同時にもたらしていることが，特に注目される．

4.　地域活性化策への視点

　本書第Ⅰ部は，我々のデータベースの構築の努力の報告に多くの紙幅を費やしているが，これは「適切な分析は，適切なデータから」という精神を反映したものである．そして，その難しさの一端も伝えることができればと考えている．最近になってにわかに高まった「地方創生」の掛け声を待つまでもなく，地方活性化の課題は多くの地方が持ち続けてきたものであった．しかし，地域別データの整備はこれまで必ずしも十分とはいえず，政策論がややもすると感覚や印象に頼った議論に脱しがちであったことも否めない．最近になってやっとデータに基づく政策提言の必要性が認識されはじめた機運に，地域データの整備にもより注目が集まることが期待される．

　第5章で報告するように，40年あるいはそれ以上の長さでデータを俯瞰すると，地域間の生産性格差の原因が変化してきたことに気づく．既に日本の産業のなかで製造業が占める付加価値シェアは2割程度でしかなく，残りの8割は非製造業で構成されている．付加価値シェアの大きな分野で地域間格差が生まれれば，それは大きな格差につながる．7章の分析も指摘するように，地域間格差の背景になる原因が変われば，当然それに対する政策も変わらなければならない．しかし，非製造業の大部分を占める広義のサービス産業には人口規模による集積効果が働くとされている．実際，R-JIP データベースを利用した「平成27年版　経済財政白書」，「平成27年版　労働経済白書」などの分析でも，そのことが指摘されている．今後一層厳しい人口減少が予測されている地方では，集積効果の面での不利をいかに克服して非製造業の活力を維持していくかが一つの鍵となる[3]．

　また，まだまだ製造業に期待せざるを得ない地方も多いことが予想されるが，8章と9章の分析が明らかにしているように，研究開発活動の立地など，製造業の国際分業の著しい進展にも比較優位を保てる産業構造を意識する必要がある．ただ，これが従来型の「工場誘致」の発想の延長線上に留まるものなら，その成功は期待薄であろう．知識集約型の事業所の立地には，それを支える人材の供給が不可欠であり，こうした人材を事業所と同時に他地域から「誘致」してくるのは極めて困難なことだ．そのことが，国内の研究開発型事業所の立地が一部の地域に集中している明白な理由である．

　最後に，第2章の分析も明らかにしているように，こうした地域活力の基盤をなすのは地域の人的資源である．生産性と1人当たり所得が低迷する地域は，人材流出による悪循環に陥る可能性がある．かといって，そうした地域が他地域から人材を呼び込むのは一層難しい．となると，地域で人材を育成しつつ，せっかく育てた人材が流失しないためには，同時に地域の活力を維持し続ける必要がある．このように，人的資源の話は「鶏が先か卵が先

---

3)　地域経済の活性化を論ずる際にサービス産業へもっと目を向けるべきこととその意義については，経済産業研究所ウェブサイト掲載の2つのノンテクニカルサマリーでも論じている．「1970‒2008年の地域別労働生産性収束の動向と産業別生産要素投入及び TFP」https://www.rieti.go.jp/jp/publications/nts/15e089.html と「地域間サービス価格差と生産性格差」https://www.rieti.go.jp/jp/publications/nts/17j012.html を参照．

か」というジレンマに陥りがちだが，地域の将来について長期的な視野を持ち続けることが必要である[4]．

4) 地域活性化における人材育成の観点については，経済産業研究所ウェブサイト掲載のノンテクニカルサマリーとコラムでも別の角度から論じている．「地域間の人的資本格差と生産性」https://www.rieti.go.jp/jp/publications/nts/13j058.html と「地方からみた人材供給の課題」https://www.rieti.go.jp/jp/columns/a01_0383.html を参照．

第 I 部

R-JIP データベースの構築と基本分析

第 1 章

R-JIP データベースの特徴と作成方法

徳井丞次・牧野達治

1. はじめに

　都道府県別産業生産性（Regional-Level Japan Industrial Productivity, 略称 R-JIP）データベースは，都道府県別，産業別に質の違いを考慮した要素投入を計測し，産業構造の違いを考慮した都道府県別の全要素生産性（TFP）をできるだけ正確に計測することを目的に構想された．本データベース構築に参加する主要メンバーは，その全国版姉妹編である日本産業生産性（JIP）データベースのプロジェクトに携わってきており，そこでの経験が R-JIP データベース作成にも活用されている[1]．また，R-JIP データベースでは，都道府県別に時系列方向の成長会計を行うだけでなく，同時点のクロスセクションで生産性水準の比較も行っている．本章では，こうした R-JIP データベースの特徴と作成方法について説明する．

　1990 年代半ば以降の日本経済は，国内金融機関の不良債権問題や，米国リーマンショックに端を発する世界金融危機など，どちらかというとマイナスの需給ギャップを意識させられることの方が多かった．しかし最近になっ

---

[1]　日本産業生産性（JIP）データベースの作成方法とそれを使った分析については，深尾・宮川（2008）を参照.

て，団塊世代の退職と少子化による労働供給制約の影響が雇用指標等にも顕著に表れ始め，経済成長をめぐるサプライサイドの視点を強く意識させられつつある．このことは，日本を地域ごとに区分して考える場合には一層顕著である[2]．それに加えて，日本を地域別に分解してみると，地域によって人口の高齢化率は大きく異なり，既に高齢化の進んだ地方は将来の日本全体の姿を占う材料にもなりうる[3]．こうしたことから，R-JIP データベースのように，地域のサプライサイドの条件をできるだけ正確に捉えることのニーズは高まっている．

　日本の都道府県に焦点を当てたサプライサイドの分析は，これまでも数多くなされてきた[4]．しかし，R-JIP データベースは，それらで使われたデータに比べてより長期間に亘ってより詳細な産業分類で構築されているところにその特色の一つがある．さらに，全国版の JIP データベースをコントロールトータルとして，全国版データベースと整合的に作られていること，その結果として全国版 JIP データベースで計測された産業別の資本財投入の違いなどを反映していることがいま一つの特色である．それらに加えて，労働投入面では，都道府県別，産業別の労働投入属性の違いとその賃金格差を反映して計測している[5]．

　このように R-JIP データベースは，できるだけ詳細かつ正確に産業の投入・産出を計測し，それらを反映させた生産性を計測するという精神に沿って構築されているが，それでもなお地域データ特有の課題が残されている．それらに取り組むのが，第 3 章の地域間サービス価格差と，4 章で扱う地域を跨ぐ本社サービス投入の論点である．こうした論点についてはそれぞれの章に譲って，本章では R-JIP データベース構築の骨格部分を説明する．

　本章第 2 節では R-JIP2017 データベースの特色を述べ，第 3 節でデータベース作成方法の概要を説明する．各産業部門の投資系列の作成方法について

---

2)　この点については，例えば増田寛也の編著（増田 2014）を参照．
3)　このような観点からの分析は，本書第 6 章で行っている．
4)　例えば，深尾・岳（2000），中島・中東・日野（2002），Shioji（2001a），Shioji（2001b）などがある．
5)　地域間の労働投入属性の違いに基づいた地域間人的資本格差の分析については，第 2 章を参照．

は，詳細な説明は補論1にまわす．また，R-JIP2017では，各部門の投入として捉えられる以外の公共財的な資本投入を独自の「社会資本」として定義しその推計も行っているが，その推計方法の詳細についても補論2で説明する．第4節では都道府県別成長会計の結果を報告し，第5節では都道府県間の生産性レベル格差の計測方法を説明した後，それを使った労働生産性地域間格差の要因分解を報告する．

2. R-JIP データベースの特色

　R-JIP データベースは，日本の47都道府県の各産業について生産性計測に必要な名目・実質産出（粗付加価値）と要素投入（労働と資本）のデータを作成したものである[6]．実質系列は2000年価格で表示されている．また1970，71年については沖縄を含まない．姉妹編である日本産業生産性（JIP）データベースが，産業部門の詳細な情報（現在は108部門）と中間投入行列の情報を含み，日本全体の産業の詳細な生産性分析を行うことができるデータベースとして公開，活用されているのに対して，R-JIP データベースは都道府県別の産業の情報を補完するものである．ただし，R-JIP データベースでは都道府県別情報が加わった一方で，利用可能なデータの制約から，産業部門数を23部門とし，中間投入の情報はなく粗付加価値ベースの産出量を使うといったように，姉妹編の JIP データベースと比較すれば簡略化がされている．

　それでも，R-JIP データベースの製造業13部門，非製造業10部門からなる23部門は，これまで作成されてきた同種の都道府県別データベースと比べると，より細かい産業分類となっている[7]．23部門の産業分類の詳細は表1-1の通りで，同表には内閣府「県民経済計算」と JIP データベースの産業分類，及び「建築統計年報」の用途分類との対応を併せて示している[8]．表

---

6) R-JIP データベースは2012年に初めて公開され，その後2014年，2017年にデータ更新を行っている．最新版（R-JIP2017）のデータ期間は1970〜2012年で，全て暦年データである．

7) 例えば，中島・中東・日野（2002）では，1990年以前の「県民経済計算」の経済活動別県内総生産の産業分類に沿った11産業分類となっている．

8)「県民経済計算」の2010年以降で示している経済活動別分類ベースのデータ

表 1 - 1　R-JIP, 県民経済計算, JIP, 建築統計年報の産業分類対応表

R-JIP		県民経済計算			JIP2015	建築統計年報	
		1989 年まで	1990〜2009 年	2010 年以降		2003 年まで	2004 年以降
1	農林水産業	農業, 林業, 水産業	農業, 林業, 水産業	農業, 林業, 水産業	1-6	農林水産業	農林水産業
2	鉱業	鉱業	鉱業	鉱業	7	鉱工業	鉱業, 建築業, 製造業
3	食料品	製造業	食料品	食料品	8-14		
4	繊維		繊維	繊維	15		
5	パルプ・紙		パルプ・紙	パルプ・紙	18, 19		
6	化学		化学	化学	23-29		
7	石油・石炭製品		石油・石炭製品	石油・石炭製品	30, 31		
8	窯業・土石製品		窯業・土石製品	窯業・土石製品	32-35		
9	一次金属		一次金属	鉄鋼, 非鉄金属	36-39		
10	金属製品		金属製品	金属製品	40, 41		
11	一般機械		一般機械	一般機械	42-45		
12	電気機械		電気機械	電気機械	46-53		
13	輸送用機械		輸送用機械	輸送用機械	54-56		
14	精密機械		精密機械	精密機械	57		
15	その他の製造業		その他の製造業	その他の製造業, 情報サービス, 映像・文字情報制作業の一部	16, 17, 20-22, 58, 59, 92		
16	建設業	建設業	建設業	建設業	60, 61		
17	電気・ガス・水道業	電気・ガス・水道業	電気・ガス・水道業	電気・ガス・水道業	62-66	公益事業	電気・ガス・熱供給・水道業, 情報通信業, 運輸業
18	卸売・小売業	卸売・小売業	卸売・小売業	卸売・小売業	67, 68	商業	卸売・小売業, 金融・保険業, 不動産業
19	金融・保険業	金融・保険業	金融・保険業	金融・保険業	69, 70		
20	不動産業	不動産業	不動産業	不動産業	71		
21	運輸・通信業	運輸・通信業	運輸・通信業	運輸業, 通信業	73-79	公益事業	電気・ガス・熱供給・水道業, 情報通信業, 運輸業
22	サービス業（民間, 非営利）	サービス業, 対家計民間非営利サービス生産者	サービス業, 対家計民間非営利サービス生産者	サービス業, 放送業, 情報サービス, 映像・文字情報制作業の一部, 対家計民間非営利サービス生産者	80-91, 93-97, 100, 104-107	サービス業, 公務文教	飲食店, 宿泊業, 医療, 福祉, 教育, 学習支援業, その他のサービス業, 公務
23	サービス業（政府）	政府サービス生産者	政府サービス生産者	政府サービス生産者	98, 99, 101-103		

に示された対応で明らかな通り，R-JIP データベースの 23 部門分類は，1990 年以降の「県民経済計算」の産業分類にほぼ対応している[9]．これは，都道府県別経済活動別の県内総生産（付加価値）の基本情報としては，「県民経済計算」を用いているためである．ただし 1989 年以前の「県民経済計算」には製造業内訳のデータがないため，各年の「工業統計調査」産業別付加価値の情報を使って製造業を分割するなど，付加価値推計においても独自の推計が行われている．

　一方，資本投入，労働投入については「県民経済計算」の情報を利用せず，資本投入推計の一部で内閣府経済社会総合研究所推計（以下 ESRI 資本とする）のデータを利用しているものの，多くは独自推計である．都道府県別産業別資本ストックについては，ESRI 資本に全面的に依拠するか，あるいは「県民経済計算」の投資支出を利用することも選択肢としては可能であったが，R-JIP データベースではそうした方法は採らずに，各都道府県固有の情報（都道府県別産業別の建築投資や就業者伸び率等）をより多く取り込んだ独自推計を行っている[10]．

　なお，R-JIP データベースの作成過程では，JIP データベースをコントロ

（93SNA，平成 17 年基準計数）は 2001 年以降利用可能であるが，2009 年までは平成 12 年基準計数のデータを利用するため，このように表記している．

9)　R-JIP 産業分類は「県民経済計算」の一部の経済活動を統合した分類となっている．サービス業における産業と非営利の統合については，コントロールトータル（CT）である JIP2015 との対応を図るためにやむを得ず講じた措置である．例えば JIP 部門分類 80 教育（民間・非営利）等，CT である JIP2015 のサービス業の一部が民間と非営利に分離されていないため，R-JIP におけるサービス業も民間と非営利を統合する必要があった．なお帰属家賃については，都道府県別の住宅資本ストックの推計が困難だったため，R-JIP の対象とせず，「県民経済計算」の情報を用いて帰属家賃を県別付加価値から除いている．

10)　内閣府経済社会総合研究所推計（ESRI 資本）とは都道府県別民間資本ストック（平成 12 暦年価格，国民経済計算ベース，平成 23 年 3 月時点，http://www.esri.cao.go.jp/jp/sna/data/data_list/kenmin/files/contents/main_h21stock.html）である．この推計における非製造業資本ストックは，民間企業資本ストック（都道府県計）の新設投資額を「県民経済計算」の都道府県別付加価値構成比で按分し都道府県別産業別投資フローを求め，ベンチマークイヤー法により推計している．この方法では，投資／付加価値比率が全都道府県で同一である，という強い仮定をおくことになる．なお，「県民経済計算」の民間投資支出系列もほぼ同様の推計を行っているため，R-JIP における推計では利用していない．

ールトータルとして活用している[11]．すなわち，都道府県別の付加価値，就業者数，投資フローの数字を全国集計した値は，JIP データベースの対応する年，産業の値と一致するように調整している．都道府県別データには一部不自然な変動がみられることもあるが，この調整によってその多くを修正しており，このことも今回のデータベースの特徴の一つといえよう[12]．この他，投資フローから資本ストックを推計する過程でも，JIP データベースから計算される資本減耗率を使っており，その結果，JIP データベースと同様に純資本ストック概念に基づく資本ストックデータを作成している．日本の資本ストックについては，しばしば資本ストックの物理的減耗にのみ着目した粗資本ストック概念に基づくデータが作成されているが，これと異なり技術革新に伴う資本設備の陳腐化も考慮に入れた純資本ストックを推計していることは，JIP データベースと同様に R-JIP データベースの長所の一つである．

　また，R-JIP データベースでは JIP データベースと同じく，資本投入に資本財種類ごとの耐用年数の違いを考慮した資本サービスの概念を，労働投入に労働属性ごとの限界生産性の違いを考慮した「質を考慮した労働投入」の概念を採用している[13]．資本投入に関しては，全国版 JIP データベースの産業別資本コストを R-JIP データベースの部門分類に再集計したものを使って，資本コスト×資本ストックで資本サービスを求めている．この方法で資本サービスを計算していることから，同一産業であれば都道府県間で資本財

---

11)　R-JIP2017 のコントロールトータルは JIP2015 である．

12)　それでも，石油・石炭製品など不自然な変動が残る部門がある．石油・石炭産業では，「県民経済計算」の名目付加価値全国計は，「国民経済計算」の当該産業付加価値の半分程度しかない．また毎年の動きも異なる．2 つの統計はいずれも推計の基礎とする資料として「工業統計調査」を使っているが，推計方法の違いが，結果の差を生んでいると推測される．「国民経済計算」では基準年に産業連関表と V 表から U 表を作成し，その後毎年 U 表を更新して付加価値を推計しているが，「県民経済計算」では「工業統計調査」の産業編の値を直接加工して算出している．

13)　資本投入を「資本ストック」概念で測るときには使用者主義で資本投入を捉える必要があるが，「資本サービス」概念で測る場合には所有者主義で資本が捉えられていても問題ない．後者の場合には，所有者主義と使用者主義の違いは，資本のリース料として中間投入で捉えるか，資本サービスの投入と捉えるかの違いであって，投入と産出が整合的に計測されている限りはどちらでも問題はない．

構成及び資本コストに違いはないと仮定していることになる.

　一方,労働投入については,1970 年から 2010 年まで 10 年おきの「国勢調査」から都道府県別・産業別・属性別(性,就業上の地位,学歴,年齢別)就業者数のデータを使って労働の質指数を作成している[14].地域版である R-JIP データベースでは,産出を測る付加価値に合わせて,生産要素の投入も生産活動が行われる場所で測る必要がある.労働者が居住する都道府県(居住地)と働く都道府県(従業地)が異なる場合には,このことが問題になる[15].「国勢調査」の公表データには従業地ベースの詳細な産業別・属性別労働投入が含まれていないため,「国勢調査」データのオーダーメイド集計によって従業地ベースの労働投入データを入手している[16].このようにして,R-JIP データベースでは,労働投入の属性別構成を基にした「労働の質」の違いを,都道府県間のクロスセクションでも詳細に分析することができる.

3.　データ作成方法の概略

　それでは,R-JIP データベースの都道府県別・産業別の付加価値,資本投入,労働投入の概略を説明しよう.投資系列作成の詳細な説明は,本章補論にまわす.

(1)　付加価値データの作成方法

　付加価値データの作成は,47 都道府県・23 産業別にまず名目付加価値を推計し,それを付加価値デフレーターで割って実質化する作業になる.名目付加価値のコントロールトータル(CT)は,全国版 JIP データベースの産業

---

14)　「労働の質指数」作成の詳細については,第 2 章を参照.

15)　地域を跨ぐ生産要素の投入の問題でもう一つ重要なのが,地域を跨ぐ本社サービスの投入である.一つの会社が複数の都道府県に事業所を持っている場合に,この問題が生じる.現在の「県民経済計算」では,東京都の付加価値には本社サービスの投入産出が考慮されているが,その他 46 の道府県ではこれは考慮せずに県内総生産(付加価値)が計算されているものとみられる.この問題に焦点を当てたのが,本書第 4 章である.

16)　「国勢調査」のオーダーメイド集計が入手できたのは,1980 年,1990 年,2000 年,2010 年である.脚注 33 を参照.

別付加価値を 23 産業分類に再集計したものであるが，47 都道府県に按分する比率を求めるために，「県民経済計算」の付加価値を基に，製造業，非製造業それぞれに次のような作業を行っている．

　まず，製造業については R-JIP データベースは 13 産業に分類しているが，表 1-1 に示した通り，1989 年以前の「県民経済計算」では製造業が 1 部門で，内訳の産業分類データが得られない問題がある．そこで，「工業統計調査」から 1970 年以降の都道府県別 R-JIP 産業別付加価値系列を整備し，これを 1991 年時点で「県民経済計算」の名目付加価値系列とリンクさせ，1970 年から 2012 年までの製造業内訳の名目付加価値系列を推計した[17)18)]．この系列より，製造業内訳各産業に関する都道府県別産業別付加価値シェアを計算した．

　次に非製造業の 10 部門については，1970 年から 2009 年の期間は「県民経済計算」の名目付加価値系列をそのまま利用できる．2010 年以降は R-JIP のその他の製造業，運輸・通信業，サービス業（民間，非営利）に対応させるよう，「県民経済計算」の一部の経済活動部門の付加価値を修正する必要がある．具体的には，「県民経済計算」の運輸業と通信業の合計を R-JIP の運輸・通信業に，放送業は R-JIP のサービス業（民間，非営利）に対応させる．情報サービス，映像・文字情報制作業については，その多くが R-JIP のサービス業（民間，非営利）に対応するが，この部門には新聞業，出版業が含まれ，これは R-JIP のその他製造業に対応させる必要がある．このため，「事業所・企業統計調査」と「経済センサス」から情報サービス，映像・文字情報制作業に占める新聞業，出版業の従業者シェアを計算し，これを按分

---

17)　従業者規模の小さい事業所については粗付加価値額を利用した．また，秘匿処理されたデータは事業所数の情報から推計した．

18)　R-JIP2014 までは「工業統計調査」と「県民経済計算」を 1997 年でリンクさせていたが，これは全都道府県全産業のリンク係数（工業統計 = 1）がマイナスにならない最も過去の年次であったためである．ただし，この方法では県民経済計算の 1990 年から 1996 年という比較的長い期間の情報を使わないことになってしまう．R-JIP2017 では県民経済計算の情報をより多く利用するようリンク時点の選択方法を改め，1990 年から 1997 年における都道府県別産業別リンク係数（マイナスは除く）の分散が最も小さくなる 1991 年でリンクすることとした．なお，富山，奈良の石油・石炭製品のリンク係数は 1991 年にマイナスになるため，1991 年に最も近い年のプラスのリンク係数（富山は 1993 年，奈良は 1997 年）を利用した．

比率として情報サービス，映像・文字情報制作業の付加価値を R-JIP のサービス業（民間，非営利）とその他の製造業に按分した．このようにして求めた系列から，非製造業内訳各産業に関する都道府県別産業別付加価値シェアを計算した．

　以上のようにして求めた名目付加価値系列を実質化するデフレーターは，全国版の JIP2015 データベースから作成した．具体的には，JIP2015 データベースから R-JIP 産業分類別に再集計した名目付加価値と実質付加価値を求め，前者を後者で割り算することによってインプリシットに産業別デフレーターを求めている．このように全国共通の産業別デフレーターを全ての都道府県に対し適用して実質付加価値を求めている[19]．

(2)　資本投入データの作成方法

　資本投入データの作成手順は，まず 47 都道府県・23 産業別に投資系列を作成することから始まる．一方で，全国版 JIP データベースから 1970 年のベンチマーク資本ストックと産業別の資本財デフレーターを求めて，これらを使って実質資本ストック系列を作成する．最後に，JIP データベースから産業別の資本コストを求めて，これを使って資本サービス投入を求める．こうして求めた資本サービス投入と実質資本ストックの比率から「資本の質」指数を求めることができる．

　こうした一連の手順のなかでは，全国版 JIP データベースでの実質資本ストック及び資本サービス投入のデータ作成方法とその結果が活用されているが，R-JIP データベースに特有な困難は主として 47 都道府県・23 産業別に投資系列を作成する部分にある．ここではまずその概要を製造業と非製造業に分けて説明し，詳細な説明は本章補論に譲る．なお，投資系列のうちサービス業（政府）については，項を改めて（4）で「社会資本」との関連で説明する．続いて，資本ストックの推計方法を説明するが，そこでは阪神・淡路大震災と東日本大震災による資本ストック毀損の影響の考慮方法についても

---

19)　ここで説明した全国共通の産業別デフレーターという仮定は，特にサービス産業の分野では問題がある可能性がある．このサービス価格の地域間格差を推計し，この点を検討したのが本書第 3 章である．

説明する.

　まず製造業内訳各部門の投資系列については，過去の R-JIP2014 までは，内閣府経済社会総合研究所の都道府県別民間資本ストック（以下 ESRI 資本）にほぼそのまま依拠していた[20]．しかし，R-JIP2017 では，「工業統計調査」の公表データから独自推計する方法に変更した．推計方法の詳細と，R-JIP2017 で ESRI 資本を使わない理由については，本章補論で詳しく説明する[21]．

　一方，非製造業各部門の投資系列については，過去の R-JIP2014 までは，「建築統計年報」から用途分類別・都道府県別建築投資から按分比率を作成し，JIP データベースの全国コントロールトータルの投資額を都道府県に分割する方法を採用していた．しかし，R-JIP2017 では，可能な限り総投資（資産別投資合計）もしくはそれに近い情報を都道府県別 R-JIP 産業分類別に収集・整理して按分比率に使う方針に変更した．なお，一部の産業では，引き続き「建築統計年報」から按分比率を作成する方法を採用しているが，その場合でも「建築統計年報」用途分類から R-JIP 産業分類への分割方法を修正した[22]．非製造業各部門の推計方法については本章補論で詳しく説明する．

　民間各部門のベンチマーク資本ストック推計方法は，1970 年における JIP 産業別資本ストックを R-JIP 産業分類に整理したものを全国 CT とし，これを ESRI 資本の 1970 年における都道府県別産業分類別ストックで按分したものを都道府県別 R-JIP 産業分類別ベンチマーク資本ストックとした．

　サービス業（政府）については，ESRI 資本の推計対象外であるため，他の部門とは異なる方法でベンチマーク資本ストックを推計する必要がある．まず，経済審議会地域部会報告の 1963 年における都道府県別の港湾，空港，下水道，医療保健衛生施設，社会福祉施設，教育訓練，中央政府，地方

---

20)　ESRI 資本については脚注 10 を参照.

21)　ただし，後述するベンチマーク資本ストックは R-JIP2017 においても ESRI 資本の情報を利用し，また推計方法も基本的には ESRI 資本に準拠しており，依然として ESRI 資本の情報は有用である.

22)　「建築統計年報」用途分類の商業は，R-JIP 産業分類の卸売・小売業，金融・保険業，不動産業の 3 部門に分割する必要がある．R-JIP2014 における用途分類別投資を R-JIP 産業分類別に分割する方法は，徳井他（2013b）を参照.

政府の各ストック（1963 年価格）の合計を都道府県別サービス業（政府）の仮ベンチマークとする．次に，先に推計した都道府県別サービス業（政府）の投資額を 1964 年以降積み上げ 1970 年の仮ストック額を計算し，都道府県別シェアを求める[23]．このシェアで JIP により計算した 1970 年のサービス業（政府）全国 CT ストックを按分し，都道府県別サービス業（政府）のベンチマーク資本ストックとした．

　以上のように推計したベンチマーク資本ストックを出発点として，都道府県別 R-JIP 産業分類別投資系列を資本財デフレーターで実質化し，産業別の資本減耗率を適用して，資本蓄積方程式を使って各年の資本ストックを作成した[24]．なお，資本財デフレーターと資本減耗率は，JIP データベースから作成したもので，産業別に全国共通のものとなっている．

　前述のように，兵庫については 1995 年に発生した阪神・淡路大震災，岩手，宮城，福島，茨城については 2011 年に発生した東日本大震災の影響を考慮する必要がある．震災被害の資本ストックへの影響の推計方法については，次項（3）で詳述する．

(3)　阪神・淡路大震災及び東日本大震災時の資本ストック被害の推計

　兵庫の資本ストックは 1995 年の阪神・淡路大震災の影響を受けている．兵庫の阪神・淡路大震災による影響は，1995 年の減耗率に産業別被害率（農林水産業と鉱業はゼロ，金融・保険業は 0.318，政府サービスは 0.141，その他の産業は 0.06）を加算することにより考慮している[25]．データを 2012 年まで更新する R-JIP2017 では，2011 年に発生した東日本大震災の影響を考慮する必要がある．東日本大震災の被災地域は広範囲に及ぶが，被害推計の対象とする地域は，特に被害の大きかった岩手，宮城，福島，茨城の 4 県とする．

---

23)　ストックは 1963 年価格のまま，投資額は名目値，減耗率は使用せず積み上げる．R-JIP では投資デフレーター，減耗率とも全都道府県で同一であると仮定しているため，これらを考慮した BY 法で積み上げても，単純に積み上げても 1970 年の都道府県別資本ストックシェアは変わらない．

24)　この方法は，1970 年を基点にしたベンチマークイヤー法であるが，ベンチマーク資本ストックの基になる JIP データベースの資本ストックは，1955 年に遡って共通の資本減耗率で積み上げ計算されており，恒久棚卸法とも解釈可能なものとなっている．

25)　この被害推計は，2009 年までの系列を推計した R-JIP2014 でも既に採用されている．

　まず，東日本大震災の市町村別被害率については徳井他（2012）と同一と考えた．次に，被災前の市町村別 R-JIP 産業分類別資本ストックは，R-JIP2017 の 2010 年における被災 4 県の R-JIP 産業分類別資本ストックをコントロールトータルとし，これを「平成 21 年経済センサス基礎調査」による被災 4 県の市区町村別 R-JIP 産業分類別就業者数で按分して推計した[26]．ただし，経済センサスでは農林水産業の自営業主等が調査対象外であるため，農林水産業についてのみ「平成 22 年国勢調査」による市区町村別産業別就業者数で按分した．このように推計した被災 4 県の市区町村別 R-JIP 産業分類別資本ストックに対し，市区町村別被害率（つまり同一市区町村内であれば全ての産業の被害率は同一）を乗じた後に県レベルに集計したものを，被災 4 県の R-JIP 産業分類別資本ストック推定被害額とした．

　被災 4 県合計の R-JIP 産業分類別資本ストック被害額を図 1-1 に示した．被害額は総計で約 8 兆 9000 億円であるのに対し，徳井他（2012）では約 10 兆 7000 億円と 2 兆円近くの差が生じている．徳井他（2012）では農林水産業自営業主の被害額が考慮されていないため R-JIP2017 の方が被害額は大きくなると考えられるが，一方で電気・ガス・水道業や不動産業の被害推定額は R-JIP2017 の方が相当小さいことが，被害総額の乖離の原因であると考えられる．電気・ガス・水道業や不動産業の被害額にこれほど大きな差が生じる原因の究明は今後の課題としたい．

　2011 年における被災 4 県の R-JIP 産業分類別資本ストック推計は，R-JIP 産業分類別減耗率に，以上説明した被害推計から計算した被災 4 県別 R-JIP 産業分類別被害率を加算して推計した[27]．2011 年以外は既に説明したように他の都道府県と同一の方法によって推計した．

---

26)　徳井他（2012）では，JIP2010 の 2006 年における産業別資本ストック，産業別就業者数から全国平均の産業別資本装備率を求め，これに「平成 21 年経済センサス基礎調査」の市区町村別産業別就業者数を乗じることにより市区町村別産業別資本ストックを推計していた．この方法では被災した市区町村を含む全ての地域で産業別資本装備率が同一であることを仮定することになる．一方，R-JIP2017 では同一県内の市区町村では産業別資本装備率が同一であることを仮定するものの，県が異なれば産業別資本装備率も異なると考えた推計になっている．

27)　被災 4 県別 R-JIP 産業分類別資本ストック推定被害額を 2010 年のストックで割ったものを被害率とした．

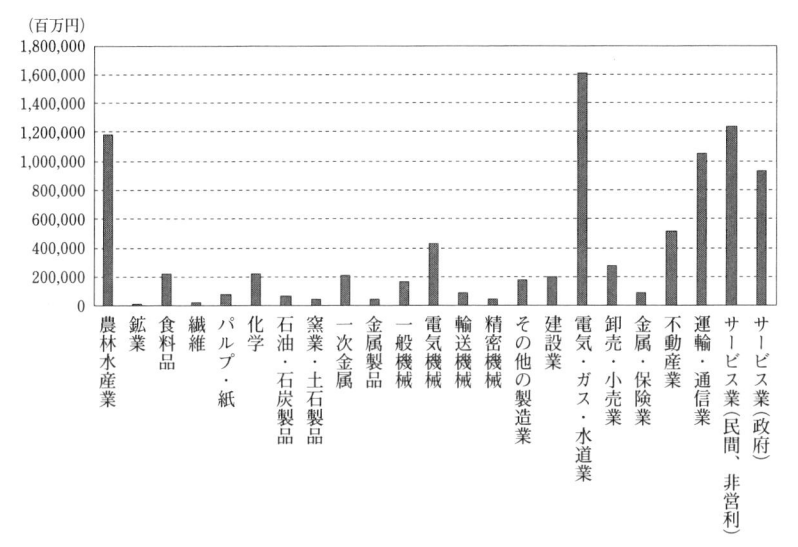

図 1‑1　R-JIP 産業分類別資本ストック被害額（被災 4 県計，2000 年価格）

（4）　サービス業（政府）の資本投入と「社会資本」の関係

　サービス業（政府）に関しては各種統計が充実しており，「建築統計年報」の公務文教の建築投資に頼らずとも，より総投資に近い情報を都道府県別に収集・整理し，全国 CT を按分することが可能である．また，サービス業（政府）の使う資本ストックは，「社会資本」の概念とも近接した関係にあるが，R-JIP2017 では両者の関係を概念整理し，R-JIP2017 データベースに整合的な「社会資本」を定義して「社会資本」付帯表を作成したので，このことも併せて説明する．

　「社会資本」は内閣府による社会資本ストック推計（以下 CAO 社会資本とする）がよく知られており，利用可能である[28]．CAO 社会資本は，実施主体に基づく概念で，公的部門が行う固定資本形成を幅広く「社会資本」として定

---

28)　2014 年までをカバーする最新版は，平成 29 年 12 月に公開（平成 30 年 3 月更新）
　　され http://www5.cao.go.jp/keizai2/ioj/index.html よりダウンロード可能である．一
　　方，本書で参照している CAO 社会資本は，2009 年までをカバーした旧版（ダウンロー
　　ド不能）である点に注意が必要である．なお，CAO 社会資本は減耗に関する仮定の違
　　いによるパターン別に推計されているが，以下の推計では試算①のみを利用している．

表 1 – 2　社会資本の範囲

	「日本の社会資本 2012」	2005 年 IO 固定資本マトリックス 資本形成部門「その他」	R-JIP2017
1	道路	―（有料道路） 道路（有料道路以外）	運輸・通信業 **社会資本**
2	港湾	―	サービス業（政府）
3	航空	―	サービス業（政府）
5	公共賃貸	―	不動産業
6	下水道	環境衛生	サービス業（政府）
7	廃棄物処理	―	サービス業（政府）
8	水道	―	電気・ガス・水道業
9	都市公園	環境衛生	**社会資本**
10-1	学校施設 学術施設	―	サービス業（政府）
10-2	社会教育施設 社会体育施設 文化施設	―	サービス業（政府）
11	治水	国土保全	**社会資本**
12	治山	国土保全	**社会資本**
13	海岸	国土保全	**社会資本**
14-1	農業	―	農林水産業
14-2	林業	―	農林水産業
14-3	漁業	―	農林水産業
16	国有林	―	農林水産業
17	工業用水	―	電気・ガス・水道業

義している．これに対して，JIP データベース及び R-JIP データベースは，経済活動分類に基づいて投入と産出を計測している．例えば，公的部門が農業関係の基盤整備の投資を行うと，CAO 社会資本はそれを「社会資本」としてカウントするのに対して，R-JIP データベースでは，それが農業の生産活動に投入されることを基準に，「農林水産業」部門の投資として計測する．こうした，CAO 社会資本に含まれる各種投資と R-JIP データベースの対応を示したのが表 1-2 である．この表から分かる通り，CAO 社会資本の多くが，R-JIP データベースでは農林水産業，電気・ガス・水道業，不動産業，運輸・通信業の各部門の投資に含まれている．

また，R-JIP 部門分類のサービス業（政府）の投資は，CAO 社会資本の一部が対応している．具体的には，港湾，航空，下水道，廃棄物処理，学校施設・学術施設，社会教育施設・社会体育施設・文化施設である．これらの固定資本は，政府サービスの生産活動に投入されていると R-JIP データベースでは取り扱う．

また，CAO 社会資本は公的部門によって形成される全ての資本をカバーしているわけではなく，公務や社会保険・社会福祉，保健衛生（医療は含まない）は推計対象外である．これら部門についても R-JIP2017 は推計対象とし，先述した港湾等と合計したものをサービス業（政府）の資本として推計した．

そして，CAO 社会資本のうちこれらいずれにも属さないものを，R-JIP データベースに整合的な「社会資本」として定義する．具体的には，道路（有料道路以外），都市公園，治水，治山，海岸である[29]．表 1-2 には，R-JIP 社会資本に対応する「産業連関表固定資本マトリックス」の部門分類も併せて掲載している．これを使って R-JIP2017 の社会資本の範囲を定義すると，「産業連関表固定資本マトリックス」における資本形成部門「その他」のうち JIP 部門分類に対応しない部門の資本となる[30]．

CAO 社会資本を R-JIP2017 に利用する際の最大の問題が道路である．「産業連関表固定資本マトリックス」に従えば，道路のうち有料道路は産業資本（R-JIP 部門分類では運輸・通信業），有料道路以外は社会資本とすべきであるが，CAO 社会資本の道路は有料か否かによる区分がされていないため，そのまま社会資本として利用すると有料道路分が過大になってしまう．このような理由から道路については CAO 社会資本の情報を利用しつつ，上記問題を回避するような独自推計を行った．

---

29)　有料道路は，運輸・通信業の投入になる．
30)　固定資本マトリックス「その他」のうち，環境衛生に含まれる自然公園，国民公園，国土保全のうち保安林，公害復旧事業，土地造成は CAO 社会資本との対応がない．R-JIP2017 においてもこれらは社会資本に含めていない．

(5)　労働投入データの作成方法

　都道府県別産業別労働投入の推計は，就業者数，労働時間，労働コスト，労働の質をそれぞれ推計する作業からなる．就業者数については，全国版のJIP データベースをコントロールトータルにし，これを都道府県別に按分する比率を「国勢調査」，「工業統計調査」，「事業所・企業統計調査」，「経済センサス」等から作成している[31]．労働時間と労働コストについても，全国版のJIP データベースの産業別計数を基にしながら，「毎月勤労統計調査地方調査」から労働時間，労働コストの都道府県間格差を修正して作成している[32]．また，労働の質指数については，「国勢調査」のオーダーメイド集計を使って，従業地ベースの産業別・属性別の就業者構成の情報を使って作成している[33]．

　労働の質指数の作成方法については第2章で詳しく説明する．このために利用した「国勢調査」のオーダーメイド集計は，従業地ベースで就業者数を都道府県×性別×年齢×学歴×従業上の地位×産業小分類に集計したもので，産業を R-JIP 産業分類に対応するように整理すれば，労働の質指数作成に必要な就業者構成データを得ることができる．オーダーメイド集計での従業上の地位は雇用者（フルタイムとパートタイムの合計）と自営業主の2区分である．一方，コントロールトータルに使う JIP データベースでは，雇用者は学歴区分があるのに対し，自営業主には学歴区分がないため，学歴×従業

---

31)　平成22（2010）年の「国勢調査」から「就業上の地位」の分類変更があり，派遣労働者はそれ以前と違って派遣元の産業（対事業所サービス）ではなく，派遣先の産業で就業しているようにカウントされるようになっている．しかし，R-JIP データベースでは産業連関表との整合性を保つために，各産業の派遣労働者数を就業者数から抜き出してサービス業（民間・非営利）に加えている．

32)　都道府県別・産業別の就業者数，労働時間，労働コストの推計手順の詳細は徳井他（2013b）の補論2を参照．

33)　R-JIP2014 までは，利用できた「国勢調査」オーダーメイド集計が1990年，2000年のみであった．R-JIP2017 では，1980年，1990年，2000年，2010年となり，より精緻なデータ作成ができるようになった．1970年については，オーダーメイド集計が利用できないため，公表ベースの「国勢調査」から簡易推計を行っている．徳井他（2013a）では，全ての属性を同時に考慮した質指数は，低次元の属性区分のみを考慮した質指数の組み合わせで近似できることを確認しており，1970年の簡易推計ではこの結果を利用した．

上の地位を「学歴・就業地位」の 1 次元にまとめて，1) 中学卒・雇用者，2) 高校卒・雇用者，3) 高専・短大卒・雇用者，4) 大学卒・雇用者，5) 学歴計・自営業主の 5 区分とした．また，労働者の属性は，各都道府県別に性×年齢×学歴・地位×R-JIP 産業分類という 4 次元で捉えられている[34]．

4. 都道府県別成長会計

　本節では，各都道府県について時系列方向の成長会計分析を行う．またその結果を使って労働生産性地域間格差の収束メカニズムが日本の都道府県間で働いているか否かを調べる．まず，成長会計分析の方法について説明する．我々は，都道府県別産業別 TFP 上昇率 $\Delta \log A_{irt}$ を以下で定義する．

$$(1) \quad \Delta \log A_{irt} = \Delta \log V_{irt} - \frac{1}{2} \big(S_{irt}^{K} + S_{irt-1}^{K} \big) \Delta \log K_{irt}$$
$$- \frac{1}{2} \big(S_{irt}^{L} + S_{irt-1}^{L} \big) \Delta \log L_{irt}$$

ただし，Q_{irt}^{K}：資本の質，Q_{irt}^{L}：労働の質，Z_{irt}：実質資本ストック，H_{irt}：マンアワーとすると，$K_{irt} = Q_{irt}^{K} Z_{irt}$，$L_{irt} = Q_{irt}^{L} H_{irt}$ である．R-JIP では都道府県別産業別の資本の質は推計せず，同一産業内での資本の質は全国で同じ，つまり $Q_{irt}^{K} = Q_{it}^{K}$ であることを仮定するので，(1) 式は以下のように表される．

$$(2) \quad \Delta \log A_{irt} = \Delta \log V_{irt} - \frac{1}{2} \big(S_{irt}^{K} + S_{irt-1}^{K} \big) \big(\Delta \log Z_{irt} + \Delta \log Q_{it}^{K} \big)$$
$$- \frac{1}{2} \big(S_{irt}^{L} + S_{irt-1}^{L} \big) \big(\Delta \log H_{irt} + \Delta \log Q_{irt}^{L} \big)$$

---

34) 「国勢調査」オーダーメイド集計は 10 人以下の就業者数を四捨五入してしまう．このことが原因となって，属性計では就業者数がゼロでないにもかかわらず属性別にはゼロになってしまうなどの場合がある．こうしたケースには，1980 年の山梨，佐賀の石油・石炭製品，2000 年，2010 年の長崎の石油・石炭製品，沖縄の機械系 4 産業（一般機械，電気機械，輸送用機械，精密機械）が該当する．労働の質指数作成には対数の計算が含まれるため，計数がゼロとなると計算できない．こうした場合には，前後年の線形補間，もしくは前後年と同一の値で推移すると仮定するなどして対応した場合がある．

ここで S_{irt}^V は，都道府県 r における産業 i の名目付加価値シェアを表す．各都道府県のマクロ TFP 上昇率 $\Delta \log A_{rt}$ を，産業別 TFP を産業別付加価値シェアをウェイトとして集計することにより，以下のように定義する．

$$(3) \quad \Delta \log A_{rt} = \sum_{i=1}^{23} \frac{1}{2}\left(S_{irt}^V + S_{irt-1}^V\right)\Delta \log A_{irt}$$

都道府県別マクロ実質付加価値成長率 $\Delta \log V_{rt}$ は，都道府県別産業別名目付加価値シェアをウェイトとして集計することにより，以下のように定義する．

$$(4) \quad \Delta \log V_{rt} = \sum_{i=1}^{23} \frac{1}{2}\left(S_{irt}^V + S_{irt-1}^V\right)\Delta \log V_{irt}$$

(4) 式に (2)，(3) 式を代入することにより，以下の関係を得る．

(5)

$$\begin{aligned}
\Delta \log V_{rt} = {} & \sum_{i=1}^{23} \frac{1}{2}\left(S_{irt}^V + S_{irt-1}^V\right)\Delta \log A_{irt} \\
& + \sum_{i=1}^{23} \frac{1}{2}\left(S_{irt}^V + S_{irt-1}^V\right)\frac{1}{2}\left(S_{irt}^K + S_{irt-1}^K\right)\left(\Delta \log Z_{irt} + \Delta \log Q_{it}^K\right) \\
& + \sum_{i=1}^{23} \frac{1}{2}\left(S_{irt}^V + S_{irt-1}^V\right)\frac{1}{2}\left(S_{irt}^L + S_{irt-1}^L\right)\left(\Delta \log H_{irt} + \Delta \log Q_{irt}^L\right)
\end{aligned}$$

$S_{irt}^L = 1 - S_{irt}^K$ であることを考慮すると，(5) 式は以下のように変形することができる．

(6)

$$\begin{aligned}
\Delta \log V_{rt} & - \sum_{i=1}^{23} \frac{1}{2}\left(S_{irt}^V + S_{irt-1}^V\right)\Delta \log H_{irt} \\
= {} & \sum_{i=1}^{23} \frac{1}{2}\left(S_{irt}^V + S_{irt-1}^V\right)\Delta \log A_{irt} \\
& + \sum_{i=1}^{23} \frac{1}{2}\left(S_{irt}^V + S_{irt-1}^V\right)\frac{1}{2}\left(S_{irt}^K + S_{irt-1}^K\right)\left(\Delta \log Z_{irt} - \Delta \log H_{irt}\right) \\
& + \sum_{i=1}^{23} \frac{1}{2}\left(S_{irt}^V + S_{irt-1}^V\right)\frac{1}{2}\left(S_{irt}^K + S_{irt-1}^K\right)\Delta \log Q_{it}^K \\
& + \sum_{i=1}^{23} \frac{1}{2}\left(S_{irt}^V + S_{irt-1}^V\right)\frac{1}{2}\left(S_{irt}^L + S_{irt-1}^L\right)\Delta \log Q_{irt}^L
\end{aligned}$$

(6) 式の左辺は都道府県別に全産業付加価値成長率からマクロマンアワー成長率を控除した，都道府県別全産業労働生産性成長率を示している．また，右辺第 1 項は TFP，第 2 項は実質資本ストック／マンアワー，第 3 項は資本の質，第 4 項が労働の質のそれぞれの貢献度を表す．なお，以下では資本の質と実質資本ストック／マンアワーを 1 つにまとめた資本投入／マンアワーを資本装備率（資本投入／マンアワー）と呼ぶことにする．

図 1-2 が 1970～2010 年の過去 40 年間に関する成長会計の結果である．都道府県は，1970 年の労働生産性が高い順に左から並べてある．この図から分かる通り，実質経済成長の視点からみると労働生産性の地域間格差はほとんど縮小していない．しかし労働生産性の決定要因を分解してみてみると，各決定要因は収束に異なった役割を果たしていることが分かる．資本装備率の上昇は当初貧しい県ほど概ね高く，格差を縮小するように働いた．一方，労働の質と TFP 上昇については，こうした明瞭な傾向は図からは観察されず，格差を縮小したとも拡大したともいえない．

労働生産性地域間格差の変化に，各決定要因がどのように作用したかを検証するため，深尾・岳（2000）にならって，β 収束係数を各要因の寄与に分解して分析してみよう．まず，分析方法を説明する．(6) 式において，t 年から次のベンチマーク年までの r 県における左辺の値を GYL_r，右辺の各項を $GTFP_r$，GKL_r，GQ_r と表す[35]．また t 年における r 県の労働生産性（労働時間当たり実質 GDP）を YL_r と表す．労働生産性に関する無条件 β 収束の係数 β_{YL} は次式で得られる[36]．

$$(7) \quad \beta_{YL} = \frac{\sum_r \left(GYL_r - \overline{G\ YL}\right)\left(YL_r - \overline{YL}\right)}{\sum_r \left(YL_r - \overline{YL}\right)\left(YL_r - \overline{YL}\right)}$$

上方の横棒付き変数は全県に関する単純平均値を表す．$GTFP_r$ の定義により，$GYL_r = GTFP_r + GKL_r + GQ_r$ が常に成り立つから，我々は次式を得る．

---

35)　GKL_r は (6) 式の右辺第 2, 3 項をまとめたものである．

36)　β 収束の概念については，Barro and Sala-i-Martin（1992）を参照．

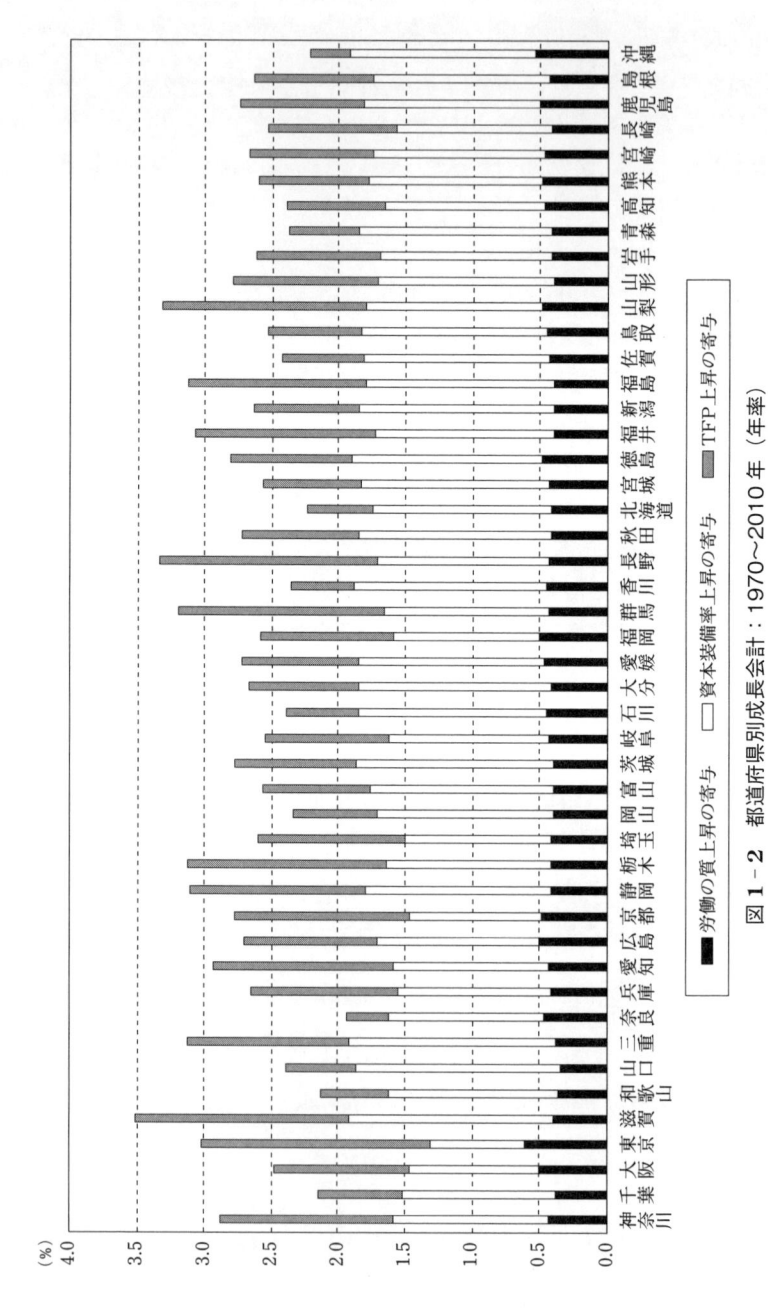

図1-2 都道府県別成長会計:1970~2010年（年率）

表 1 - 3　β 収束係数の分解

	1970〜 1980 年	1980〜 1990 年	1990〜 2000 年	2000〜 2010 年	1970〜 2010 年
労働生産性上昇率の初期時点 労働生産性水準への回帰係数	− 0.005 (0.006)	0.007 (0.007)	− 0.018*** (0.004)	− 0.007 (0.009)	− 0.004 (0.003)
うち TFP 上昇の寄与	0.005 (0.007)	0.012* (0.007)	− 0.011** (0.004)	− 0.012 (0.008)	− 0.001 (0.003)
うち資本装備率上昇の寄与	− 0.009*** (0.003)	− 0.006** (0.003)	− 0.008*** (0.002)	0.005* (0.003)	− 0.003** (0.001)
うち労働の質上昇の寄与	− 0.001** (0.000)	0.000 (0.001)	0.002** (0.001)	0.000 (0.001)	0.000 (0.000)

注：1)　括弧内は標準誤差. ***は 1%, **は 5%, *は 10% で有意であることを表す.
　　2)　資本装備率上昇には資本の質上昇を含む.
　　3)　1970〜1980 年, 1970〜2010 年には沖縄は含まれない.

(8)　$\beta_{YL} = \beta_{TFP} + \beta_{KL} + \beta_Q$

ただし右辺のベータは (6) 式右辺の各項を初期時点の労働生産性に単回帰させた推定係数を表す. 例えば,

(9)　$\beta_{TFP} = \dfrac{\sum_r \left(GTFP_r - \overline{G\,TFP} \right)\left(YL_r - \overline{YL} \right)}{\sum_r \left(YL_r - \overline{YL} \right)\left(YL_r - \overline{YL} \right)}$

である. つまり, 労働生産性に関する無条件 β 収束の係数は, 成長会計で得られる成長の諸源泉を初期時点の労働生産性に単回帰したときの回帰係数の和と等しい. 表 1-3 は上記の方法で β 収束の要因分解を行った結果である.

　表 1-3 によれば β の符号は期間により異なる. 資本装備率上昇は 1970 年代から 1990 年代まで収束に寄与してきたが, 2000 年代に入ってこの傾向が止まっている. 労働の質上昇は 1970 年代には収束に寄与していたが, それ以降はその傾向はみられない. 一方, TFP 上昇は 1990 年代には収束に寄与していたが, その他の期間ではこの傾向はみられない. そうした結果, 1970 年以降の 40 年の期間では, 1990 年代に収束傾向が観察されているものの, その他の期間ではその傾向は確認できず, 40 年の全期間でも β 収束を観察することはできない. つまり, 我が国の都道府県間では, 同一水準の労働生

産性となる均斉成長経路に向かって収束する動学的な力が働いているとはいえないとの結論になる．バルブ崩壊後の「失われた 10 年」とされる 1990 年代が，過去 40 年間のなかで唯一 β 収束を観察できる期間であったというのも幾分皮肉なものである．

5.　労働生産性地域間格差の要因分解

　この節では，都道府県間の全要素生産性のレベル比較を行う方法について説明し，その方法を使って労働生産性地域間格差の要因分解の結果を 1970 年と 2010 年を比較しながらみてみよう．ここでは，クロスセクションにおける労働生産性の地域格差を，産業計資本労働比率の違い，労働の質の違い，産業計 TFP の違いに分解するが，このような分析はレベル会計と呼ばれる．

　まず，都道府県別産業別の相対 TFP（$RTFP_{irt}$）の算出は次のように行う．i（$=1, 2, ..., 23$）を産業のインデックス，r（$=1, 2, ..., 47$）を都道府県のインデックスとする．また，V_{irt}：実質付加価値，K_{irt}：資本投入，L_{irt}：労働投入，S_{irt}^{K}：資本コストシェア，$S_{irt}^{L}\left(=1-S_{irt}^{K}\right)$：労働コストシェアとする．また，都道府県別産業別の付加価値，資本投入，労働投入それぞれの産業別全国幾何平均を次のように表す（以下はクロスセクションに関する分析のため，時間の添字を省略する）．

$$
(10)\quad \log \overline{V}_i = \frac{1}{47}\sum_{r=1}^{47}\log V_{ir},\ \log \overline{K}_i = \frac{1}{47}\sum_{r=1}^{47}\log K_{ir},
$$

$$
\log \overline{L}_i = \frac{1}{47}\sum_{r=1}^{47}\log L_{ir}
$$

　さらに，資本と労働それぞれのコストシェアの産業別全国平均を以下のように表す．

$$
(11)\quad \overline{S}_i^{K} = \frac{1}{47}\sum_{r=1}^{47}S_{ir}^{K},\ \overline{S}_i^{L} = \frac{1}{47}\sum_{r=1}^{47}S_{ir}^{L}
$$

都道府県別産業別相対 TFP は以下のように求められる．

$$(12) \quad RTFP_{ir} = \log\left(\frac{V_{ir}}{V_i}\right) - \frac{1}{2}\left(S_{ir}^K + \overline{S}_i^K\right)\log\left(\frac{K_{ir}}{K_i}\right)$$

$$- \frac{1}{2}\left(S_{ir}^L + \overline{S}_i^L\right)\log\left(\frac{L_{ir}}{L_i}\right)$$

実質資本ストック，資本の質，マンアワー，労働の質それぞれの産業別全国幾何平均を以下のように表す．

$$\log\overline{Z}_i = \frac{1}{47}\sum_{r=1}^{47}\log Z_{ir}, \ \log\overline{Q}_i^K = \frac{1}{47}\sum_{r=1}^{47}\log Q_{ir}^K,$$

$$\log\overline{H}_i = \frac{1}{47}\sum_{r=1}^{47}\log H_{ir}, \ \log\overline{Q}_i^L = \frac{1}{47}\sum_{r=1}^{47}\log Q_{ir}^L$$

質の定義から $K_{irt} = Q_{ir}^K Z_{ir}$, $L_{ir} = Q_{ir}^L H_{ir}$ が成り立つが，これらの式の両辺の対数をとることにより $\log K_{ir} = \log Q_{ir}^K + \log Z_{ir}$, $\log L_{ir} = \log Q_{ir}^L + \log H_{ir}$ が得られる．これらを代入すれば (12) 式は以下のように表される．

$$(13) \quad RTFP_{ir} = \log\left(\frac{V_{ir}}{V_i}\right) - \frac{1}{2}\left(S_{ir}^K + \overline{S}_i^K\right)\left\{\log\left(\frac{Z_{ir}}{Z_i}\right) + \log\left(\frac{Q_{ir}^K}{Q_i^K}\right)\right\}$$

$$- \frac{1}{2}\left(S_{ir}^L + \overline{S}_i^L\right)\left\{\log\left(\frac{H_{ir}}{H_i}\right) + \log\left(\frac{Q_{ir}^L}{Q_i^L}\right)\right\}$$

先にも述べたように，R-JIP では都道府県別産業別での資本の質は推計せず，同一産業内での資本の質は全国で同じ，つまり $Q_{ir}^K = Q_i^K$ であることを仮定する．よって，(13) 式右辺第 2 項中括弧内の資本の質に関する項は消去され，都道府県別産業別相対 TFP は最終的に以下のように表される．

$$(14) \quad RTFP_{ir} = \log\left(\frac{V_{ir}}{V_i}\right) - \frac{1}{2}\left(S_{ir}^K + \overline{S}_i^K\right)\log\left(\frac{Z_{ir}}{Z_i}\right)$$

$$- \frac{1}{2}\left(S_{ir}^L + \overline{S}_i^L\right)\left\{\log\left(\frac{H_{ir}}{H_i}\right) + \log\left(\frac{Q_{ir}^L}{Q_i^L}\right)\right\}$$

次に，以上のように計算した都道府県別産業別相対 TFP を全産業に集計して，都道府県遠全産業相対 TFP $(RTFP_r)$ を産出する．i 産業に関する都道府県別産業別名目付加価値シェアの全国平均値を，$\overline{S}_i^V = \frac{1}{47}\sum_{r=1}^{47}S_{ir}^V$ とす

ると，都道府県別マクロ相対 TFP は以下のように表される．

$$(15) \quad RTFP_r = \sum_{i=1}^{23} \frac{1}{2}\left(S_{ir}^V + \overline{S}_i^V\right) RTFP_{ir}$$

都道府県別マクロ相対実質付加価値は，都道府県別産業別相対実質付加価値を名目付加価値シェア（都道府県別産業別と全国平均産業別の平均）をウェイトとして集計することにより，以下のように表される[37]．

$$(16) \quad \log\left(\frac{V_r}{\overline{V}}\right) = \sum_{i=1}^{23} \frac{1}{2}\left(S_{ir}^V + \overline{S}_i^V\right)\log\left(\frac{V_{ir}}{\overline{V}_i}\right)$$

ただし，$\log \overline{V} = \dfrac{1}{47}\displaystyle\sum_{r=1}^{47} \log V_r$ である．

(14)，(15)，(16) 式から以下の関係を得る．

$$(17) \quad \log\left(\frac{V_r}{\overline{V}}\right) = \sum_{i=1}^{23} \frac{1}{2}\left(S_{ir}^V + \overline{S}_i^V\right) RTFP_{ir}$$
$$+ \sum_{i=1}^{23} \frac{1}{2}\left(S_{ir}^V + \overline{S}_i^V\right)\frac{1}{2}\left(S_{ir}^K + \overline{S}_i^K\right)\log\left(\frac{Z_{ir}}{\overline{Z}_i}\right)$$
$$+ \sum_{i=1}^{23} \frac{1}{2}\left(S_{ir}^V + \overline{S}_i^V\right)\frac{1}{2}\left(S_{ir}^L + \overline{S}_i^L\right)\left\{\log\left(\frac{H_{ir}}{\overline{H}_i}\right) + \log\left(\frac{Q_{ir}^L}{\overline{Q}_i^L}\right)\right\}$$

$S_{ir}^L = 1 - S_{ir}^K$ であることから，(17) 式は以下のように変形できる．

$$(18) \quad \log\left(\frac{V_r}{\overline{V}}\right) - \sum_{i=1}^{23} \frac{1}{2}\left(S_{ir}^V + \overline{S}_i^V\right)\log\left(\frac{H_{ir}}{\overline{H}_i}\right)$$
$$= \sum_{i=1}^{23} \frac{1}{2}\left(S_{ir}^V + \overline{S}_i^V\right) RTFP_{ir}$$
$$+ \sum_{i=1}^{23} \frac{1}{2}\left(S_{ir}^V + \overline{S}_i^V\right)\frac{1}{2}\left(S_{ir}^K + \overline{S}_i^K\right)\left\{\log\left(\frac{Z_{ir}}{\overline{Z}_i}\right) - \log\left(\frac{H_{ir}}{\overline{H}_i}\right)\right\}$$

37）(16) 式の左辺の対数内は，厳密には Caves, Christensen, and Diewert（1982）の相対産出量指数である．これは，産業構造や要素投入構造の異なる 2 地域の産出量を比較するとき，相互に基準地域を入れ替えながら産出量がその何倍になるかを求めてからそれらの幾何平均をとることによって導出される指数で，現実データの比率そのものではない．したがって，現実データを表す記号とは別の記号を用いるべきであるが，ここでは記号が煩雑になることを避けるため，記号を区別せずに用いている．

$$+\sum_{i=1}^{23}\frac{1}{2}\Big(S_{ir}^{V}+\overline{S}_{i}^{V}\Big)\frac{1}{2}\Big(S_{ir}^{L}+\overline{S}_{i}^{L}\Big)\log\left(\frac{Q_{ir}^{L}}{\overline{Q}_{i}^{L}}\right)$$

　左辺は都道府県別全産業付加価値の全国平均からの乖離から，都道府県別全産業マンアワーの全国平均からの乖離を引いた，都道府県別全産業相対労働生産性の対数値を表す．以下では（18）式左辺を V_r と表すことにする．（18）式右辺第 1 項は相対 TFP，第 2 項は資本装備率格差，第 3 項は労働の質格差，それぞれの地域間労働生産性格差への貢献を表す．

　（18）式を使って 1970 年と 2010 年について都道府県別全産業相対労働生産性を要因分解した結果が，図 1-3，図 1-4 である．これらの図は，47 都道府県（ただし 1970 年は沖縄県を除く 46 都道府県）を左から右に労働生産性が高い順に並べ，それを資本装備率，労働の質，全要素生産性（TFP）に要因分解して示したもので，図 1-3 が 1970 年，図 1-4 が 2010 年のものである．各棒グラフは各都道府県の労働生産性の全国平均（ただし幾何平均）からの乖離率を示し，労働生産性を測るときの分母の労働投入はマンアワー（就業者数×平均労働時間）である．各棒グラフは，資本装備率，労働の質，全要素生産性（TFP）の 3 つの要因に分解されているが，（18）式の右辺の通り，それぞれの要因の産業ごとの全国幾何平均を基に，要素分配率と付加価値シェアを掛けて加重平均したものとなっている．

　なお，本書第 5 章では，より長期の地域間格差の変遷をみるが，ここで比較している 1970 年代以降は，終後直後から 1970 年代初頭まで明瞭に縮小してきた地域間格差が，そのようなダイナミックな動きを止めたようにみえる時期である．1970 年の図 1-3 と 2010 年の図 1-4 を比較すると，2010 年の労働生産性トップの東京都を除くと，その他の地域間では労働生産性格差は明らかに縮まっている．東京都を除く 46 道府県で地域間格差が縮小していくなかで，東京都が他地域と比較して飛びぬけて高い労働性パフォーマンスを示していることが，一見すると地域間格差の縮小が止まっているようにみえる主な原因である．つまり，東京都独り勝ちになったことが，東京都と比較して地方の格差を感じさせる原因になっているのである．

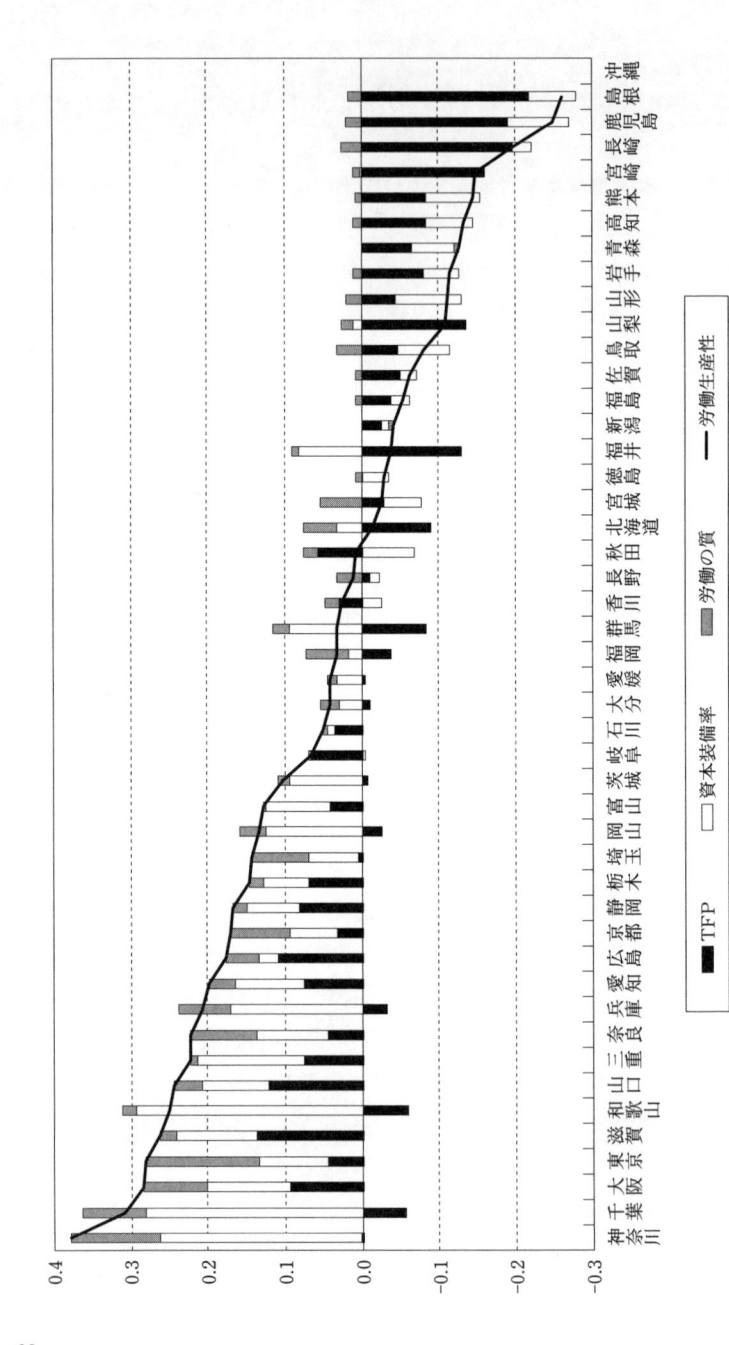

図1-3 1970年における労働生産性地域間格差の要因分解

■ TFP　□ 資本装備率　■ 労働の質　── 労働生産性

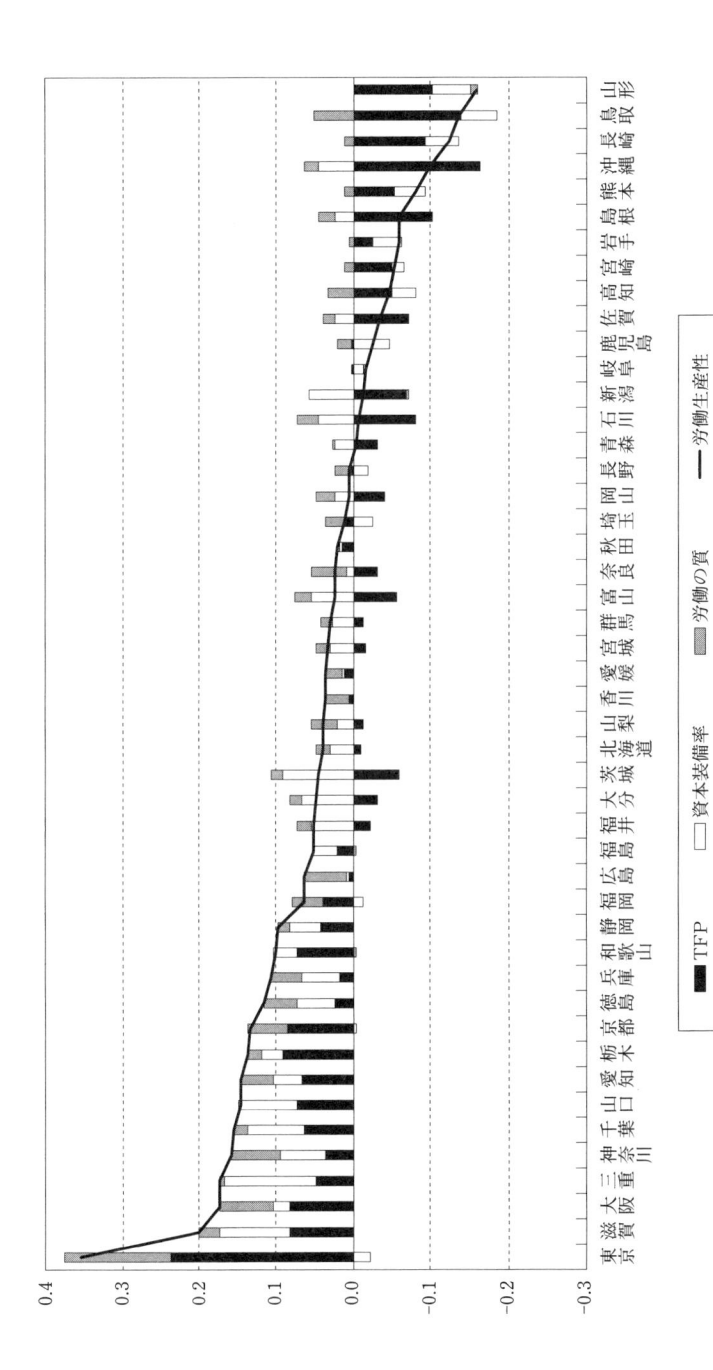

図 1 - 4　2010年における労働生産性地域間格差の要因分解

それでは，この 40 年間で東京都独り勝ちが生じた要因は何だろうか．1970 年には神奈川県が労働生産性トップであったが，その労働生産性をトップに押し上げていた最も大きな要因は京浜工業地帯を擁するこの地域の高い資本装備率であった．このように，1970 年時点では，資本装備率の地域間格差が労働生産性格差を説明する重要な要因であった．しかし，図 1-3 と図 1-4 を比較すれば分かるように，その後の 40 年間で資本装備率の地域間格差は大きく縮小している．2010 年の東京は，もはや資本装備率では全国平均を下回っている．その一方で，2010 年の東京都の労働生産性をトップに押し上げているのは，他地域に比べて高い労働の質と，飛びぬけて高い全要素生産性（TFP）である．

都道府県間労働生産性格差への寄与を各要因に分解してみるために，(18)式両辺それぞれについて都道府県別の全産業相対労働生産性対数値 V_r との共分散を計算してみた．これにより，都道府県別全産業相対労働生産性対数値の分散（その平方根は労働生産性地域間格差の変動係数 σ にほぼ対応する）を，労働生産性地域間格差のサプライサイドからみた各決定要因と都道府県別全産業相対労働生産性対数値の共分散の和の形に分解することができる．

表 1-4 は，この分解を 1970 年から 10 年おきに行った結果である[38]．この結果によれば，1970 年において労働生産性の地域間格差を生み出していた最大の源泉は TFP と資本装備率の格差であった．このうち資本装備率格差の寄与は，1980 年以降急速に減少している．これに対して，TFP 格差の寄与は 1990 年まで変化がなく，その後は概ね半減しているものの下げ止まっているようにみえる．その結果，TFP 格差の寄与の重要度が相対的に高まり，今日では，変動係数で測った地域間経済格差のほとんどを TFP 格差が

---

38)　表 1-4 の最初の行には，都道府県別相対労働生産性（対数値）の分散が 10 年おきに示されている．これは σ 収束に対応する．1970 年から 2000 年にかけてこの分散は縮小しており，この期間で σ 収束は観察されているようにみえる．これは前節の表 1-3 でみた β 収束の結果と整合的であろうか．都道府県の労働生産性にもたらされる攪乱要因が均一である限り，β 収束の成立が σ 収束の必要条件となる．1990 年代を除いて β 収束が確認できない以上，1970 年から 2000 年にかけてみられる σ 収束は，収束をもたらす動学的な力が働いたのではなく，この間に攪乱要因そのものが小さくなった結果とみるべきである．β 収束と σ 収束の関係については Barro and Sala-i-Martin（1992）のほかに Furceri（2005），Young, Higgins, and Levy（2008）も参照．

表 1‐4　都道府県別全産業相対労働生産性対数値の分散の要因分解

	1970 年	1980 年	1990 年	2000 年	2010 年
労働生産性地域間格差の分散	0.025	0.014	0.015	0.008	0.009
うち TFP 格差の寄与	0.010	0.010	0.010	0.006	0.006
うち資本装備率格差の寄与	0.012	0.003	0.004	0.001	0.002
うち労働の質格差の寄与	0.003	0.001	0.001	0.001	0.001

作り出す状況になった．一方，労働の質の地域間格差は，この方法で評価する限り，昔も今も地域間格差のうち比較的わずかの部分を説明するに過ぎない．

6.　おわりに

　この章では，R-JIP データベースの最新版の作成方法を解説し，それを使った都道府県別成長会計とレベル会計の結果を報告した．R-JIP データベースは独立行政法人経済産業研究所のウェブサイトで公開し，定期的にデータを更新している．このプロジェクトの参加者たち自身もこのデータを使った分析を行うなかで，データの説明しにくい動きに気付くこともあり，そうしたことがデータ作成方法の改善につながっている．

　また，本章の第 4 節で紹介した都道府県別成長会計と，第 5 節で紹介した都道府県別労働生産性比較のレベル会計の結果は，R-JIP データベースのデータと併せて公開し，様々なデータと組み合わせて分析に利用できるようにしている．都道府県別成長会計については，第 4 節では紙幅の関係で 1970 年から 2010 年の 40 年間という比較的長い期間の通しで行っているが，この期間に日本の経済成長率は大きく低下しており，より期間を分けてみることによってより興味深い結果に気付くことができるはずである．また，レベル会計では都道府県間の労働の質格差も要因分解に取り込んでおり，この効果については第 2 章でより詳しく分析する．

　本書で紹介した基本的な分析結果から得られる主なメッセージは，地域間格差は東京都を除くその他の 46 都道府県間ではこの 40 年間も概ね縮小してきたが，東京都の独り勝ち傾向が顕著になったことが，全体として地域間格

差指標の縮小を下げ止まり傾向にしていることである．そして，地域間の資本装備率の格差はもはや地域間格差の重要な要因ではなくなり，それに代わって地域間の TFP 格差と労働の質格差とが相対的に重要度が上昇していることである．その結果，β 収束の検証では，この 40 年間の期間で都道府県間に労働生産性を均一化させるような動学的な力が働いているとはいえないとの結果になった．経済成長モデルで収束をもたらす主要な要因である資本装備率がもはや重要ではなく，それに代わって重要性が増してきた地域間のTFP 格差は，地域間格差を縮小させるような性格のものではないようだ．それでは，地域間の TFP 格差は果たしてどの産業で生まれているものであろうか．この点については，第5章第4節で分析する．

　最後に，R-JIP データベースの改善の検討は続いており，第3章では地域間のサービス価格差の影響を考慮する分析を，第4章では地域を跨ぐ本社サービス投入の影響の分析を行っている．これらについては，膨大なデータと作業を要することから，R-JIP データベース本体には反映されておらず，現段階では影響分析を行っている段階である．

補論　R-JIP データベース 2017 作成方法に関する補足

1.　R-JIP 産業分類別の都道府県別投資系列の推計方法（R-JIP2017）

農林水産業

　農林水産業については，「建築統計年報」による農林水産業都道府県別建築投資シェアによって全国版 JIP のコントロールトータル（CT）を按分した．

鉱業と建設業

　鉱業，建設業については，全国版 JIP の CT をそれぞれの都道府県別名目付加価値シェアにより按分する，という簡易な方法で推計した．これは，R-

JIP2014 までの推計方法からの変更である[39]．

製造業の 13 業種

製造業の 13 業種の投資系列については，「工業統計調査」の公表データを利用して行った[40]．推計方法の手順は次の通りである．

a．従業者規模 30 人以上の事業所の有形固定資産新規取得額（土地を除く）を都道府県別産業別に整理する．

b．従業者規模 29 人以下の事業所の有形固定資産新規取得額については，従業者規模 30 人以上有形固定資産取得額に付加価値比率（29 人以下付加価値／30 人以上付加価値）を乗じて推計する[41]．

c．2008 年以降の「工業統計調査」では日本標準産業分類改定に伴い精密機械が業務用機械器具製造業とその他の製造業に再分類された．このため，3, 4 桁産業レベルの各種データにより業務用機械器具製造業とその他の製造業の投資系列を按分し，精密機械を推計した[42]．2008 年以降の「工業統計調査」と R-JIP 製造業内訳分類の対応は表 1-A1 の通りである．

d．a, b を合算した系列より，R-JIP 製造業内訳別に都道府県投資シェア

---

39) R-JIP2014 までは，「建築統計年報」の鉱工業（鉱業，製造業，建設業を含む）都道府県別建築投資シェアにより全国 CT を按分し，これをさらに鉱業，製造業，建設業に再按分する作業を行っていた．しかし，鉱業，建設業の建築投資シェアは鉱工業全体のなかでさほど大きくないことから，R-JIP2017 では従来の推計方法を変更した．

40) 製造業各業種の投資系列を「工業統計調査」に基づいて推計している点では，R-JIP2017 の推計は内閣府経済社会総合研究所の都道府県別民間資本ストック（以下 ESRI 資本）と基本的に同じである．このため，過去に公表した R-JIP2014 までは，製造各業種の投資系列作成においては ESRI 資本のデータをそのまま使ってきた．ただ，後で説明するように，ESRI 資本の計数の一部にやや不可解なものを発見したため，R-JIP2017 では，独自に「工業統計調査」からの投資系列推計作業を行った．

41) ESRI 資本では製造品出荷額等により 29 人以下の推計を行っているが，R-JIP では作業の都合上粗付加価値を利用している．

42) 全国版「工業統計調査」の都道府県別データは 2 桁分類までしか利用できない．よって，各都道府県の Web サイトで利用できる 3 桁ないし 4 桁のデータにより按分作業を行った．基本的には規模 4 人以上の従業者数を利用し，可能な場合には製造品出荷額等や付加価値，また東京や大阪のように 3 桁でも有形固定資産のデータが利用できる場合はそちらを利用した．

表 1 - A1　R-JIP 産業分類と 2008 年以降の工業統計調査産業分類の対応表

R-JIP 産業分類	工業統計調査	
食料品	09	食料品製造業
	10	飲料・たばこ・飼料製造業
繊維	11	繊維工業
パルプ・紙	14	パルプ・紙・紙加工品製造業
化学	16	化学工業
石油・石炭製品	17	石油製品・石炭製品製造業
窯業・土石製品	21	窯業・土石製品製造業
一次金属	22	鉄鋼業
	23	非鉄金属製造業
金属製品	24	金属製品製造業
一般機械	25	はん用機械器具製造業
	26	生産用機械器具製造業
	271	事務用機械器具製造業
	272	サービス・娯楽用機械器具製造業
	276	武器製造業
電気機械	28	電子部品・デバイス製造業
	29	電気機械器具製造業
	30	情報通信機械器具製造業
輸送用機械	31	輸送用機械器具製造業
精密機械	273	計量器・測定器・分析機器・試験機・測量機械器具・理化学機械器具製造業
	274	医療用機械器具・医療用品製造業
	275	光学機械器具・レンズ製造業
	323	時計・同部分品製造業
	3297	眼鏡製造業（枠を含む）
その他の製造業	上記以外	

を計算する.

e．JIP2015 の産業別名目投資（資産計）を R-JIP 製造業内訳別に集計した系列を CT とし，これに d で推計した都道府県別投資シェアを乗じたものを都道府県別 R-JIP 製造業内訳別名目投資系列とした.

f．JIP2015 の産業別実質投資（資産計）を R-JIP 製造業内訳別に集計した系列と，e で作成した名目投資系列の CT により，インプリシットに製造業内訳別デフレーター（資産計）を求める. この産業別デフレーターを全ての都道府県に対し同一に適用することにより，都道府県別製造業内訳別実質投資系列を推計した.

製造業投資系列に関する R-JIP2017 と ESRI 資本推計との比較

　前項で説明したような製造業投資系列の R-JIP2017 推計と，ESRI 資本の
データが重複する最近期である 2009 年の製造業合計について，都道府県別
名目投資シェアで比較すると，一部府県で大小はあるものの両者は比較的似
通っており（相関係数は 0.949），製造業合計でみる限り R-JIP2017 推計でも
ESRI 資本推計でも結果は変わらないようにみえる．ただ，大阪府に注目す
ると ESRI 資本が 0.036 であるのに対し，R-JIP 推計は 0.069 となっており
3% ポイント以上も R-JIP 推計が大きくなっている．この差はどのような理
由により生じているのであろうか．

　2001 年から 2009 年にかけての窯業・土石製品の投資における大阪のシェ
アを，「工業統計調査」（従業者規模 30 人以上）と ESRI 資本で比較すると[43]，
2008 年までは両者とも 1% 程度で大きな差異はないが，2009 年に「工業統
計調査」に大きなスパイク（20% 程度まで上昇）があるのに対し，ESRI 資本
は過去数年と同程度であり「工業統計調査」を大幅に下回っている．窯業・
土石製品における大阪の投資シェアを ESRI 資本のように 1% そこそことみ
るか，「工業統計調査」の 20% 程度とみるか，どちらがより実態を反映して
いるのであろうか．

　当時の大阪における工場進出状況を調べてみると，シャープ堺工場の新設
に伴い液晶パネル等に使われるガラスを製造する事業所が同敷地内に新設さ
れており，これが窯業・土石製品の投資シェアを相当押し上げていると考え
られる[44]．「工業統計調査」の投資データはこのような状況を忠実に反映して
いるようであるが，「工業統計調査」をベースに推計しているはずの ESRI

---

43)　R-JIP 推計は「工業統計調査」の情報に全面的に依拠していることから，R-JIP 推計
　　ではなく，何ら加工をしていない工業統計調査と ESRI 資本を比較することとした．

44)　米国コーニング社により液晶用ガラス工場建設のために 7 億 9500 万ドルが投資さ
　　れた．1 ドル 93 円換算でおよそ 740 億円になるが，工業統計調査（従業者規模 30 人以
　　上）による 2008 年の大阪の窯業・土石製品の投資額が 56 億円程度であることから
　　2009 年に大きなスパイクができるのは実態に合っていると考えられる．また，2009 年
　　の全国計での窯業・土石製品の投資額が 4300 億円，大阪の窯業・土石製品の投資額を
　　コーニング社の投資額プラス前年同レベルの 800 億円程度とすると，大阪のシェアは
　　19% 程度となる．工業統計調査と完全には一致しないが，スパイクについて一定程度
　　の説明は可能である．

資本ではこのようなシェアの変化は全く現れていない．ESRI 資本の推計の詳細が不明であるためあくまでも推測になるが，2009 年に限らず全期間，また全産業において何らかのスムージングが実施されている可能性があるのではなかろうか．

投資データを地域別に分解してみる場合には，ある地域に大型投資が行われると，データ上では投資スパイクのような現象が観察される．しかし，それが調査票の記入ミスなどから生じた異常値ではなく，経済活動の実態を反映したものであれば，それをそのまま使うしかない．ESRI 資本の該当計数がそのような情報を反映した結果なのか我々には判断できないが，R-JIP2017 では「工業統計調査」の情報によっては説明できない挙動を含むデータを利用することはできるだけ避けるべきであると判断して，今回の R-JIP の改訂では製造業の投資系列について ESRI 資本の方法に準拠しつつも独自推計を行うこととした．

電気・ガス・水道業

電気・ガス・水道業については都道府県別総投資もしくはそれに近い情報を業界統計等で把握可能であることから，電気業，ガス業，水道業それぞれの都道府県別投資額を直接推計し，その後それらを合算した投資系列で全国 CT を按分している[45]．以下，電気業，ガス業，水道業それぞれについて，投資系列の推計方法を説明する．

a)　電気業

電気事業連合会が公表している統計を利用して推計する[46]．まず 10 電力会社（1972 年以前は 9 電力会社）・電源開発・日本原子力発電と公営事業者それぞれについて，工事資金を電源拡充工事と配送電工事に整理し，発電施設投資と配送電施設投資の仮 CT とする．次に，新増設された個々の発電所の出

---

45)　過去の R-JIP2014 までは，「建築統計年報」の公益事業による建築投資を電気・ガス・水道業と運輸・通信業に按分した後，全国 CT を再按分していた．新しい推計方法との比較は後に述べる．

46)　最新版は「電気事業 60 年の統計」であり，それ以前は 10 年ごとに同様の統計集が公表されている．

力変化分を事業者別都道府県別に集計し，これで各事業者の発電施設投資仮 CT を都道府県別に按分する[47]．配送電施設については都道府県境を跨ぐ施設があるため発電施設のような按分は困難である．よって，配送電施設投資仮 CT を都道府県別電力需要で按分する[48]．全国電気業 CT の最終的な按分比率は，都道府県別発電施設投資と配送電施設投資の合計より計算した．

b) ガス業

推計には「ガス事業年報」を利用した．まず私営，公営別事業者計設備投資額（資金ベース）を仮 CT とする．次に，私営，公営の各事業者について有形固定資産変化分＋建設仮勘定変化分＋減価償却を計算したものを投資額とし，事業者の本社所在地に従って都道府県別に集計する[49]．これを按分比率として私営，公営の仮 CT を都道府県別に按分し，私営と公営合計の投資額で全国ガス業 CT を都道府県別に按分した．

c) 水道業

「行政投資実績」による水道，工業用水道の事業費合計の都道府県別シェアを按分比率とし全国 CT を按分した．なお，土地購入費等固定資本形成に含むべきではない費用は控除できていないため，地域によって按分比率が過大になる点は注意が必要である．

卸売・小売業，金融・保険業，不動産業の 3 部門

卸売・小売業，金融・保険業，不動産業の 3 部門についても，全国版 JIP データベースの投資系列を都道府県別に分割するためのデータを作成する必要がある．そのための都道府県データをここでも「建築統計年報」に依拠

---

47)　工事の着工年と運用開始年から工事期間を計算し，工事期間が 1 年を超える場合は出力変化を工事年数で均等割した．工事の着工年が不明な場合は，電源種別の平均的な工事年数を利用した．

48)　静岡県は富士川を境に東京電力と中部電力に分割すべきであるが，分割のための情報不足のため全て中部電力に割り振った．

49)　都道府県を跨って事業を行っている私営事業者については，当該事業者の都道府県別ガス販売量によって事業者ベースの投資額を都道府県別に按分した．

するが,「建築統計年報」では対応する業種分類が商業と大括りになっているため, これをベースに卸売・小売業, 金融・保険業, 不動産業の 3 部門にデータを分解する作業を行う必要がある[50]. 以下, その手順について説明する.

a.　作業手順は, まずいったん都道府県別・該当 3 部門別の資本ストック系列を, 次のような簡単化の仮定の下で作成することから始まる. 資本ストックの成長率は, 資本装備率 (資本÷労働) の成長率 ($g_{i,t}^{k}$) と労働投入の成長率 ($g_{i,r,t}^{L}$) に分解できることを利用すれば, 次式が成り立つ.

$$K_{i,r,t} = e^{g_{i,t}^{k} + g_{i,r,t}^{L}} K_{i,r,t-1}$$

該当 3 部門別の初期時点の資本ストックを JIP データベースと ESRI 資本から作成して与えれば, この式を逐次当てはめることによって該当 3 部門の資本ストック系列を求めることができる. ただし, 労働投入の成長率は都道府県別・産業別の数値を使うが, 資本装備率の成長率については産業ごとに全国共通であるという簡単化の仮定をおく[51].

b.　次に, 都道府県別・該当 3 部門別の実質総投資系列 $I_{i,r,t}$ は, 次の式から求める. この式は, 資本蓄積方程式を変形したものである. ここでも, 産業別の資本減耗率が全ての都道府県で JIP と同一の $\delta_{i,t}$ であると仮定する.

$$I_{i,r,t} = K_{i,r,t} - (1 - \delta_{i,t}) K_{i,r,t-1}$$

また, 上の式に当てはめた計算から $I_{i,r,t} < 0$ となった場合には, 更新投資 ($\delta_{i,t} K_{i,r,t-1}$) のみは行われるものとした.

c.　前項で求めた実質総投資系列に, 産業別の建築投資／総投資比率を掛

---

50)　表 1-1 の対応表によれば, 2004 年以降は卸売・小売業, 金融・保険業, 不動産業の別に利用できるものの, 推計期間の大部分は商業という大括りでしか利用できない. よって, 2004 年以降の 3 部門のデータは個々に利用せず, 3 部門を合計して商業とした上で利用した.

51)　要素分配率が一定である場合には, 資本装備率の成長率は, 資本係数 (資本÷産出) の成長率と TFP 成長率に分解することができるので, それらが各産業で地域間差異がないとみることができれば, この簡単化の仮定は正当化することができる.

けて，都道府県別・該当 3 部門別の建築投資系列を作成する．産業別の
建築投資／総投資比率は全国版 JIP データベースから求めており，ここ
でも産業別の建築投資／総投資比率が全国共通であるとの仮定をおいて
いる．

d. 以上の手順で求めた都道府県別・該当 3 部門別の建築投資系列は，実
質系列であるため，JIP データベースから求められる各産業の資本財デ
フレーターを使って名目系列に変換する．この名目建築投資系列を使っ
て，「建築統計年報」の都道府県別の「商業」建築投資を 3 業種に按分
する．

e. 前項で求めた計数を使って，該当 3 部門ごとに全国版 JIP データベー
スの投資系列を都道府県別に分割する．

卸売・小売業等 3 部門投資系列に関する R-JIP2017 と R-JIP2014 の比較

　以上説明した R-JIP2017 の投資系列推計方法は，R-JIP2014 までの推計方
法と異なっている[52]．両者を比較すると，全般的な傾向，長期的な水準につ
いては両者に大きな差はないものの，R-JIP2017 は R-JIP2014 と比較して短
期的な変動が少なくなっている．R-JIP2014 までの推計方法では，上に説明
した推計手順ステップ a に該当するところで，JIP データベースから求めた
TFP 成長率を使っていたが，変動の大きい TFP 成長率に替えて，資本装備
率の成長率を使うようにしたことが，投資系列推計結果の変動を小さくした
と考えられ，より妥当な結果を得ることができるようになったと考えてい
る．

運輸・通信業

　JIP データベースからの全国 CT データを「建築統計年報」の公益事業建
築投資により按分した．「建築統計年報」の公益事業には電気・ガス・水道
業が含まれるが，運輸・通信業の建築投資の影響をより強く反映していると

考え，このような按分方法を採用した[53]．

サービス業（民間，非営利）

　サービス業（民間，非営利）では，JIP データベースの全国 CT を，「建築統計年報」のサービス業の建築投資を使って 47 都道府県に按分している[54]．その際に問題となることの一つが，「建築統計年報」のサービス業建築投資には，R-JIP ではサービス業（政府）に対応すべき社会保険や保健衛生等の投資が含まれてしまっていることである．この点については，サービス業（民間，非営利）の投資額全体と比較して，それらの部門の投資額が与える影響は限定的であると考えて差し支えないであろう．

　ここで採用した按分比率のいま一つの問題点は，私立学校の投資が「建築統計年報」では公務文教に含まれていて，サービス業からは除外されてしまっているということである．JIP2015 によるサービス業（民間，非営利）の建築投資に占める教育（民間，非営利）をみると，教育（民間，非営利）のシェアは 1970 年に 1% 程度に過ぎなかったものが，その後ほぼ一貫して拡大し，2012 年では約 22% と無視できない規模になっている．このことから，特に私立学校が比較的多いと考えられる大都市を抱える都道府県については，R-JIP2017 のサービス業（民間，非営利）の投資は過少推計になっている可能性がある．この点については今後の課題としたい．

---

53)　JIP 固定資本マトリックスにより，運輸・通信業と電気・ガス・水道業の合計の非住宅建築投資に占める電気・ガス・水道業のシェアを確認すると，1970 年で 26% 程度，2012 年では 9% 程度となっている．推計期間の前半は電気・ガス・水道業の影響を少なからず受けている点は注意が必要である．

54)　R-JIP2017 のサービス業（民間，非営利）の投資系列推計方法も，R-JIP2014 までの方法から変更になっている．その理由は，サービス業（政府）の投資系列の推計方法を大きく変更したためである．R-JIP2014 までは，建築統計年報のサービス業と公務文教の建築投資を合計し，これをサービス業（民間，非営利），サービス業（政府）それぞれの労働生産性，就業者の伸び率等を利用して按分し，全国 CT を再按分するという方法で推計していた．R-JIP2017 では，サービス業（政府）の投資については，「建築統計年報」に依らず，後に説明するように独自に整備した都道府県別投資額により全国 CT を按分するという方法に変更した．

サービス業（政府）

　サービス業（政府）の投資系列の推計方法を，各項目別に説明する．なお，サービス業（政府）の投資系列は，BY 法でストックを推計する際のベンチマークを 1963 年とすることから，1963 年から推計した．

a)　港湾，航空，下水道

　港湾については，「建設業務統計年報」の都道府県別港湾事業費から用地費，船舶機械費を控除したものを投資額とした．なお，「建設業務統計年報」は 2004 年度以降出版されていないため，「行政投資実績」の港湾，港湾整備の事業費と 2003 年度でリンクして延長した．航空は，「行政投資実績」の空港事業費をそのまま利用した．下水道については港湾とほぼ同様の方法で推計しており，「建設業務統計年報」の都道府県別下水道事業，下水道終末処理施設事業（国庫補助，地方単独事業の合計）から用地費，機械器具費，補償金を控除したものを投資額とした．2004 年度以降は「行政投資実績」の公共下水道事業費を利用して延長した．

b)　学校施設，学術施設，社会教育施設，文化施設

　国立もしくは公立の学校施設，学術施設，社会教育施設，文化施設の都道府県別投資額の推計には，「学校基本調査」（短大，大学，研究所等），「地方教育費の調査報告書」（高等学校以下の各学校，社会教育等）を利用する．短大，大学，附置研究所等の投資額は，「学校基本調査」による学校別の資本的支出のうち建築費，設備・備品費を利用する．ただし，この投資額は全国計しか利用できないため，学校別の都道府県別生徒・学生数で都道府県に按分した．「学校基本調査」でカバーしない学校，社会教育の投資額は，「地方教育費の調査報告書」の建築費，設備・備品費を利用する．小学校，中学校については都道府県別支出項目内訳別データが利用できるため特に問題はないが，幼稚園，高校，その他学校については都道府県別に利用できるのは資本的支出内訳合計のみであり，資本的支出の内訳は全国計しか利用できない．よって，都道府県別資本的支出の内訳別データを何らかの方法で推計する必要がある．R-JIP2017 では，都道府県別資本的支出内訳合計，全国計資本的

支出の内訳をそれぞれ CT として RAS 推計を行った．なお，RAS 推計に必要となる初期縦比は，支出項目共通に都道府県別生徒シェアとした．

社会教育については都道府県別資本的支出内訳合計が利用できるものの，全国計の資本的支出の内訳が土地費と建築費の合計，設備・備品費と図書購入費の合計しか利用できない．よって，全国計・全ての学校の土地費・建築費比率，設備・備品費・図書購入費率により資本的支出を按分して CT を推計した上で RAS 推計を行った．初期縦比は支出項目共通に都道府県別人口シェアとした．

このように推計した各学校，社会教育の都道府県別建築費，設備・備品費を合計したものを最終的な投資額とした．

c)　公務

公務については，「行政投資実績」による官庁営繕を推計の基礎とする．官庁営繕が建築物に対する投資であるならば，これを総投資にまで拡大する必要がある．官庁営繕と「産業連関表固定資本マトリックス」の公務における非住宅建築投資を比較すると，2000 年で乖離が大きいが，それ以外の年については比較的近い値になっており，官庁営繕は公務の建築投資の近似としては良好な系列である[55]．

一方，「産業連関表固定資本マトリックス」における公務の総投資・建築投資比率をみると 2000 年までは 3〜4 程度で安定していたが，2005 年に大きなスパイクが生じて約 12，2011 年も 8 程度，つまり 2005 年以降については公務総投資を推計するために官庁営繕を 10 倍程度拡大する必要があることになる．このような断層が発生した原因は，2005 年以降それまで耕種農業に含まれていた農業土木，漁業に含まれていた漁港に対する公共事業が公務へ割り当てられるようになったためであると考えられる．念のため「平成 26 年度国民経済計算」より計算した公務の総投資・建築投資比率を確認すると，「産業連関表固定資本マトリックス」ほど極端な断層は発生しておらず，上記のような「産業連関表固定資本マトリックス」の概念変更について

---

55)　1970 年の固定資本マトリックス資本機能分類政府施設については公務でない部門が含まれる可能性が高く，乖離がやや大きい．

は対応済みであると判断した[56].

　以上より，1975 年から 2000 年までは固定資本マトリックスベース，2005 年，2010 年は国民経済計算ベースの総投資・建築投資比率を都道府県別官庁営繕に一律に適用し，都道府県別公務の投資額とした．

d)　廃棄物処理，社会保険・社会福祉

　廃棄物処理については「行政投資実績」の環境衛生の投資額をそのまま利用した．社会保険・社会福祉は「行政投資実績」の社会福祉，厚生福祉のうち保健衛生，また介護保険制度が始まった 2000 年以降はこれに介護保健事業の投資額を加えたものとした．「行政投資実績」の保健衛生については国立病院の投資額が含まれるため，1970 年までは国の投資額として別掲されている国立病院整備事業費，1971 年以降は投資主体が国の保健衛生投資額を控除したものをサービス業（政府）に含まれる保健衛生投資額とした[57].

2.　R-JIP データベース定義の「社会資本」

　次に，R-JIP データベースで定義する「社会資本」の推計方法を説明する．治山，治水，海岸，都市公園については CAO 社会資本をほぼそのまま利用することができる．一方，有料道路以外の道路については，CAO 社会資本では有料道路と一体となっているので，独自の推計を行う必要がある．

a)　治山，治水，海岸，都市公園

　治山，治水，海岸，都市公園については CAO 社会資本を使うが，CAO 社会資本が 2005 年価格であるのに対し，R-JIP2017 は 2000 年価格であるた

---

56)　国民経済計算に掲載されている固定資本マトリックスの一般政府・公務について，有形固定資産と無形固定資産の合計からその他の構築物（これは社会資本に含まれていると仮定）を控除したものを総投資とし，これと住宅以外の建物に対する投資額の比率とした．

57)　公的部門の医療は R-JIP ではサービス業（民間，非営利）に対応しているため，このような作業が必要となる．なお，公営病院，公立大学付属病院事業は別掲されており保健衛生には含まれていない．

め基準価格を修正する必要がある．また，CAO 社会資本がカバーしているのは 2009 年までのため，2012 年まで延長する必要がある．

　以下では治山を例にとって説明する[58]．まず 2000 年価格への修正であるが，CAO 社会資本の全国計治山に関する 2005 年基準のデフレーターについて，2000 年を 1 として基準年を変更し，これにより都道府県別治山ストックを 2000 年価格に修正する[59]．次に 2010 年以降の延長については，2009 年の都道府県別治山ストックをベンチマーク，「行政投資実績」の都道府県別治山事業費を投資額とし，BY 法で積み上げて推計した．その際に必要となる減耗率は全国計治山の 2008〜2009 年における実質投資額とストックから計算し，「行政投資実績」の事業費は先述したデフレーターで実質化した[60]．

　なお，CAO 社会資本は定期的に更新されており，次の更新によりカバーされる期間が長くなれば本推計は必要なくなるため，このような簡易な推計方法を採用している[61]．

b)　道路

　推計は，CAO 社会資本以外のデータにより有料道路以外と有料道路それぞれの都道府県別ストック系列を BY 法でまず作成し，各都道府県の有料道路以外と有料道路の比率により CAO 社会資本の道路ストックを按分するという方法による[62]．なお，BY 法のベンチマークを 1970 年に設定した場合，都道府県別有料道路ストックの推計が困難であるため，ベンチマークは 1955

---

58)　他の部門も推計方法は同一である．

59)　CAO 社会資本がカバーしない 2010 年以降については建設工事費デフレーターで延長した．

60)　2009 年の実質投資額からストックの変化分（2009〜2008 年）を控除したものを，2008 年のストックで除して求めた．なお，2010〜2012 年は 2009 年の値で一定としている．また，積み上げで利用する「行政投資実績」の事業費は，治山については河川・砂防，海岸については海岸保全，都市公園は都市計画を対応させている．

61)　用地取得費等を含まない CAO 社会資本に対し，用地取得費等を含む「行政投資実績」による事業費を積み上げているため，2010 年以降のストックを過大推計している可能性が高い．この点は CAO 社会資本の次回更新によって改善されるであろう．

62)　別途推計する運輸・通信業には有料道路が含まれていると考えられるので，ここで按分した有料道路は利用しない．有効な利用方法は今後の課題としたい．

年とした[63]．よって，投資額は 1955 年から 2012 年までを推計する必要がある．

　まず投資額の推計方法を解説する．有料道路以外の道路については，「道路統計年報」の都道府県別道路事業費（都市計画含む）より用地費，補償費，調査費を控除したものを仮の投資額とする．有料道路についても「道路統計年報」を利用することが望ましいが，2004 年以降は各高速道路会社の都道府県別事業費等が報告されなくなってしまうため，推計には他のデータを使う必要がある．まず，「公共工事着工統計」による施工府県別・工事種類別・発注者組織別の道路の総工事評価額について，発注者が国，都道府県，市区町村のものを有料道路以外の道路，発注者が公団・事業団，政府企業，地方公営企業，その他のものを有料道路の投資額とする[64]．この投資額から都道府県別の有料道路／有料道路以外の投資比率を計算し，先述した「道路統計年報」ベースの有料道路以外の都道府県別投資額を乗じたものを，仮の有料道路の都道府県別投資額とする．なお，それぞれの仮の投資額の全国計は「産業連関表固定資本マトリックス」に一致するよう，この時点で調整しておく．

　次に減耗率とデフレーターについては，治山等の推計と同様に CAO 社会資本を利用する．減耗率については有料道路か否かにかかわらず，CAO 社会資本における道路の減耗率を適用する．有料道路以外のデフレーターは一般道路，有料道路のデフレーターは高速道路を利用する．

　ベンチマーク年のストックは，有料道路以外については「経済審議会地域部会報告」の 1955 年の道路計（政府）を利用する[65]．なお，同資料では明記されていないが道路計（政府）は有料道路を含む可能性が高い．しかし，そのシェアはあまり大きくないと考え特に調整はしなかった．有料道路につい

---

63)　「昭和 45 年の国富調査」をベンチマークとして利用できれば問題ないが，都道府県別データがないこと，また有料道路に限定した場合の道路ストックは運輸・通信業のストックに含まれるが，このうちどれだけが道路ストックなのか判別できない．一方，「昭和 30 年年国富調査」第 2 巻第 8, 9 表には国家管理，地方管理の各有料道路の所在地と評価額が掲載されているので，こちらを利用することとした．

64)　発注者は昭和 45 年度の分類である．平成 24 年度は国，独立行政法人，政府関連企業，都道府県，市区町村，地方公営企業，その他に変わっている．

65)　1963 年価格なので先に推計したデフレーターで 2000 年価格に換算した．

ては脚注 63 で述べたように「昭和 30 年国富調査」第 2 巻第 8, 9 表の国家
管理，地方管理の各有料道路の評価額（2000 年価格に変換）を都道府県別に
集計したものを利用する．

　以上の各データにより有料道路以外，有料道路それぞれの仮資本ストック
（2000 年価格）を BY 法で推計する．この仮資本ストックにより都道府県別の
有料道路以外比率，有料道路比率を求め，これを CAO 社会資本の都道府県
別道路ストック（2000 年価格に変換しておく）に乗じて有料道路以外と有料道
路に分離したものが最終推計値となる[66]．全国計の有料道路以外と有料道路
ストックの推計結果を比較すると，総道路ストック（有料道路以外と有料道路
の合計）に占める有料道路のシェアは 1970 年に約 17%，2000 年頃に 23%
程度まで拡大，直近の 2012 年で約 20% となっている[67]．

参考文献

徳井丞次・荒井信幸・川崎一泰・宮川努・深尾京司・新井園枝・枝村一麿・児玉直
　　美・野口尚洋（2012）「東日本大震災の経済的影響——過去の災害との比較，サ
　　プライチェーンの寸断効果，電力供給制約の影響」RIETI Policy Discussion Pa-
　　per Series, No. 12-P-004.

徳井丞次・牧野達治・児玉直美・深尾京司（2013a）「地域間の人的資本格差とその要
　　因」『経済研究』第 64 巻第 3 号，pp. 256-268.

徳井丞次・牧野達治・深尾京司・宮川努・荒井信幸・新井園枝・乾友彦・川崎一泰・
　　児玉直美・野口尚洋（2013b）「都道府県別産業生産性（R-JIP）データベースの構
　　築と地域間生産性格差の分析」『経済研究』第 64 巻第 3 号，pp. 218-239.

中島隆信・中東雅樹・日野健（2002）「都道府県別にみる経済成長と生産性向上の要
　　因分析」『都道府県の経済活性化における政府の役割——生産効率・雇用創出か
　　らの考察』財務省財務総合政策研究所研究会報告書（主査：樋口美雄），第 1 章.

66）　CAO 社会資本がカバーしない 2010 年以降については，2009 年を起点として仮の投
　　資額を積み上げて推計した．

67）　岩手，宮城，福島，茨城について，2011 年の社会資本ストック（治山，治水，海
　　岸，都市公園，有料道路以外の道路の合計）は震災の影響を考慮した推計を行った．
　　2011 年は CAO 社会資本を BY 法で延長推計していることから，その際に適用する通
　　常の減耗率に各県ごとの被害率を加算することとした．被害率は第 3 節（3）で推計し
　　たサービス業（政府）の値で代用した．より厳密な被害率の推計は今後の課題としたい．

深尾京司・岳希明（2000）「戦後日本国内における経済収束と生産要素投入──ソロ
　　ー成長モデルは適用できるか」『経済研究』第 51 巻第 2 号，pp. 136-151.

深尾京司・宮川努編（2008）『生産性と日本の経済成長──JIP データベースによる産
　　業・企業レベルの実証分析』東京大学出版会.

増田寛也編（2014）『地方消滅──東京一極集中が招く人口急減』中央公論新社.

Barro, R. J. and X. Sala-i-Martin（1992）, "Convergence," *Journal of Political Economy*,
　　Vol. 100(2), pp. 223-251.

Caves, D. W., L. R. Christensen, and W. E. Diewert（1982）, "Multilateral Compari-
　　sons of Output, Input and Productivity Using Superlative Index Numbers," *Eco-
　　nomic Journal*, Vol. 92(365), pp. 73-86.

Furceri, D.（2005）, "β and σ-Convergence: A Mathematical Relation of Causality,"
　　Economics Letters, Vol. 89(2), pp. 212-215.

Shioji, E.（2001a）, "Composition Effect of Migration and Regional Growth in Japan,"
　　Journal of the Japanese and International Economies, Vol. 15(1), pp. 29-49.

Shioji, E.（2001b）, "Public Capital and Economic Growth: A Convergence Approach,"
　　Journal of Economic Growth, Vol. 6(3), pp. 205-227.

Young, A. T., M. J. Higgins, and D. Levy（2008）, "Sigma Convergence versus Beta
　　Convergence: Evidence from U.S. County-Level Data," *Journal of Money, Credit
　　and Banking*, Vol. 40(5), pp. 1083-1093.

第2章

地域間人的資本格差の推計と分析

徳井丞次・牧野達治

1. はじめに

　この章では，地域間の属性別労働投入の構成の違いに着目して労働投入の質の格差を計る方法を提案し，その指数を「国勢調査」の都道府県別，属性別就業者数の情報に基づいて計測する．労働投入の質格差の重要な要因の一つに地域の労働者の学歴構成があり，これはその地域の労働者の過去の教育投資から決まることから，経済学の文献の中では人的資本と呼ばれてきた．したがって，ここで計測する労働投入の質の地域間格差は，人的資本の地域間格差とも呼ぶことができる．本章では，作成した人的資本の地域間格差の指数と地域の生産性の間にどのような関係がみられるかを確認した後，こうした人的資本の地域間格差はどのような属性要因によって決まっているかを

　＊本章は，徳井他（2013b）を基に改訂したものである．分析方法は改定前の論文と同一であるが，前論文が R-JIP2012 のデータを使っているのに対して，本章では R-JIP2017 のデータを使っている．R-JIP2012 では 1990 年と 2000 年の「国勢調査」のオーダーメイド集計しか利用できなかったが，R-JIP2017 では 1980 年と 2010 年のオーダーメイド集計も利用できるようになった．労働の質指数の作成方法の概略については本著第 1 章を参照されたい．「国勢調査」のオーダーメイド集計を使うのは，従業地ベースの産業別・属性別の就業者数情報が必要となるからである．

分析する．さらに，若年者労働移動が人的資本の地域間格差にどの程度影響を与えているのかを検討する．

　経済成長において人的資本が果たす役割の重要性は，経済成長論の文献で幾通りにも仮説が提示されてきた．その一つは，Mankiw, Romer, and Weil（1992）に代表される，人的資本を導入してソロー・モデルを拡張するものである．このモデルによれば，人的資本の水準が高い経済は同時に資本蓄積を促し，長期（定常状態）ではより高い1人当たり所得水準に到達することができる．一方，Lucas（1988）を嚆矢とする内生的成長理論では，人的資本の一定割合を新たな人的資本の蓄積に振り向けることによって，長期（定常状態）の成長率そのものを押し上げることができるとされる．さらに，Nelson and Phelps（1966）や Benhabib and Spiegel（1994）などは，人的資本水準が高い経済には，より高い研究開発能力や，先端技術への高いキャッチアップ能力が備わっていることに着目している．

　こうした仮説に基づいて数多くの実証研究も積み重ねられているが，その際の研究上の工夫の一つが，地域ごとの人的資本の水準をいかにして測るかということである．この分野の多くの研究では，その経済の労働者の平均的な教育水準の違いを使っている[1]．こうした学歴のみを指標とした人的資本の計測では，学校教育を通じた人的資本の形成のみを取り上げていることになるが，この点についてオン・ザ・ジョブ・トレーニングのような経験を通じた人的資本形成の重要性もしばしば指摘されている．

　本章では，日本の都道府県別就業者の属性構成について，「国勢調査」の情報を使えば学歴に限らず，年齢階層，性別，就業している産業などの情報も得られることから，こうしたより多くの情報量を含む地域間人的資本質格差の指標を作成する[2]．複数の投入要素と産出がある下で，地域間のような

---

1)　標準的な人的資本量の計測方法では，労働者の賃金の対数値を就学年数とその他の属性に回帰させる Mincer（1974）の式を推定して，就学年数が1年延びれば賃金が何％上昇するか（学校教育の収益率）を求め，学校教育の収益率＝ϕ，平均就学年数＝S，就業者数＝L，人的資本の量＝H として，人的資本量を $H=\exp(\phi S)L$ と求める．この場合，人的資本の質は $H/L=\exp(\phi S)$ となる．学校教育の収益率計測については，Card（1999）のサーベイがある．

2)　日本の都道府県別の人的資本指標作成については，深尾・岳（2000）は都道府県別の性別，学歴別就業割合に対応する賃金のウェイトを掛けて作成している．Shioji

クロスセクションの生産性比較の方法は，Caves, Christensen, and Diewert
(1982) によって提案されており，本章の方法もその考え方に基づく．この
方法によって地域間人的資本格差を計測する利点は，多様な就業者属性を一
度に考慮することができることに加えて，地域間人的資本格差（労働の質の
差）が基準地域（産業）のマンアワー・ベースの労働投入に換算して何倍と
いう明瞭な数値で表されることである．後者の特徴は，その結果を成長会計
に適用する場合には便利である[3]．

　他方，その短所としては，指標作成の過程で各生産要素の要素価格がその
限界生産性と対応することを仮定していることであり，何らかの理由で現実
にはこの仮定から乖離があるならば，その分だけ地域間人的資本格差の計測
結果にも誤差が含まれる可能性が生じる[4]．また，人的資本形成といって
も，フォーマルな学校教育によって得られるものと，オン・ザ・ジョブ・ト
レーニングなどの経験を通じて得られるものとでは性質が異なるとすれば，
それらを一つの指標にまとめることにはそもそも限界があるかもしれない．
本章で紹介する結果については，こうした点に注意が必要であろう[5]．

　本章の構成は次の通りである．

　まず，第 2 節では，「国勢調査」のデータを使って計測した都道府県間の
人的資本の質の格差指標の結果を報告し，それと地域間の労働生産性との相

　(2001) もほぼ同様な方法で，学歴と年齢の属性を考慮して都道府県別の人的資本指標
　を作成している．我々の研究は，同時のより多くの属性を考慮していることに加え
　て，指数の作成方法について Caves, Christensen, and Diewert (1982) に基づきより
　洗練された方法を採用している．
3)　本章は，地域産業別生産性（R-JIP）データベース作成の一環である．地域間の相対
　生産性（TFP）を計測するうえで，地域間の労働投入の質の違いの調整が必要となる
　が，それも本章の方向性を規定している．
4)　労働者の属性別労働生産性格差については，ミクロデータを使った生産関数推計に
　基づく研究が行われており，こうした研究から労働生産性格差と賃金格差との乖離も
　確認されている．海外の研究には，Hellerstein and Neumark (1995)，Hellerstein and
　Neumark (1999)，Hellerstein, Neumark, and Troske (1999) などがある．日本の研
　究では，川口他 (2007) が年功賃金との比較に焦点を当てた研究を行っている．ま
　た，徳井・牧野・高橋 (2009) は，自営業就業者の労働生産性に焦点を当てた研究を
　行っている．さらに，Kodama and Odaki (2012)，児玉・小滝 (2010) も参照．
5)　ただし，Mincer (1974) 式の推定に基づく人的資本量の計測でも，やはり学歴間の
　賃金格差を生産性格差の情報として利用しており，同様の指摘が当てはまる．

関を検討する．第3節では，計測された人的資本の質の地域間格差が，ここで考慮した労働投入属性（性別，学歴，年齢，産業）のうちどの属性要因によって主としてもたらされているのか，またそれは時期（1970 年から 2010 年まで）によってどのように変化してきたかを確認する．また，時系列方向の人的資本の質の伸び率や，産業別の特徴についても言及する．第4節では，人的資本の地域間の偏在が若年者労働移動によってどの程度もたらされているのかを，本章で使った指数作成方法を応用して検討する．最後の節で，得られた結果を要約しその含意を述べる．

2.　人的資本の質の地域間格差の推移と労働生産性

地域間でその生産要素投入，産出，生産性などを比較しようとするとき難しいのは，地域 A と地域 B ではその生産要素の投入構成，産業構造，そして生産技術（生産性）が全て異なっていると考えられるため，その中の一つ，例えば労働投入の違いだけを取り出して，他の条件の違いを無視できるものとして比較することが許されないことである．こうした困難を克服して地域間の相対生産性を比較するための便利な方法を，Caves, Christensen, and Diewert（1982）が提案しており，本章では彼らの手法を応用して，地域別の人的資本の量と質を次のように計測する[6]．地域 r の労働コストに占める各属性別労働投入のコストシェアを ω_{rn}，地域 r 内の属性 n の労働投入（マンアワー）を H_{rn} として，平均地域を基準とした地域 r の人的資本総量の相対量 L_r を次のように求めることができる．ただし，属性 n は産業×性別×学歴×年齢の区分から N 分類あるものとする（$n=1, \cdots, N$）．

$$(1) \quad \log L_r = \sum_n^N \left\{ \frac{1}{2}\omega_{rn} + \frac{1}{2}\overline{\omega}_n \right\} \left[\log H_{rn} - \log \overline{H}_n \right]$$

この指数は推移律を充たすので，例えば地域 s を東京としてこれを比較の基準とすることにすると，各地域 r の地域 s（本章では東京とする）に対する

---

6)　より詳しい指数の導出とそのために必要な仮定については，徳井他（2013a）を参照されたい．

人的資本総量の相対量は，(1) 式を基に次のように求めることができる．

(2)　　$\log L_{rs} = \log L_r - \log L_s$

さらに，人的資本総量 L はマンアワー投入量 H と労働の質（人的資本の質）Q に分解することができるので，$L = HQ$ から，

(3)　　$\log Q_{rs} = \log L_{rs} - \log H_{rs}$

の関係を使って，(3) 式右辺の第 1 項には，(1) 及び (2) から求めた各地域 r の地域 s（東京）に対する人的資本総量の相対量を，(3) 式右辺の第 2 項には，マンアワーで測った各地域 r の地域 s（東京）に対する相対投入量を入れることによって，地域 s（東京）を基準にした各地域 r の人的資本の質格差指数を作成することができる．

　我々は 1970 年，1980 年，1990 年，2000 年，2010 年の「国勢調査」のデータから性別，年齢別（5 歳刻み），学歴別[7]，就業している産業別（23 産業）の属性区分に基づく就業者数のデータを使用し，(1)，(2)，(3) 式を使って各年の都道府県別人的資本の質格差を求めた．その結果を報告したのが，図 2-1 と図 2-2 である．ここでは，1970 年（図 2-1）と 2010 年（図 2-2）の結果のみを示している．また，(3) 式左辺の対数を外して何倍の単位で示している（比較の基準地域とした東京都は，定義によって 1 倍である）．

　図 2-1 をみると，1970 年時点では東京都と下位層の都道府県の間には，人的資本の質の面で大きな開きがあり，その差は（東京都を比較の基準として）2 倍以上に及んでいた[8]．この状態は，その後時代とともに徐々に解消し，図 2-2 をみると，2010 年時点では順位トップの東京都と下位層の都道府県の間の乖離は最大 3 割強に留まっている（$1 \div 0.8 = 1.3$）．一方，この約 40 年間で，都道府県別の順位に大幅な入れ替わりはなく，上位層の地域は概ね上位層に留まり，下位層の地域も下位層に留まっている傾向がある．ただし，細

---

7)　自営業主には学歴区分がないため，雇用者の学歴 4 区分に，「学歴計・自営業主」を加えた 5 区分となっている．

8)　なお，1970 年のトップは神奈川県で，2 位の東京都を約 2 割上回っていた．その要因を後で行う要因分解を先取りしてみると（図 2-5），産業要因が効いており，この時代には神奈川県に高賃金産業が集積していたためであることが確認される．

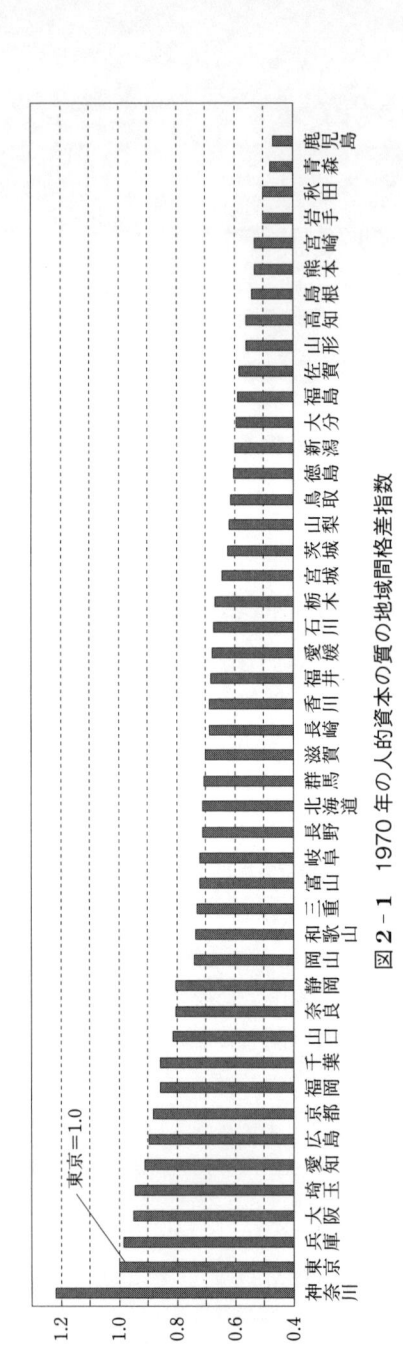

図2-1 1970年の人的資本の質の地域間格差指数

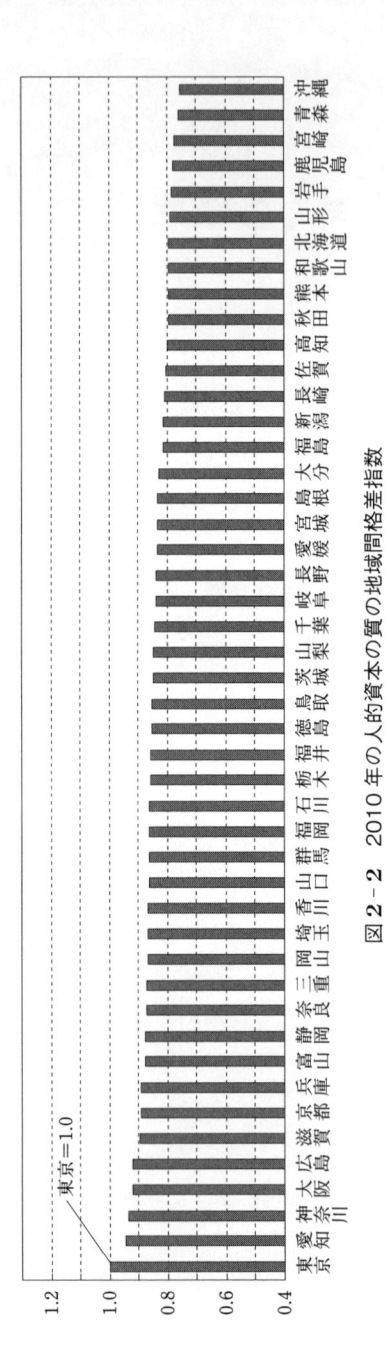

図2-2 2010年の人的資本の質の地域間格差指数

かくみると順位の入れ替わりはあり，1970 年には 6 位に位置していた愛知県は，2010 年には東京都に次ぐ 2 位に順位を上げている．

　次に，図 2-3（1970 年）と図 2-4（2010 年）で，都道府県別の人的資本の質格差と労働生産性の関係をみてみよう．これらの図は，都道府県別の人的資本の質格差を横軸に，労働生産性を縦軸にとってプロットし相関をみたものである．これをみると，40 年前も今も地域の人的資本の質と労働生産性の間には正の相関を観察することができる．この結果は，ソロー・モデルに人的資本を含むように拡張した Mankiw, Romer, and Weil（1992）の仮説とも整合的である[9]．この図からいま一つ興味深いことは，人的資本の質格差は最近年に近づくほどだんだんと縮まり，横軸方向のプロットの幅は徐々に狭まっているのに対して，縦軸方向の労働生産性の格差幅はそれほど大きくは縮小せず，その結果プロットされた点の塊の右上がりの度合いが少しずつ急勾配になってきていることである．すなわち，同程度の人的資本の質格差が労働生産性に与える効果は，近年になるほどより大きくなっているのだが，これは知識集約型の産業構造への転換が進んでいることを反映している可能性がある[10]．

---

9)　ただし，ソロー・モデルは 1 部門であり，人的資本の豊富な賦存は投資を促し資本装備率を高めることによって高い労働生産性がもたらされる．現実には，要素集約度の異なる複数の産業があるので，メカニズムはそれほど単純ではない．地域間の人的資本質格差と資本装備率をプロットしてみると，1970 年から 1990 年までは弱い正の相関がみられるが，2000 年以降はこうした関係はみられなくなっている．

10)　このように，過去 40 年間で地域間の人的資本の質格差は縮小がみられたが，それと並行して，小さな人的資本の質格差が大きな労働生産性格差をもたらすようになって，相反する 2 つの力が働いているようにみえる．我々は，1970 年から 2008 年までの各年について地域間経済規模格差を測るタイル指数を作成し，これを労働生産性と労働投入のボリュームに分解した．その結果，タイル指数の推移は，1970 年から 1980 年代半ばにかけて徐々に低下し地域間格差が縮小していったのに対して，1980 年代末から最近年にかけては再び徐々に拡大し，2008 年には 1970 年代初頭の状態に戻っている．この間，労働生産性要因は概ね低下傾向にある一方で，労働投入量のボリュームの要因が上昇傾向にあった．こうしたなかで，1980 年代半ばまでは，前者の労働生産性の均一化要因が後者の労働投入の集中要因を上回り，地域間格差の縮小に寄与した．これに対して，1980 年代末以降は，労働投入のボリュームの面での集中傾向が強まる一方で，労働生産性の均一化傾向が徐々にみられなくなっていった（2000 年代に入ってむしろ若干拡大傾向もみせている）結果，地域間経済規模の格差拡大をもたらすようになっている．この部分の分析の詳細については，徳井他（2013a）を参照．

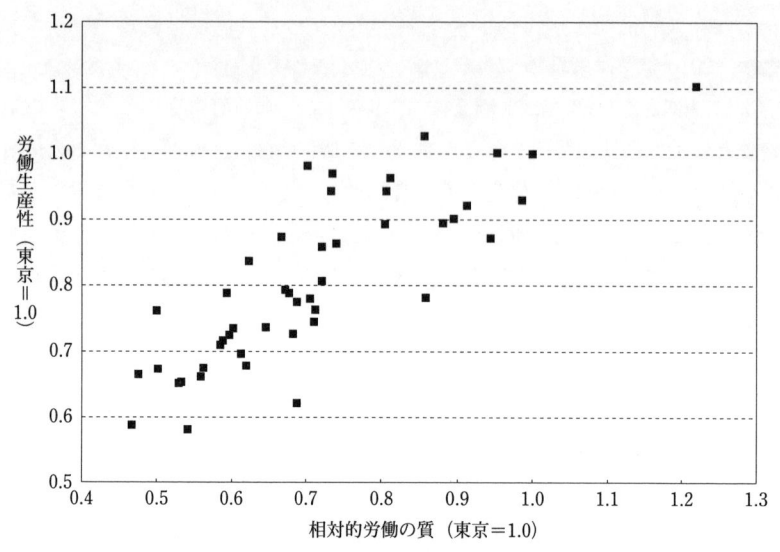

図2-3　1970年の人的資本の質格差と労働生産性の相関

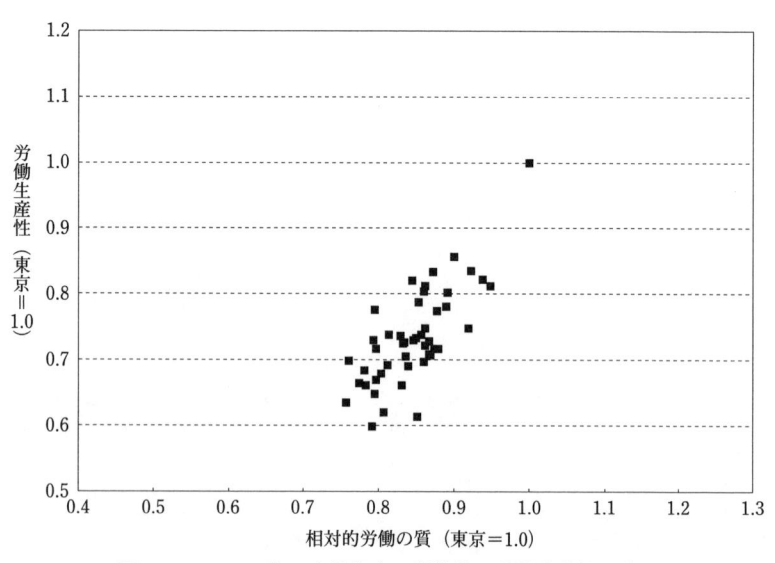

図2-4　2010年の人的資本の質格差と労働生産性の相関

3.　人的資本の質の地域間格差指数の要因分解と産業別特徴

　それでは，こうした人的資本の質の地域間格差は，地域間の労働投入の属性構成の違いのうち，どの属性要因によって大きく規定されているのであろうか．本章で人的資本の地域間質格差を計測するのに使っているトゥルンクヴィスト指数の属性ごとの要因分解は，Jorgenson, Gollop, and Fraumeni (1987) が提案している．彼らが時系列データのトゥルンクヴィスト指数に適用した方法は，我々の作成したクロスセクション・データの指数にも，それが同じくトゥルンクヴィスト指数の形をしているので当てはめることができる．我々のデータは，就業している産業区分も含めると 4 種類の属性からなるので，この手法を使うと，指数を 4 つの 1 次効果，6 つの 2 次効果，4 つの 3 次効果，1 つの 4 次効果に分解することができる．

　1 次効果は 4 種類の属性ごとに求められるが，例えば学歴の 1 次効果を例にして，その作成方法を説明しよう．先の (1) 式による計算では，全ての種類の属性区分に基づき，その幾何平均からの乖離率（対数値の差）にウェイトとなるシェアを掛けて合計して指数を求めた．このなかから学歴構成の違いによる 1 次効果のみを取り出すには，学歴以外の属性区分は考えずに学歴区分だけに就業者数とコストシェアを集計したうえで，同様の方法で指数を作成する．東京基準に変換してから，マンアワー投入量の変化率を差し引く後の計算過程は同じである．このようにして，性別，年齢別，学歴別，就業している産業別の 4 種類の属性についてそれぞれ 1 次効果を求めることができる．これが各属性別の主たる効果とみることができる．

　ただ，これらの 1 次効果を全て合計しても，元の質指数には一致しない．その理由は，例えば，性別と学歴とか，学歴と就業先産業とか複数の要因が相互関係を持ちながら質指数に影響している部分があるからである．この部分が，高次の効果で，我々のデータでは 2 次，3 次，4 次の効果である．例えば，性別と学歴の 2 次効果を求めるには，次のように計算する．まず，性別と学歴の区分のみを残して，他の属性区分を無視して就業者数とコストシェアを集計した指数を作成する．続いて，東京基準に変換してから，マンア

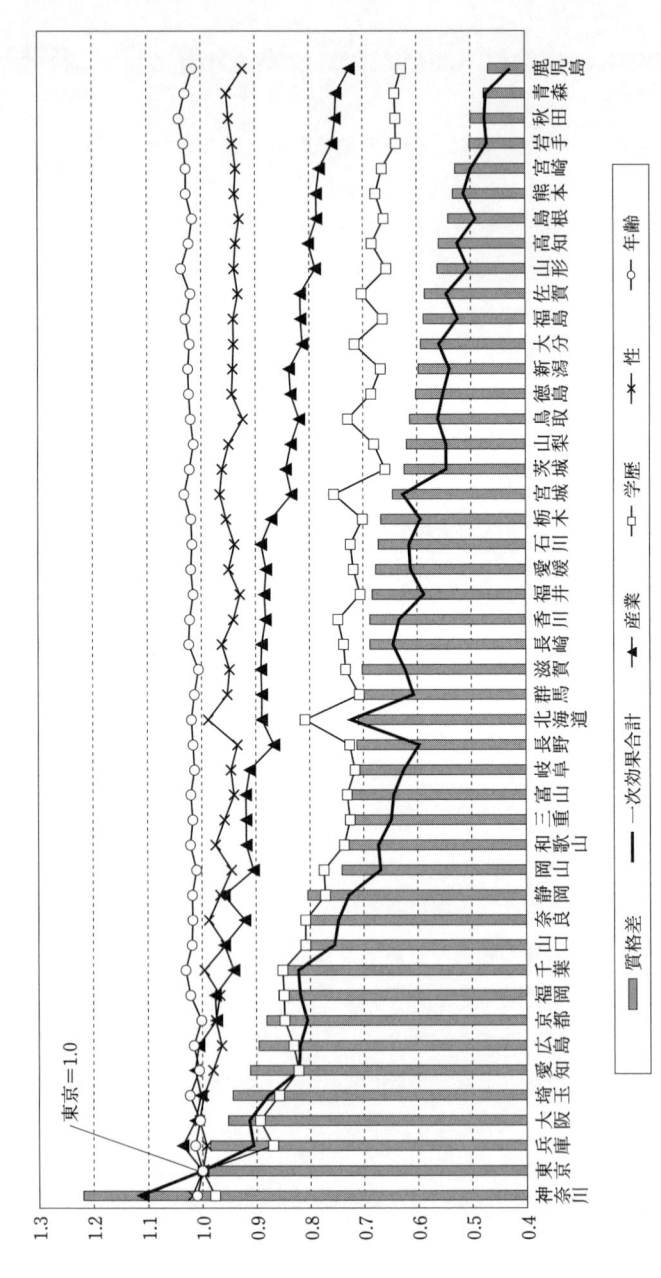

図 2-5　人的資本の価格差指数の要因 1 次効果（1970 年）

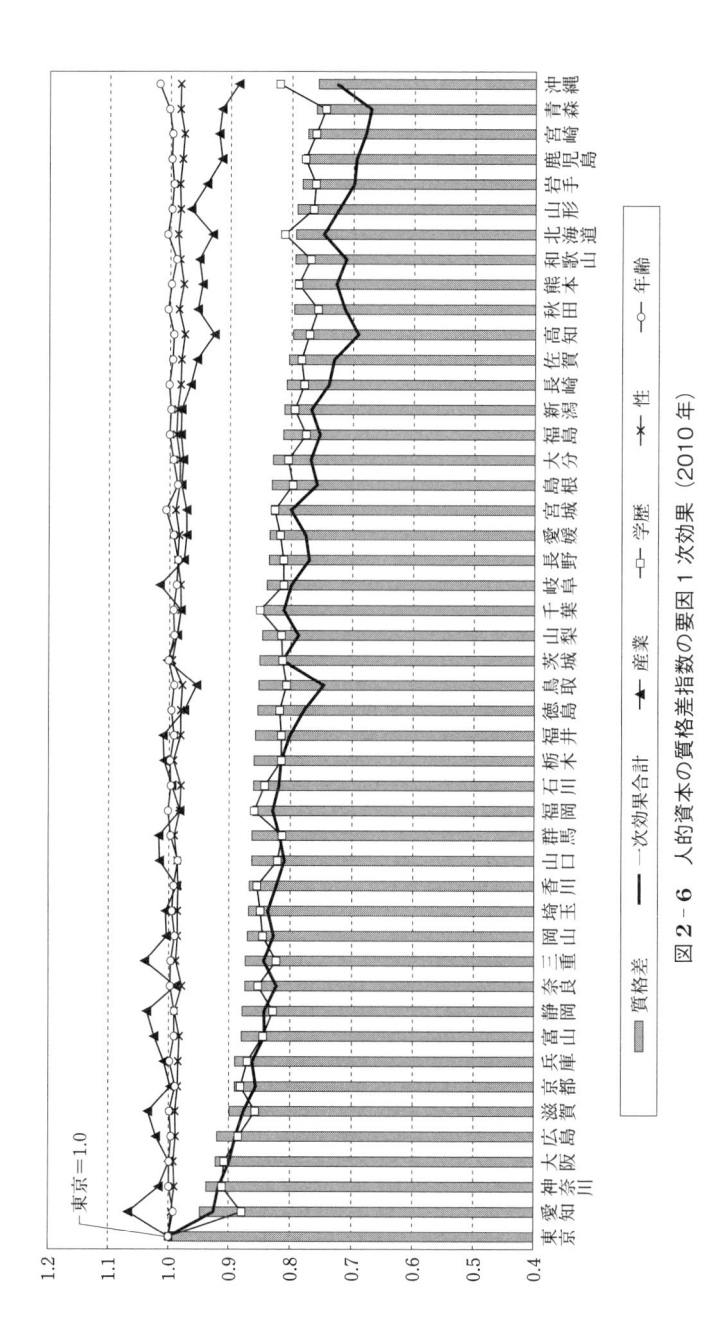

図 2 - 6　人的資本の価格差指数の要因分解 1 次効果（2010 年）

ワー投入量の変化率を差し引くが，その際さらに性別と学歴の1次効果（対数値）も差し引くのである．このようにしていくと重複計算は避けられ，2次効果，3次効果が順次求められる．最後に残った残差は4次効果となるので，このようにして質指数の完全な分解ができる．

　我々はこの要因分解の計算を，1970年，2010年について行った．このように分解を行った結果，労働の質指数の分解は1次効果で多くを説明することができ，2次効果から4次効果までの高次効果は全体としては質指数にわずかな効果を持っているに留まっていることを確認することができる．図2-5と図2-6は，この1次効果の分解を都道府県別に1970年と2010年について図示したものである．これらの図には，1次効果合計を太い実線で示している．それを棒グラフの人的資本格差指数と比較すると，両者の乖離部分が2次効果以降の累計になるが，その部分はさほど大きくないことを確かめることができる[11]．

　まず図2-5から1970年の要因分解をみると，学歴に続いて地域の産業立地が重要な地域間格差発生要因となっている．また，4種類の1次効果の合計値は，実際の地域間格差を過大推計していることから，これらの1次効果には正の相関があることが分かる．続いて，40年後の2010年の要因分解を図2-6でみると，地域の産業立地の要因がほとんど剥落し，労働者の学歴構成の要因がほぼ単独で地域間人的資本格差を発生させるようになっていることが分かる．地域間の産業立地の差異が人的資本格差の要因となるのは，産業によって賃金水準に格差があり，低賃金の産業が多く立地して低賃金の就業機会しかない地域では，結果として人的資本が劣位のようにみえてしまうことからくる．近年の日本経済の賃金構造に関する研究では，こうした産業間の賃金格差は小さくなってきていることが報告されており[12]，図2-6で産業立地要因が剥落したのはこうした変化を反映してのことと推察される[13]．

---

11)　徳井他（2013b）には，R-JIP2012のデータであるが，1970年の1次効果から4次効果までの全分解を示している．

12)　こうした研究報告としては，Bognanno and Kambayashi（2006）及びKambayashi, Kawaguchi, and Yokoyama（2008）を参照．

13)　我々は人的資本の質の格差指数を都道府県×産業別にも作成し，その結果を3次元の立体グラフに表示したが，そこからも産業間の人的資本の格差が近年になるほど小

その結果，地域の就業者の学歴構造の違いが際立つようになっている[14]．

4. 若年者労働移動が地域間人的資本格差を
   生み出しているのか

　以上みてきたように，地域間の人的資本の質格差は，この 40 年間で徐々に縮小してきたものの，近年でもこの格差は残っている．また，質指数の要因分解から，1970 年時点では，地域の労働力の学歴構成の違いに加えて，地域間の産業立地の違いがその主たる要因となっていたが，この 40 年間で地域間の産業立地の違いによる要因は剥落し，労働力の学歴構成の違いによる要因が地域間の人的資本格差を残存させている．それでは，都道府県を跨いだ若年者の労働移動が，こうした地域間の労働力の学歴構成の格差をどの程度生み出しているのだろうか．

　ここで，自由な労働移動が労働力という生産要素の地域間賦存の偏りをもたらしているのではないかという仮説に違和感を持つ人もいるかもしれない．生産要素移動に対する標準的な見方では，それは豊富で限界生産性が低い地域からより稀少で限界生産性が高い地域へと移動して，要素賦存の均一化をもたらすと考えられているからだ．しかし，労働移動が単なる就業者数の変化ではなく，移動する労働者の教育水準という人的資本を伴ったものであり，さらに知識集約型産業に集積傾向があることから，むしろ労働移動が人的資本の偏在をもたらしているのではないかと考えられる．Shioji（2001）は，地域間労働移動が所得格差の収束に寄与しているとはいえないという先行研究の結果を受けて，より高い人的資本を持った労働者が数多く移動して

　　さくなってきていることを確認することができる．この詳細は，徳井他（2013a）を参照．

14）　徳井他（2013b）では，各都道府県の人的資本指数の時系列方向の伸び率に関する要因分解の結果にも言及している．1 次効果でみて，全国押し並べて最も大きく指数の伸び率に寄与しているのはやはり学歴要因である．年齢要因は，全国の多くの地域では指数の伸び率にそれほど重要な寄与をしていないが，その例外が東京，神奈川，大阪などの大都市圏である．これは，計測期間の初期時点である 1970 年頃に地方から大都市へ大量に移動した若年労働者（ほぼ団塊の世代に対応する）が，その後の 40 年間で年齢を重ねて都市部の人的資本形成に寄与してきたことを反映している．

いることの効果によってこうした結果がもたらされているのではないかという仮説を立てて，1960 年から 1990 年の日本経済の地域間労働移動についてこの仮説を検証している[15]．

　我々は本章で用いてきた人的資本の相対指数の作成方法を応用して，Shioji (2001) とは異なる方法で，若年者の労働移動が地域間の人的資本格差を生み出しているか否かを検証する．我々の方法は，1990 年，2000 年，2010 年の各時点で 30〜34 歳の年齢階層であった世代を取り上げて，彼らの全員が最終学歴の教育を終了した後にその出身地の都道府県で就業したという仮想的なケースを考えて，それと現実の各都道府県の学歴別就業構造を比較して，都道府県を跨ぐ労働移動がなければ人的資本は現実の何倍になっていたかを計算するものである．この方法によって，地域間のこれら世代の人的資本の総量に対する労働移動の影響と，人的資本の質に対する影響をそれぞれ計算し都道府県間の比較を行うことができる．

　ここで，若年者の労働移動に注目したのは，最終学歴の教育終了時の新卒での就職に際して都道府県を超えた労働移動が生じやすいと考えられるからであり，30〜34 歳の年齢階層に注目したのは，この年齢階層までにはほとんどの者が最終学歴を終え従業地に定着しているものと予想されるからである．

　そこでまず，(1990 年時点，2000 年時点，2010 年時点の) 30〜34 歳の年齢階層の者が，まだ若くて中学校を修了する前の 10〜14 歳の年齢階層であった 20 年前 (すなわち 1970 年と 1980 年，1990 年) の都道府県別，性別人口から出発する．彼らの学校卒業 (中卒と高卒) 時点での上級学校への進学者数は，「学校基本調査」の該当年次の都道府県別，性別進学率を当てはめて計算することができる．このようにして，この時代のこの年齢階層が都道府県別，性別にどのような学歴を構成していったかを求めた．また，彼らが 20 年の歳月を経て 30 歳から 34 歳年齢層になるまでの死亡率については，「人口動

---

15) Shioji (2001) は，学歴及び年齢から構成される地域別人的資本の指標の変化を，地域別の純移入率と，その他のコントロール変数に回帰させている．その結果，純移入率の効果は地域の人的資本の変化にプラスの効果を持っており，より高い人的資本を持った労働者の移動という仮説を支持する結果を得ている．ただし，その効果は所得格差収束のパズルを解決するほど大きなものではないことも示されている．

態統計」から対応する年齢階層，時期の死亡率を当てはめて計算した（ただし，死亡率は全国の数値を当てはめている）．最後に，彼らが30歳から34歳年齢層になったときの性別，学歴別の就業率は，「国勢調査」の実際のデータから都道府県別，性別，学歴別の就業率を計算して当てはめた結果，都道府県を超えた労働移動がないものと想定したケースの仮想的就業者数（都道府県別，性別，学歴別）を求めることができる．

　以上のようにして，1990年，2000年，2010年について，30〜34歳年齢層の都道府県別就業者を，性と学歴の属性別に，現実の就業者数のデータと，都道府県を超える労働移動が起こらなかったと仮定した場合の仮想的数値の2種類得た．そこで，仮想数値を現実データに対して比較するため，第2節の（1）式と同様な計算式を適用すると，次の（4）式のようになる．ここでは，2種類のデータの比較なので（1）式の形がそのまま適用できる．（1）式と（4）式の違いは，（1）式が2つの異なる地域（その一方は平均地域）を比較した指数になっているのに対して，（4）式は仮想ケースと現実を比較した指数であることである．（4）式では上付き添え字のpが仮想ケースを，aが現実を表し，左辺のp/aが現実と比較した仮想ケースの指数であることを示している．また，30〜34歳年齢層のみを対象にして指数を作成していることを明示するために，下付き添え字に30〜34を追加している．なお，就業者数をマンアワーに変換するための1人当たり平均労働時間とコストシェアを計算するための時間当たり賃金率は，JIPデータベースから，全国・全産業ベースの30〜34歳の雇用者の性別・学歴別の労働時間と時間当たり労働コストをそれぞれ使った．

(4)
$$\log L_{30-34,r}^{p/a} = \sum_{n=1}^{6} \left\{ \frac{1}{2}\omega_{30-34,rn}^{p} + \frac{1}{2}\omega_{30-34,rn}^{a} \right\} \left[\log H_{30-34,rn}^{p} - \log H_{30-34,rn}^{a} \right]$$

　この（4）式から求められる指数は，都道府県を超える労働移動が起こらなかった場合には各都道府県の人的資本の総量が現実の何倍になっていたかを示す．したがって，この指数が1より大きければ人的資本流出地域，指数が1より小さければ人的資本流入地域である．図2-7はこの結果を対数を外した何倍の表示で，1990年，2000年，2010年について同時に示し，1990年

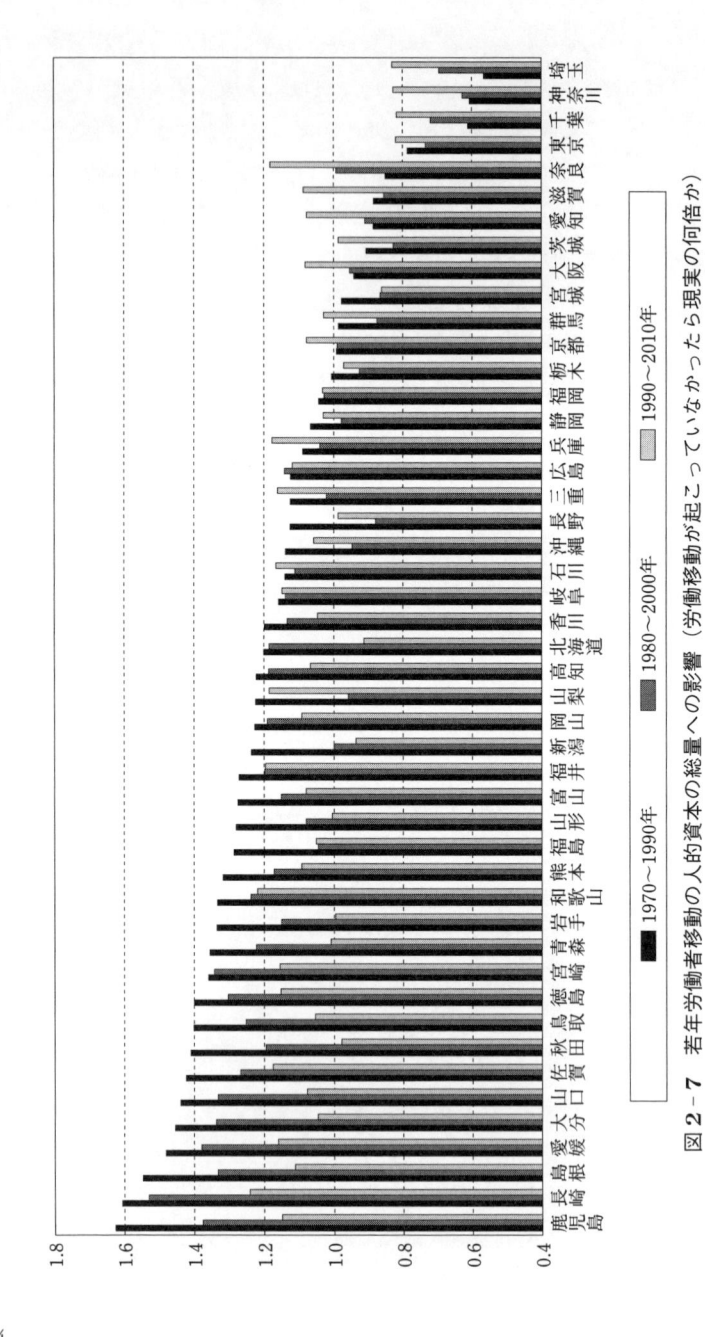

図 2 - 7　若年労働者移動の人的資本の総量への影響（労働移動が起こっていなかったら現実の何倍か）

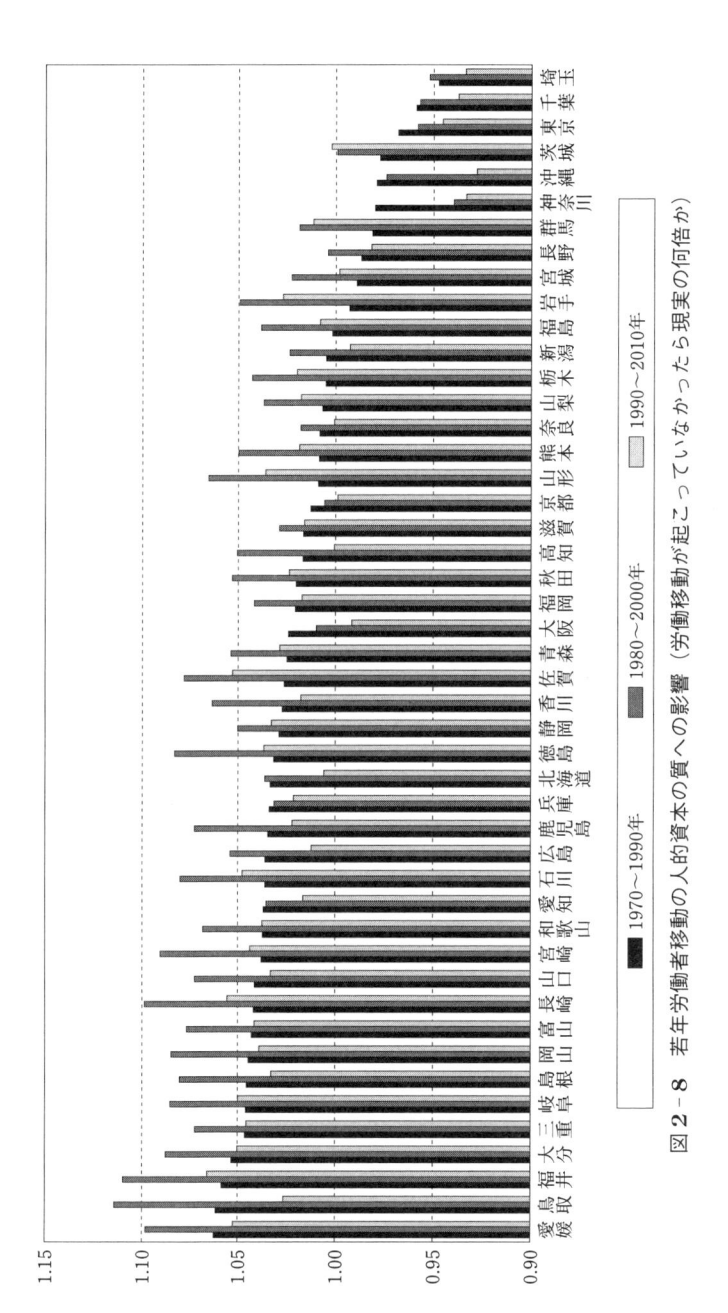

図2-8 若年労働者移動の人的資本の質への影響（労働移動が起こっていなかったら現実の何倍か）

時点の人的資本流出指数が大きい県から順に並べたものである．グラフの左と右では 1970 年起点の移動を表す棒グラフには明瞭に高さに差があり，人的資本流出地域と流入地域の差が大きく，この時期に大規模な若年者の地域移動が生じていたことが分かる．その後の 20 年間で，こうした傾向は徐々に弱まり，1990 年起点になると，地方にあっても新潟県，北海道などのようにかつての人材流出地域から人材流入地域に転じるところも出るようになっている．ただ，首都圏（東京都，神奈川県，埼玉県，千葉県）への人材流入は，かつてのような規模ではないものの，依然として続いている．

　また，人的資本の質に対する影響は，次の（5）式のように人的資本量の指数を，30〜34 歳労働投入マンアワー単純合計の実績値に対する仮想値の比率（$H_{30-34,s}^{p/a}$）で割ることによって（対数では引き算で）求めることができる．

$$(5)\quad \log Q_{30-34,r}^{p/a} = \log L_{30-34,r}^{p/a} - \log H_{30-34,r}^{p/a}$$

　この結果を，図 2-7 と同様の方法でグラフにしたのが，図 2-8 である．人的資本の質への影響の観点からみると，東京，神奈川，千葉，埼玉などの首都圏が人的資本の質を高める方向の人材流入が生じている地域であることは予想通りだが，人材の質へのインパクトでみた図 2-8 は，先にみた人材の総量の場合とは幾分異なっており，地域の様々な特性を反映したものとなっている．例えば，人的資本の総量の点からはむしろ人材流出県といってよい沖縄では，人的資本の質を高める方向の労働移動が生じており，他の多くの人材流出県とは異なり，学歴の相対的に低い労働者がより積極的に他地域に職を求めて移動している．また，1970 年起点の時期の大阪は人的資本の総量の点からは人材流入地域であるが，その結果として人的資本の質の低下が生じており，学歴の相対的に低い労働者がこの時期に流入している．

　また，3 つの時期を比較すると，1980 年起点の時期の棒グラフが多くの人材流出地域で突出して高くなっており，この時期に高学歴の若者の地方からの流出が起こっていたことが分かる．1980 年代は日本の大学進学率が急速に高まっていく時期であり，そうした大卒若者が地方から都市部へ移動していった結果であるとみられる．

　図 2-9 と図 2-10 は，こうした若年者労働移動が，地域間の人的資本の偏

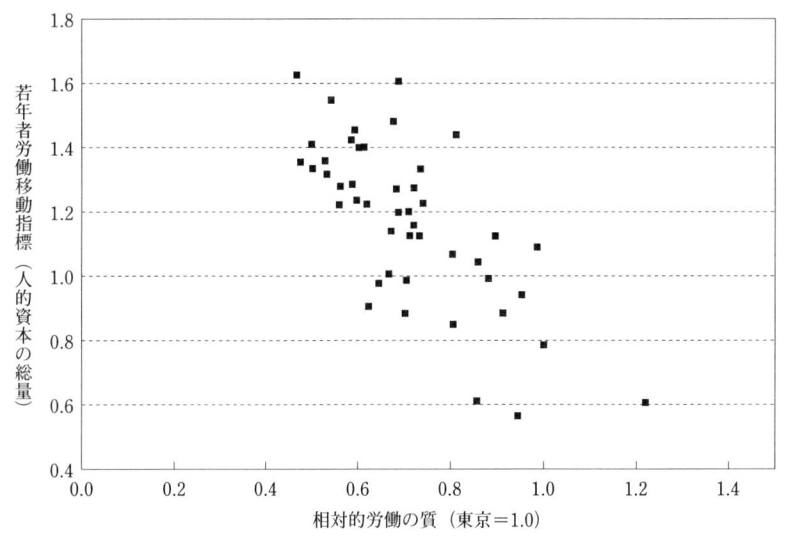

図 2‐9　人的資本の総量の集中効果の有無（1990 年時点の 30〜34 歳）

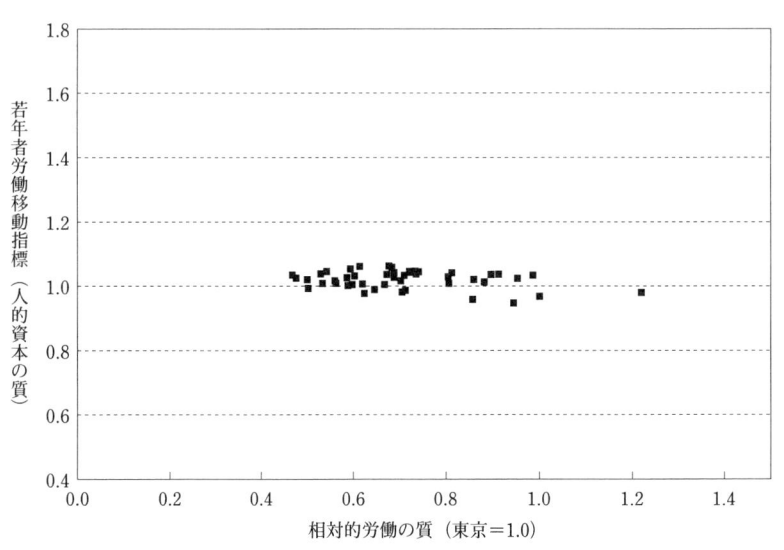

図 2‐10　人的資本の質の集中効果の有無（1990 年時点の 30〜34 歳）

在を拡大する効果を持っているのか否かを，人的資本の総量と質に対する影響それぞれにみたものである．グラフの横軸には，20 年前の時点での人的資本の質格差指数（東京＝1）をとり，縦軸に若年者労働移動の影響指数をとって各都道府県のデータをプロットしている．若者人材の大規模な移動が起こっていた 1970 年起点の時期をグラフに描いている．

　まず図 2-9 は，人的資本の総量への影響指数を縦軸にとったものである．グラフで明瞭に負の相関が観察されることから，人的資本の質が低い地域は人的資本流出地域に，人的資本の質が高い地域は人的資本流入地域になる傾向があることが分かる．この結果から，人的資本の総量の観点からみれば，当初予想したように，若年者の労働移動によって地域間の人的資本の偏在が一層拡大されていることが確認された．

　ところが，図 2-10 で，今度は縦軸に人的資本の質への影響指数をとってみると，前の図でみたような負の相関はもはや観察されない．若年者労働移動によって人的資本の質が高まっている地域（影響指数が 1 より小さい地域）も，人的資本の質が低下している地域（影響指数が 1 より大きい地域）も，20 年前の時点での人的資本の質格差指数の上位から下位まで広くばらついている．以上のことから，若年者労働移動の影響は，人的資本の総量の面では，より人的資本の質の高い地域に集中する傾向が確かに働いているものの，地域の人材の質に与える影響は必ずしもそうではない．人材の流出，流入双方で地域特性があり，相対的に学歴の低い労働者が積極的に他地域に移動する地域があったり，こうした労働者を積極的に受け入れる地域があったりして，人材の質への若者の労働移動の影響について全国的に共通する傾向はみられなかった．

　最後に，こうした若年者労働移動によって生じた人的資本の質格差に対する影響は，当初観察された地域間の人的資本の質格差の大きさと比較して，十分に大きな影響であるといえるだろうか．第 3 節でみたように，この 40 年間で人的資本の質の地域間格差は大きく縮まってきたものの，なお最近年でも 3 割程度の格差が残っている．これに対して，若年者労働移動の影響によって，1990 年時点で，最も人的資本の質が低下した愛媛県（低下度合いは影響指数の逆数で 0.96 倍）と，最も人的資本の質が上昇した埼玉県（同様に

1.04 倍）を比較しても 8% 程度の格差を説明できるに過ぎない（図 2-8）．その一方で，図 2-7 と図 2-8 を比べると，この 20 年の経過のなかで，人的資本の総量の面では若年者労働移動の影響が幾分小さくなる傾向がみられるのに対して，人的資本の質の面ではむしろ労働移動に伴う影響が大きくなる傾向がみられる．これは，近年の経済のサービス化，知識集約型への転換に伴うものと考えられ，今後の注視が必要であろう．

5. おわりに

　本章では，Caves, Christensen, and Diewert（1982）が提案した指数作成方法を使って，学歴だけでなくその他の労働投入属性も同時に考慮しながら地域間の人的資本の量と質を相対比較する方法を提案し，「国勢調査」のデータを使って地域間の人的資本の質格差指標を計算した．この指標を使って，1970 年から最近年までの日本の人的資本の質の地域間格差の変化をみたところ，この 40 年間で人的資本の質の地域間格差は縮小してきているものの，なお 3 割程度の格差が残存していることが分かった．また，こうした地域間の人的資本格差は労働生産性格差と明瞭な正の相関を持っており，両者の関係はむしろ近年強まってきている．

　次に，人的資本の質の地域間格差を属性で要因分解したところ，1970 年時点では学歴に加えて産業立地要因が重要な地域間格差の発生原因となっていたが，その後の 40 年間で産業立地要因は剝落し，学歴要因のみが残存する人的資本の質の地域間格差の主要要因となっている．産業立地要因の剝落の理由としては，賃金格差に関する先行研究で指摘されているように，産業間の賃金格差が近年縮小してきていることに加えて，同一産業内で人的資本の大きな地域間格差を持っていた非製造業の分野がこの 40 年間で格差縮小傾向を示してきたことが挙げられる．

　都道府県を超えた若年者の労働移動に対する積極性が学歴の高低によって偏りがある場合には，観察される地域間の人的資本格差の一部は，そうした若年者労働移動によって説明できるかもしれない．このことを検証するために，本章で使った指数作成方法を応用して，どの程度の人的資本の総量と質

の地域間格差が若年者労働移動によってもたらされているかを計算した．その結果，若年者労働移動は，地域の人的資本の総量面では大きな影響を与えており，地域間の人的資本の偏在をもたらしていることが確認された．しかし，人的資本の質の面に注目すると，必ずしもそうした傾向はみられず，またその影響の大きさもさほど重要ではないことが分かった．

　以上のことから，各地域の人材育成力そのものが地域間の人的資本格差に決定的な重要性を持っていることが容易に推察される．このことは，これからの日本で比較優位を持てる産業分野が知識集約型の分野であると予想される状況下で，真剣に認識しておくべき事実であろう．なお，本章で考慮できなかった労働属性の情報として職種があり，これを考慮して同じ分析を行ったとき結果が頑健であるかどうかについては今後の課題としたい．

参考文献

川口大司・神林龍・金榮愨・権赫旭・清水谷諭・深尾京司・牧野達治・横山泉（2007）「年功賃金は生産性と乖離しているか——工業統計調査・賃金構造基本調査個票データによる実証分析」『経済研究』第 58 巻第 1 号，pp. 61-90.

児玉直美・小滝一彦（2010）「賃金カーブと生産性」『日本労働研究雑誌』第 52 巻第 4 号（通算第 597 号，2010 年 4 月号），pp. 18-21.

徳井丞次・牧野達治・高橋陽子（2009）「自営業主・家族従業者と雇用者の生産性格差」RIETI Discussion Paper Series, No. 09-J-018.

徳井丞次・牧野達治・児玉直美・深尾京司（2013a）「地域間の人的資本格差と生産性」RIETI Discussion Paper Series, No. 13-J-058.

徳井丞次・牧野達治・児玉直美・深尾京司（2013b）「地域間の人的資本格差とその要因」『経済研究』第 64 巻第 3 号，pp. 256-268.

深尾京司・岳希明（2000）「戦後日本国内における経済収束と生産要素投入——ソロー成長モデルは適用できるか」『経済研究』第 51 巻第 2 号，pp. 136-151.

Benhabib, J. and M. M. Spiegel (1994), "The Role of Human Capital in Economic Development: Evidence from Aggregate Cross-Country Data," *Journal of Monetary Economics*, Vol. 34(2), pp. 143-173.

Bognanno, M. and R. Kambayashi (2006), "Trends in Worker Displacement Penalties in Japan: 1991-2002," ESRI Discussion Paper Series, No. 169.

Card, D. (1999), "The Causal Effect of Education on Earnings," in: O. Ashenfelter and D. Card eds., *Handbook of Labor Economics, Volume 3A*, New York: North-Holland, pp. 1801-1863.

Caves, D. W., L. R. Christensen, and W. E. Diewert (1982), "Multilateral Comparisons of Output, Input, and Productivity Using Superlative Index Numbers," *Economic Journal*, Vol. 92(365), pp. 73-86.

Good, D. H., M. I. Nadiri, and R. C. Sickles (1997), "Index Number and Factor Demand Approaches to the Estimation of Productivity," in: H. Pesaran and P. Schmidt eds, *Handbook of Applied Econometrics Volume 2: Microeconomics*, Oxford: Blackwell, pp. 13-74.

Hellerstein, J. K. and D. Neumark (1995), "Are Earnings Profiles Steeper Than Productivity Profiles? Evidence from Israeli Firm-Level Data," *Journal of Human Resources*, Vol. 30(1), pp. 89-112.

Hellerstein, J. K. and D. Neumark (1999), "Sex, Wages, and Productivity: An Empirical Analysis of Israeli Firm-level Data," *International Economic Review*, Vol. 40 (1), pp. 95-123.

Hellerstein, J. K., D. Neumark, and K. R. Troske (1999), "Wages, Productivity, and Woker Characteristics: Evidence from Plant-Level Production Functions and Wage Equations," *Journal of Labor Economics*, Vol. 17(3), pp. 409-445.

Jorgenson, D. W., F. M. Gollop, and B. M. Fraumeni (1987), *Productivity and U.S. Economic Growth*, Cambridge, Mass.: Harvard University Press.

Kambayashi, R., D. Kawaguchi, and I. Yokoyama (2008), "Wage Distribution in Japan, 1989-2003," *Canadian Journal of Economics*, Vol. 41(4), pp. 1329-1350.

Kodama, N. and K. Odaki (2012), "A New Approach to Measuring the Gap between Marginal Productivity and Wages of Workers," RIETI Discussion Paper Series, No. 12-E-028.

Lucas, R. E., Jr. (1988), "On the Mechanics of Economic Development," *Journal of Monetary Economics*, Vol. 22(1), pp. 3-42.

Mankiw, N. G., D. Romer, and D. N. Weil (1992), "A Contribution to the Empirics of Economic Growth," *Quarterly Journal of Economics*, Vol. 107(2), pp. 407-437.

Mincer, J. (1974), *Schooling, Experience, and Earnings*, New York: National Bureau of Economic Research.

Nelson, R. R. and E. S. Phelps (1966), "Investment in Humans, Technological Diffusion, and Economic Growth," *American Economic Review*, Vol. 56(1/2), pp. 69-75.

Shioji, E. (2001), "Composition Effect of Migration and Regional Growth in Japan," *Journal of the Japanese and International Economies*, Vol. 15(1), pp. 29-49.

第 3 章

地域間価格差指数の推計と分析

徳井丞次・水田岳志

1. はじめに

第1章で説明したように，R-JIP データベースの特色の一つは，労働投入の属性別構成と，それに対応する賃金水準情報を用いて，地域別の労働投入の質格差を計測していることである．その一方で，産出側を計測する産業別付加価値の実質化には，全国版の JIP データベースからデフレーターが作成され，地域的な物価水準格差は考慮されないままである．このことは，とりわけサービス分野の生産性格差計測に無視できないバイアスを生じさせている可能性がある．なぜなら，サービス産業では「消費と生産の同時性」があることから，地域間を越えての生産物の取引は限定される一方で，労働集約的であることから地域別の労働市場の特性を反映しやすいと考えられるからである．現状の R-JIP データベースでは，労働投入面で地域特性を反映させているにもかかわらず，サービス産業の地域間物価差が考慮されていない．

そこで，我々は，総務省統計局が「小売物価統計調査」で収集してきた，都道府県別のサービス価格の品目別データを基に，サービス分野の各産業別

---

*本章は，徳井・水田（2017）を縮約したものであり，より詳細な結果はそちらを参照されたい．

（建設，電気・ガス・水道，不動産，運輸・通信，その他の民間サービス）に地域間価格差を各年代で推計した[1]．推計方法は，Prasada Rao and Timmer (2000) の Country-Product-Dummy Method という国際間の絶対的購買力平価の推計に使われる方法を，日本の都道府県間のデータに当てはめて使っている．この結果を使って，地域間サービス価格の乖離を付加価値の実質化に反映させたうえで，地域間生産性格差の再計算を行い，本著第 1 章で報告している結果がどの程度修正されるか検討した．

　また，地域間サービス価格差を反映する前の地域間 TFP 格差指数と反映後の指数との差から，トゥルンクヴィスト式の地域間物価水準格差指数が求められることを示した．この関係を使って，国際経済間で成立するバラッサ・サミュエルソン効果が，日本の地域経済間でも成り立つかどうかを検証し，その結果について若干の考察を行っている．

　本章の構成は，続く第 2 節では地域間サービス価格差の計測方法とその結果を説明する．第 3 節では，計測された地域間価格差を考慮して再計算を行った生産性分析の結果を報告する．第 4 節では，生産性分析の副産物として作成された地域間価格差指数と地域間の労働生産性格差の相関をみることによって，国内版バラッサ・サミュエルソン効果の成立の有無を確認している．

2.　地域間サービス価格差の計測

　国際間で生産性の絶対水準比較を行うためには，異なる通貨を使用していることから価格換算の問題が生じる．貿易取引によって長期的には価格裁定が成り立つ限りは，この問題は長期均衡為替レートの計算に帰着するが，「非貿易財」の存在がこの問題をより複雑にする．一方，我々の課題である同一国内・多地域間の場合には，国内の物流を通じて地域間の価格裁定が成り立つ財貨については価格差調整の必要は生じないが，同一国内の地域間にも「非貿易財」に相当するものがあれば，国際経済の「非貿易」財の場合と

---

1)　小売価格のデータは，各都道府県の県庁所在地で調査されたものを使っている．

同様の問題が生じる．サービス産業では一般に「消費と生産の同時性」がいわれ，その多くで地域間取引による価格裁定が成り立ちにくいと予想される．

　そこで，我々の課題は地域間サービス価格差の指数を作成することになるが，その方法には国際経済学の「絶対的購買力平価」の計測方法がそのまま応用できる．各国の個別品目の価格を調査して，回帰分析を使ってそのデータから「絶対的購買力平価」を作成する Prasada Rao and Timmer（2000）の Country-Product-Dummy Method（以下，CPD 法）を使う．また，地域ごとの個別品目の価格に関しては，総務省統計局の「小売物価統計調査」が都道府県別・品目別の価格データを継続的に調査しており，これを使う．もちろん長い年月の間には「小売物価統計調査」の調査品目は品目入れ替えによって変化しており，また品目によっては全都道府県で調査ができないものもある可能性があるが，CPD 法の利点の一つは，そのような品目入れ替え，地域によるデータ欠落を厭わないことである．また，「小売物価統計調査」では調査品目を詳細に指定することによって，対象品目の品質の同質性を確保する努力がなされている．サービス分野の品目について，品質の同質性確保がどの程度なされているかはやや疑問があるが，ここではこの問題には深入りしないことにしよう．

　CPD 法を使ういま一つの利点は，必要となるデータが品目ごとの価格データのみで，通常の方法の指数作成では必要となる品目ごとのシェアのデータが必要でないことである．そのためには，CPD 法特有の仮定がおかれるが，それは次の式で表される．

（1）　$p_{ri} = \pi_r^* \cdot \eta_i^* \cdot \nu_{ri}^*$

　　　$p_{ri} =$ 都道府県 r の品目 i の価格

　　　$\pi_r^* =$ R-JIP 産業分類レベルの地域間物価水準比

　　　$\eta_i^* =$ R-JIP 産業分類内の品目間の相対価格

　　　$\nu_{ri}^* =$ 攪乱項

すなわち，各地域の個別品目の価格は，攪乱項を無視すれば，産業分類レ

ベルの地域間価格比と，同一産業分類内の品目間相対価格の掛け算で表されるというものである．言い方を替えれば，同一産業分類内の品目間相対価格差は地域ごとに差がないというものである．

この仮定を認めるならば，(1) 式の両辺の対数をとることによって，次の (2) 式が得られる．

$$(2) \quad \log p_{ri} = \log \pi_r^* + \log \eta_i^* + \log \nu_{ri}^* = \pi_r + \eta_i + \nu_{ri}$$

この (2) 式を最小二乗法で推定するには，次のようなダミー変数を使った推定式を考えればよい．

(3)
$$\log p_{ri} = \pi_1 D_1 + \pi_2 D_2 + \cdots + \pi_{47} D_{47} + \eta_1 D_1^* + \eta_2 D_2^* + \cdots + \eta_n D_n^* + u_{ri}$$

ここで 2 種類のダミー変数はそれぞれ次のように定義される．

$D_r =$ 左辺の p_{ri} が地域 r のデータであるとき 1，そうでなければ 0
$D_i^* =$ 左辺の p_{ri} が品目 i のデータであるとき 1，そうでなければ 0

ただし，このままでは説明変数間に完全な多重共線性が生じるため，1 番目の都道府県を基準にして $\pi_1^* = 1$，すなわち $\pi_1 = \log \pi_1^* = 0$ と制約する．ここでは，東京都を基準（東京都が $r=1$）にしてその他の道府県の相対物価水準を測ることとした．このようにして得られた推定値 $\hat{\pi}_r$ から，R-JIP 産業分類レベルの地域間物価水準比を次のようにして求めことができる．

$$(4) \quad \hat{\pi}_r^* = \exp(\hat{\pi}_r)$$

地域間価格差計測の対象としたサービス分野の産業は，建設業，電気・ガス・水道業，不動産業，運輸・通信業，サービス業（民間，非営利）の 5 業種である．近年これらの 5 業種が名目付加価値に占める割合は，全国集計ベースで 4 割台とかなり大きい[2]．なかでもサービス業（民間，非営利）の全産

---

2)　その割合は，2000 年から 2008 年まで 43% から 44% で安定していたが，2009 年にはリーマンショックの影響を受けて製造業の付加価値が縮小したことから，47.5% に

表 3 - 1　業種別の対象品目数：1970〜2010 年

R-JIP	1970 年	1980 年	1990 年	2000 年	2010 年
16　建設業	15	16	17	17	19
17　電気・ガス・水道業	13	15	24	28	27
20　不動産業	3	3	9	7	7
21　運輸・通信業	8	8	18	35	49
22　サービス業（民間，非営利）	39	50	78	85	98
計	78	92	146	172	200

業付加価値に対する割合が，23％（2000 年）から 29％（2009 年）と最も大き
い．R-JIP データベースでサービス分野に含まれるのはこれら 5 業種の他
に，卸売・小売業，金融・保険業，サービス業（政府）があるが，これら 3
種については，価格計測の概念上の難しさから，地域間価格差計測の対象
から除外した[3]．ただし，次節で報告する地域間サービス価格差を補正した
生産性分析では，サービス業（政府）にもサービス業（民間，非営利）の地域
間価格差を当てはめて計算を行っている．このため，生産性分析において地
域間価格差の調整が行われた分野はサービス業 6 業種分類で，産業全体の付
加価値シェアで 5 割から 6 割をカバーするものとなっている．

　表 3-1 は，対象 5 業種の「小売物価統計調査」での 1970 年調査から 2010
調査まで 10 年おきの調査品目数を示している．対象 5 業種全体の調査品目
数は，1970 年の 78 品目から 2010 年の 200 品目へと徐々に増加している[4]．
単年度分のデータでは目的の回帰式を推定するのに十分なデータ数といえな
いため，回帰式の推定は西暦末尾 0 と 5 の 5 年おきに行うことにし，その年
を含む過去 5 年分のデータをプールして推定を行った（例えば，1970 年の推定
式には 1966 年から 1970 年のデータが使われている）．したがって，各推定式で使

まで跳ね上がっている．
3)　今回の地域間価格差調整から除外した 3 業種の全産業付加価値に占める割合は，
　2009 年の全国集計ベースで，卸売・小売業 13％，金融・保険業 6％，サービス業（政
　府）12％である．卸売・小売業については，地域別の商業マージン差から地域間価格
　差指数を計算する方法が考えられるが，対象とすべき品目数・データ数が大幅に増え
　るため，今後の課題としたい．
4)　対象品目の詳細は，1970 年，1980 年，1990 年，2000 年，2010 年のものを徳井・水
　田（2017）の付表 3 で報告している．

われたデータの概数は，表 3-1 の品目数×47 都道府県×5 となる[5]．

　(3) 式の推定は (3) 式の通り品目ダミーを含んで行っているが，地域ダミーからは東京都のものを落としており，東京都を基準値とした値が推定されている[6][7]．(3) 式の係数推定値は対数表示と解釈されるので，(4) 式のように指数関数を使って，より比較しやすいように東京を 1 とした場合の地域相対価格の値に変換する．

　これら 5 業種のなかで最も地域間相対価格差が大きいのは不動産業であるが，これは推定の元データに使った各種不動産賃貸料の地域間格差が大きいことを反映している[8]．電気・ガス・水道業では，1970 年から 1990 年にかけて地域間格差が縮小し，2010 年には再び地域間格差が開くといった振れがみられるが，これはこの間のエネルギー価格の変動を反映した動きになっているものとみられる．同様の傾向が運輸・通信業でも観察されるが，これもエネルギー多消費型の運輸業を含むためと考えられる．

　こうしたなかでも特に注目されるのは，対象業種のなかで付加価値シェアも圧倒的に大きいサービス業（民間，非営利）である．表 3-2 には，東京を 1 とした場合の地域相対価格の値に変換した形で，サービス業（民間，非営利）を 1970 年，1990 年，2010 年について示している．その他の産業の推定結果については，徳井・水田 (2017) を参照されたい．サービス業（民間，非営利）では，もともとほとんどの都道府県で東京都よりも相対的に低価格であったが，近年多くの都道府県でこの東京都との価格差がさらに開く傾向にある．この傾向を示す一例として，図 3-1 では北海道を例に取り上げて，

---

5)　対象品目によっては，特定の都道府県では使われておらず調査データが欠落している場合がある．このため実際に推定に使われたデータ数は，徳井・水田 (2017) の付表 1 の各推定結果の最後から 2 番目の行に示されているが，この数よりも幾らか少なくなっている．

6)　推定結果は徳井・水田 (2017) に付表 1 として，推定された係数を対数変換して示したものを付表 2 に掲載している．

7)　1970 年の推定結果では，本土復帰前の沖縄県のデータがなく含まれていない．1975 年以降の推定結果には，沖縄県を含む 46 個の地域ダミーが使われている．

8)　不動産業賃貸料の地域間格差と不動産仲介サービスのそれとは乖離している可能性があるが，不動産業の全付加価値に占める大きさは 2% 程度とさほど大きくないことから，このことによって生じる生産性再計算への影響は小さいものと考えることができる．

表 3 - 2　サービス業（民間・非営利）の都道府県別相対価格（東京＝1）
　　　　：1970・1990・2010 年の比較

都道府県	1970 年		1990 年		2010 年	
	物価指数	Std.Err.	物価指数	Std.Err.	物価指数	Std.Err.
1　北海道	0.926	0.035	0.853	0.017	0.784	0.020
2　青森県	0.903	0.035	0.765	0.015	0.762	0.020
3　岩手県	0.914	0.035	0.802	0.016	0.855	0.022
4　宮城県	0.945	0.036	0.864	0.017	0.863	0.022
5　秋田県	0.987	0.038	0.826	0.016	0.843	0.022
6　山形県	0.946	0.036	0.864	0.017	0.893	0.023
7　福島県	0.974	0.037	0.877	0.017	0.857	0.022
8　茨城県	0.837	0.032	0.866	0.017	0.845	0.022
9　栃木県	0.996	0.038	0.887	0.017	0.881	0.022
10　群馬県	0.941	0.036	0.875	0.017	0.896	0.023
11　埼玉県	1.006	0.038	0.939	0.018	0.928	0.024
12　千葉県	0.927	0.035	0.917	0.018	0.876	0.022
13　東京都	*1.000*		*1.000*		*1.000*	
14　神奈川県	1.024	0.039	0.925	0.018	1.013	0.026
15　新潟県	0.959	0.037	0.867	0.017	0.894	0.023
16　富山県	0.987	0.038	0.865	0.017	0.810	0.021
17　石川県	0.995	0.038	0.874	0.017	0.800	0.020
18　福井県	0.952	0.037	0.874	0.017	0.785	0.020
19　山梨県	0.996	0.038	0.846	0.017	0.828	0.021
20　長野県	0.920	0.035	0.853	0.017	0.919	0.023
21　岐阜県	0.829	0.032	0.839	0.016	0.899	0.023
22　静岡県	0.988	0.038	0.941	0.018	0.905	0.023
23　愛知県	0.897	0.034	0.850	0.017	0.927	0.024
24　三重県	0.918	0.035	0.870	0.017	0.793	0.020
25　滋賀県	0.931	0.036	0.918	0.018	0.898	0.023
26　京都府	1.003	0.038	0.895	0.018	0.947	0.024
27　大阪府	0.932	0.035	0.907	0.018	0.899	0.023
28　兵庫県	0.966	0.037	0.874	0.017	0.877	0.023
29　奈良県	0.981	0.037	0.886	0.017	0.901	0.023
30　和歌山県	0.970	0.037	0.903	0.018	0.896	0.023
31　鳥取県	0.906	0.035	0.857	0.017	0.788	0.020
32　島根県	0.922	0.035	0.833	0.016	0.872	0.022
33　岡山県	0.989	0.038	0.891	0.018	0.887	0.023
34　広島県	0.979	0.037	0.819	0.016	0.878	0.022
35　山口県	0.912	0.035	0.817	0.016	0.856	0.022
36　徳島県	0.905	0.035	0.840	0.016	0.826	0.021
37　香川県	0.941	0.035	0.839	0.016	0.843	0.021
38　愛媛県	0.856	0.033	0.817	0.016	0.841	0.021
39　高知県	0.873	0.033	0.830	0.016	0.848	0.022
40　福岡県	0.940	0.035	0.869	0.017	0.882	0.023
41　佐賀県	0.942	0.036	0.831	0.016	0.803	0.021
42　長崎県	0.899	0.034	0.843	0.017	0.883	0.023
43　熊本県	0.859	0.033	0.828	0.016	0.839	0.021
44　大分県	0.895	0.034	0.844	0.017	0.834	0.021
45　宮崎県	0.918	0.035	0.816	0.016	0.833	0.021
46　鹿児島県	0.854	0.033	0.828	0.016	0.787	0.020
47　沖縄県			0.755	0.015	0.819	0.021

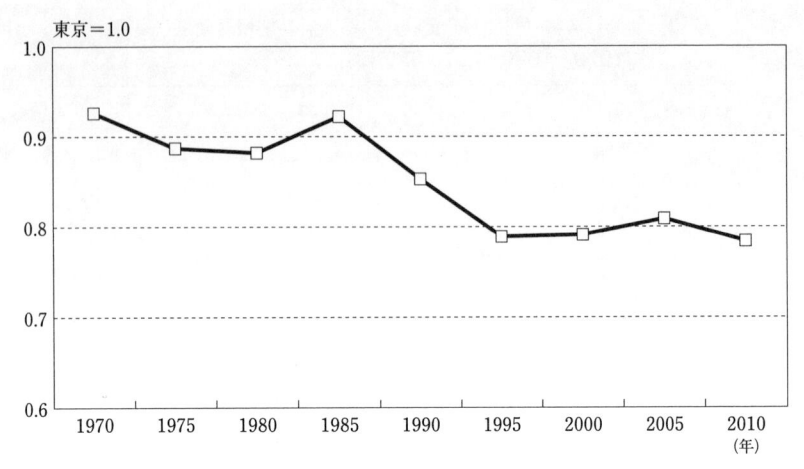

東京＝1.0

図 **3 - 1**　北海道のサービス業（民間・非営利）相対価格の推移：1970〜2010 年

サービス業（民間，非営利）の対東京相対価格の 5 年ごとの推移を示している．図 3-1 によれば，この傾向は 1980 年代後半から 1990 年代前半にかけての時期に起こり，その後安定した状態が続いている．サービス業（民間，非営利）は，全産業付加価値の 20％ から 30％ 弱を占めており，次節で再計算を行う生産性計測でも無視できない影響を与える可能性がある[9]．

3.　地域間サービス価格差を補正した生産性分析

R-JIP データベースを用いて都道府県間の生産性水準比較指標を作成して分析した徳井他（2013），Fukao *et al.*（2015）では，都道府県別・産業別に付加価値ベースのトランスログ生産関数を想定し Caves, Christensen, and Diewert（1982）のクロスセクション生産性比較指数の作成方法を使って，次のように都道府県別・産業別相対生産性（以下，相対 TFP）を計測した．労働投入にのみ質の調整があるのは，資本投入については産業ごとの資本の

---

9)　既に述べたように，サービス業（民間，非営利）の地域間価格差をサービス業（政府）にも当てはめて生産性分析の再計算を行っているので，サービス業（民間，非営利）の地域間価格差の影響はさらに大きくなっている．

質は考慮するものの，その地域差は考慮していないためである．

(5)　$RTFP_{ir} = \log\left(\dfrac{V_{ir}}{\overline{V}_i}\right) - \dfrac{1}{2}\left(S_{ir}^K + \overline{S}_i^K\right)\log\left(\dfrac{Z_{ir}}{\overline{Z}_i}\right)$

$\qquad\qquad - \dfrac{1}{2}\left(S_{ir}^L + \overline{S}_i^L\right)\left\{\log\left(\dfrac{H_{ir}}{\overline{H}_i}\right) + \log\left(\dfrac{Q_{ir}^L}{\overline{Q}_i^L}\right)\right\}$

$\qquad V_{ir}$＝地域 r，産業 i の実質付加価値

$\qquad Z_{ir}$＝地域 r，産業 i の実質資本ストック

$\qquad H_{ir}$＝地域 r，産業 i の労働投入マンアワー

$\qquad Q_{ir}^L$＝地域 r，産業 i の労働の質

　各変数の上にバーをつけたものは，それぞれの変数の産業別全国幾何平均で，式で表すと次の通りである．

$\log\overline{V}_i = \dfrac{1}{47}\displaystyle\sum_{r=1}^{47}\log V_{ir}$

$\log\overline{Z}_i = \dfrac{1}{47}\displaystyle\sum_{r=1}^{47}\log Z_{ir}$

$\log\overline{H}_i = \dfrac{1}{47}\displaystyle\sum_{r=1}^{47}\log H_{ir}$

$\log\overline{Q}_i^L = \dfrac{1}{47}\displaystyle\sum_{r=1}^{47}\log Q_{ir}^L$

　また，S_{ir}^K は資本コストシェア，S_{ir}^L は労働コストシェアで，それぞれの上にバーをつけたものは，それぞれのコストシェアの産業別全国平均（算術平均）で，次の通りである．

$\overline{S}_i^K = \dfrac{1}{47}\displaystyle\sum_{r=1}^{47}S_{ir}^K$

$\overline{S}_i^L = \dfrac{1}{47}\displaystyle\sum_{r=1}^{47}S_{ir}^L$

　このようにして求めた都道府県別・産業別相対 TFP を，次の式の通り付加価値ウェイトを掛けて産業で集計すると，都道府県別相対 TFP を求めることができる．S_{ir}^V は各都道府県の産業別付加価値ウェイトで，その上にバーをつけたものがその全国平均（算術平均）である．

(6)　$RTFP_r = \sum_{i=1}^{23} \frac{1}{2}\left(S_{ir}^V + \overline{S}_i^V\right)RTFP_{ir}$

$\overline{S}_i^V = \frac{1}{47}\sum_{r=1}^{47} S_{ir}^V$

さて，以前に行った徳井他（2013），Fukao *et al.*（2015）などの計測では，実質付加価値を求めるうえで都道府県間の産出価格差は考慮してこなかった．本章では，サービス分野の各産業について都道府県間産業別価格差指数を求めたので，これを使って相対 TFP を再計算することができる[10]．都道府県間産業別産出価格差を考慮した都道府県別産業別実質付加価値を，これまでの記号と区別するために右肩にシャープ記号をつけて表し，産業 i の

---

[10]　国際間で生産性のレベル比較を行う際には，通貨価値の換算が伴い，このための絶対的購買力平価の推計が求められてきた．こうした国際比較の例としては，日本と米国の生産性レベル格差を推計している Jorgenson, Kuroda, and Nishimizu（1987）を参照．通貨価値の換算を伴わない場合でも，例えば単一通貨のユーロ圏内の生産性レベル比較を行っている EUKLEMS プロジェクトでは，ユーロ圏内の物価水準格差を考慮して，絶対的購買力平価によって金額換算を行っている．また，その際には産出物 PPP，中間投入 PPP，労働投入 PPP，資本投入 PPP をそれぞれ求めて実質化を行っている．EUKLEMS の方法については，Inklaar and Timmer（2007）を参照．我々の R-JIP データベースでは，労働投入面では，地域間の労働属性構成と賃金格差を考慮して労働投入を求めているので，労働投入 PPP には対応済である．一方，資本コストの面では産業別の地域間格差は存在しないものとして，資本投入 PPP は考慮していない．また EUKLEMS のように，産出物 PPP と中間投入 PPP をそれぞれ求めてダブル・デフレーションを行うより厳密であるが，我々は対象をサービス分野に限定していることから，産出物 PPP に相当する産業別の地域間価格差を作成して，これで付加価値をシングル・デフレーションするより簡略的な方法で済ませている．統一基準で作成された都道府県別産業連関表を用意して，都道府県別・産業別の付加価値率を求めることができれば，次式のように，産出物 PPP と中間投入 PPP から R-JIP データベースと整合的な方法で，付加価値 PPP を求めることができるが，これは今後の課題としたい．付加価値 PPP を求める式は，

$$\log\frac{P_{ir}^{VA}}{\overline{P}_{ir}^{VA}} = \frac{1}{\frac{1}{2}\left(w_{ir} + \overline{w_1}\right)}\left\{\log\frac{P_{ir}^{GO}}{\overline{P}_{ir}^{GO}} - \left[1 - \frac{1}{2}\left(w_{ir} + \overline{w_1}\right)\right]\log\frac{P_{ir}^{II}}{\overline{P}_{ir}^{II}}\right\}$$

ただし，各記号の定義は次の通りである．

＝地域 r，産業 i の産出物価格，上にバー記号をつけるとその全地域幾何平均
＝地域 r，産業 i の付加価値価格，上にバー記号をつけるとその全地域幾何平均
＝地域 r，産業 i の中間投入価格，上にバー記号をつけるとその全地域幾何平均
＝地域 r，産業 i の付加価値率，上にバー企業をつけるとその全地域算術平均

都道府県別産出価格差指数を P_{ir}（今回都道府県別価格差調整の対象としない産業については，この価格差指数は全て 1 となる）と表すとすると，両者の関係は次の通りである．

$$(7)\quad V_{ir}^{\#}=\frac{V_{ir}}{P_{ir}}$$

この式の各変数の上にバーをつけた変数は，各変数の産業別全国幾何平均とすると，次の式が成り立つ．

$$(8)\quad \log\left(\frac{V_{ir}^{\#}}{\overline{V_1^{\#}}}\right)=\log\left(\frac{V_{ir}}{\overline{V_1}}\right)-\log\left(\frac{P_{ir}}{\overline{P_1}}\right)$$

$$\log\overline{V_1^{\#}}=\frac{1}{47}\sum_{r=1}^{47}\log V_{ir}^{\#}$$

$$\log\overline{P_1}=\frac{1}{47}\sum_{r=1}^{47}\log P_{ir}$$

　都道府県別の価格差を考慮に入れた相対 TFP の計算は，(5) 式のなかの実質付加価値を新たな $V_{ir}^{\#}$ で置き換えたものになるので，次の式のようになる．

$$RTFP_{ir}^{\#}=\log\left(\frac{V_{ir}^{\#}}{\overline{V_1^{\#}}}\right)-\frac{1}{2}\left(S_{ir}^K+\overline{S_1^K}\right)\log\left(\frac{Z_{ir}}{\overline{Z_1}}\right)$$

$$-\frac{1}{2}\left(S_{ir}^L+\overline{S_1^L}\right)\left\{\log\left(\frac{H_{ir}}{\overline{H_i}}\right)+\log\left(\frac{Q_{ir}^L}{\overline{Q_i^L}}\right)\right\}$$

この式と元の (5) 式とを見比べて，(8) 式の関係を考慮すると，新旧の相対 TFP の間には次の関係が成り立っていることが分かる．

$$(9)\quad RTFP_{ir}^{\#}=RTFP_{ir}-\log\left(\frac{P_{ir}}{\overline{P_1}}\right)$$

また，以上のように求めた都道府県別・産業別相対 TFP を産業で集計して都道府県全体の生産性比較をするには，(6) 式と同様に集計すればよい．すなわち次式の通りである．

$$RTFP_r^{\#}=\sum_{i=1}^{23}\left(S_{ir}^V+\overline{S_1^V}\right)RTFP_{ir}^{\#}$$

この式に（9）式を代入すると，次の（10）式のようになり，新旧の都道府県別相対 TFP の差から，各産業の都道府県間産業別産出価格差指数をトゥルンクヴィスト指数で全産業ベースに集計したものを求めることができることが分かる．

$$(10)\quad RTFP_r^{\#} = RTFP_r - \sum_{i=1}^{23}\left(S_{ir}^V + \overline{S_1^V}\right)\log\left(\frac{P_{ir}}{P_1}\right)$$

さて，都道府県別の価格差を考慮に入れた相対 TFP の計算結果をみてみよう[11]．図 3-2 は 2009 年の計算結果を示している[12]．折れ線グラフで結んでいる点が価格調整を行う前の相対 TFP の古い計算結果，白い棒グラフが新しい相対 TFP の計算結果である．またグレーの棒グラフが，サービス分野の相対価格調整によって生じた修正幅の大きさを表しており，サービス分野の相対価格が高い都道府県ではそれを考慮しない場合に高めに出ていた相対 TFP が縮小し，サービス分野の相対価格が低い都道府県ではその逆の調整が行われている．

　図の都道府県の並びは，左から右へ労働生産性が高い順に並べられているが，次節でみるように労働生産性が高く 1 人当たり所得の高い地域ほどサービス分野の相対価格が高い傾向が概ね成り立つことから（バラッサ・サミュエルソン効果），各図の中央よりも左側の都道府県ではその多くで相対 TFP が下方に修正され（すなわち，旧相対 TFP から新相対 TFP を差し引いた価格調整項がプラス），中央よりも右側の都道府県ではその多くで相対 TFP が上方に修正されている地域が多い（すなわち，価格調整項がマイナス）．

　また，2009 年と同様なグラフを 1970 年についても作成して比較すると，2009 年の方が地域間サービス価格差を考慮することによる地域間の相対 TFP 格差に与える影響は大きくなっている[13]．これは，前節で指摘したように，2009 年にはサービス分野の全産業に占める付加価値ウェイトが大きくなっていることに加えて，そのなかでもウェイトが大きいサービス業（民

---

11)　ここでの相対 TFP の再計算は，データ期間 1970〜2009 年の R-JIP データベース 2014 に基づいて行われている．

12)　1970 年，1990 年の結果については，徳井・水田（2017）を参照．

13)　1970 年の図は，徳井・水田（2017）に掲載している．

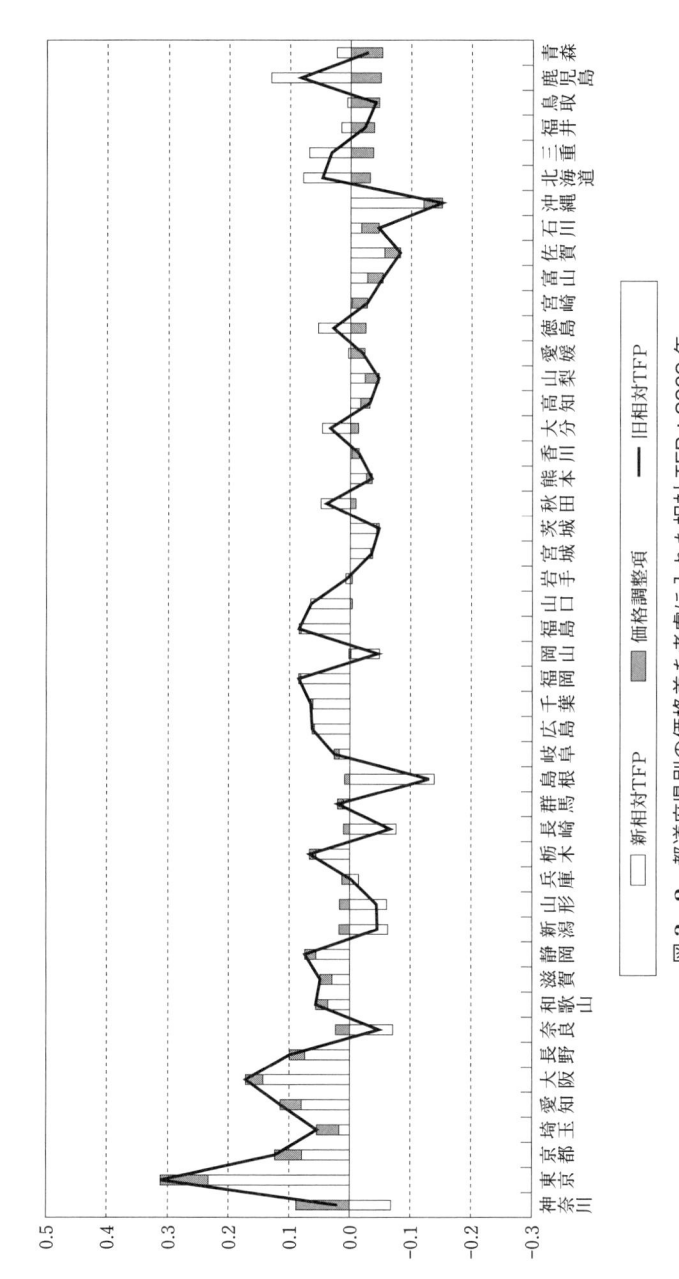

図 3 - 2　都道府県別の価格差を考慮に入れた相対 TFP：2009 年

表 3-3　新旧相対 TFP の都道府県間ばらつきを示す標準偏差：1970～2009 年

	1970 年	1980 年	1990 年	2000 年	2008 年	2009 年
旧相対 TFP	0.089	0.074	0.080	0.069	0.084	0.079
新相対 TFP	0.083	0.070	0.065	0.055	0.072	0.069

間，非営利）で地域間価格差も拡大していることによって生じている．

　こうした修正の結果，全体として都道府県間の相対 TFP の格差度合いが縮小したのか拡大したのかは，図 3-2 のような棒グラフを比較するだけでは分かりにくいので，新旧の相対 TFP の都道府県間のばらつき度合いを示す標準偏差を計算して比較し，10 年おきにみたのが表 3-3 である．その結果，都道府県別の価格差を考慮に入れた相対 TFP は，価格差の考慮を行わなかった場合に比べていずれの年でも小さくなっており，これまでサービス分野の地域間価格差を考慮していなかったことによって，地域間生産性格差が幾分過大に計測されていたことが分かった．また，両者の差は 1990 年以降に大きくなっている．例えば，1970 年では地域間 TFP 格差指数の標準偏差が0.089 から 0.083 へと約 7% の縮小に対して，2009 年では地域間 TFP 格差指数の標準偏差が 0.079 から 0.069 へと約 13% 縮小した結果となっている．

　この節の最後に，サービス分野の地域間価格差を考慮した結果得られた新しい相対 TFP の計測結果に基づいて，都道府県間の労働生産性格差の要因分解（資本労働比率，労働の質，相対 TFP）をみておこう．図 3-3 と図 3-4 は1970 年と 2009 年の要因分解結果を棒グラフで図示したものである．地域間労働生産性格差において，40 年前には資本装備率（グレーの棒グラフ）の地域間格差が果たす役割が大きかったのに対して，その効果は近年徐々に縮小し，それに代わって相対 TFP（白い棒グラフ）の地域間格差の影響が重要な役割を果たしているという徳井他（2013），Fukao *et al.*（2015）などで指摘してきた結果は変わらない．すなわち，サービス分野の地域間価格差を考慮することによって，地域間相対 TFP 格差の過大評価を幾分修正する効果があるものの，地域間相対 TFP 格差が近年では地域間労働生産性格差を説明

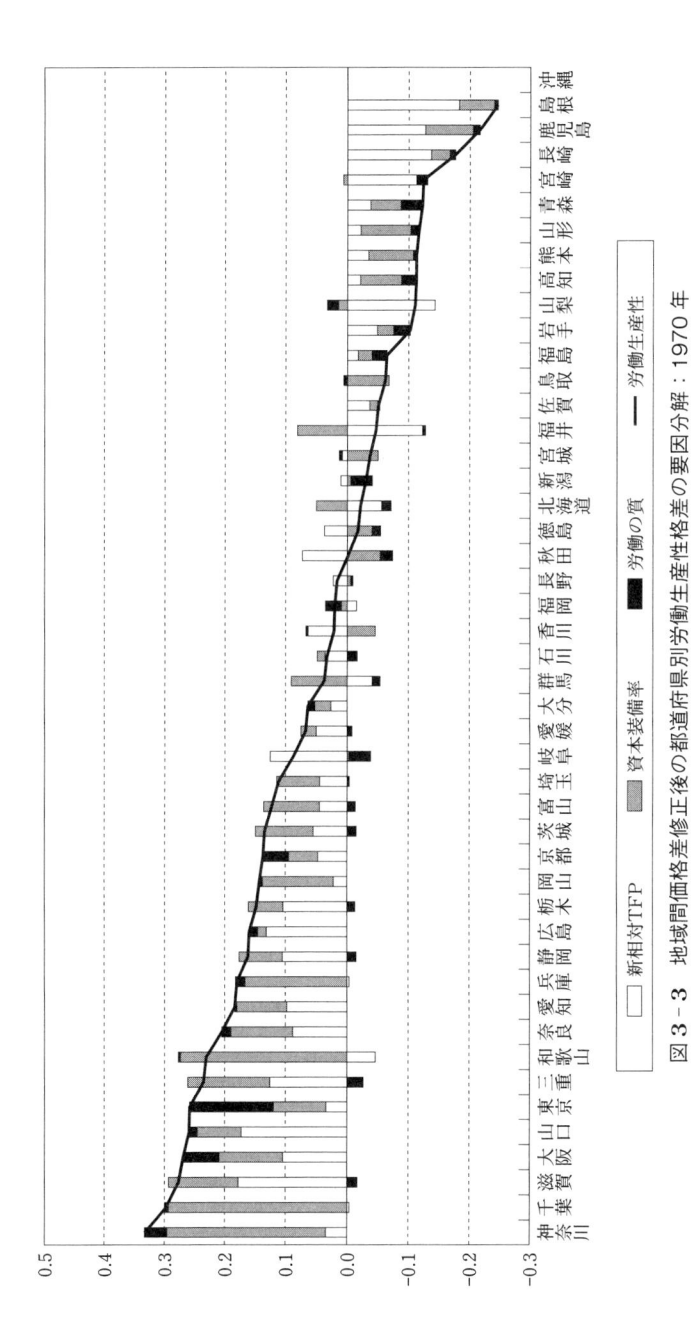

図3-3　地域間価格差修正後の都道府県別労働生産性格差の要因分解：1970年

凡例：□ 新相対TFP　▨ 資本装備率　■ 労働の質　— 労働生産性

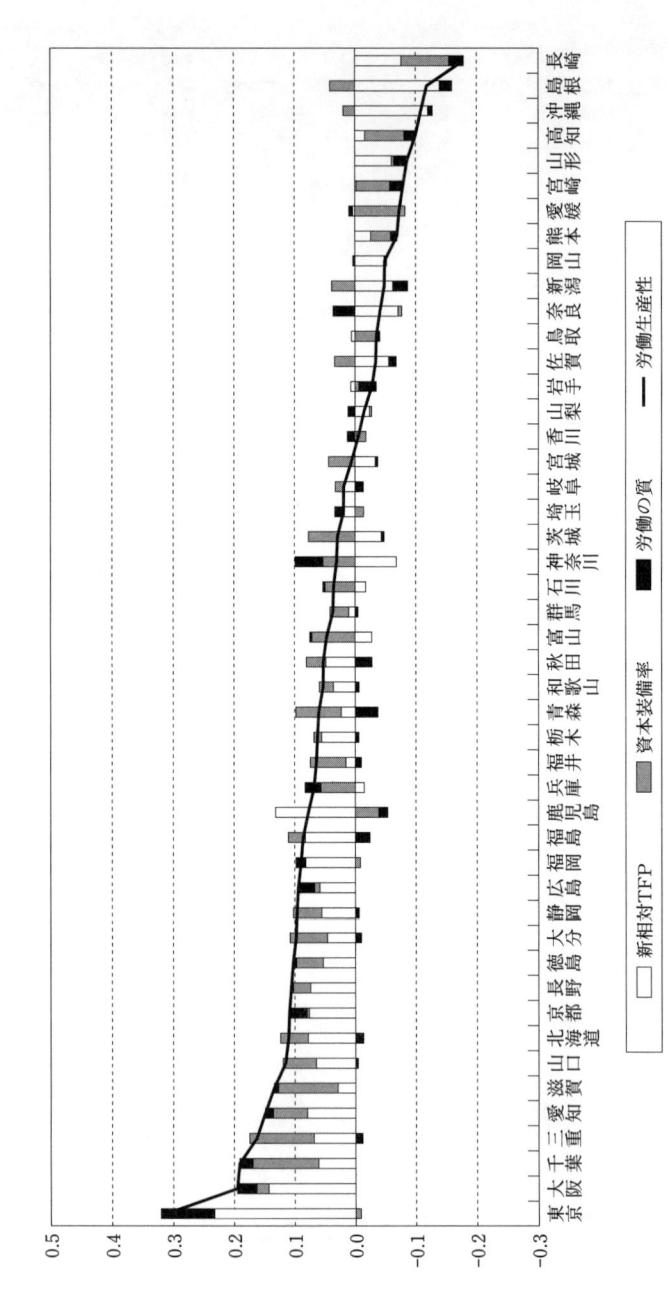

新相対TFP　　資本装備率　　労働の質　　労働生産性

図 3-4　地域間価格差修正後の都道府県別労働生産性格差の要因分解：2009 年

98

する重要要因となっているという結論を修正するまでではない[14].

4. 地域間サービス価格差とバラッサ・サミュエルソン効果

　ここまでの計算結果は，日本の国内においても地域間の生産性格差が残るだけでなく，サービス分野で地域間価格差が観察されることを示している．それでは，こうした日本国内で観察される地域間価格差は，国際経済学でよく知られているバラッサ・サミュエルソン効果と整合的なものであろうか[15].Balassa（1964）と Samuelson（1964）は，国際間で絶対的購買力平価が長期的にも成立しない原因を，貿易財部門と非貿易財部門の生産性格差に基づいて説明した．このバラッサ・サミュエルソン効果によって，「先進国」では「発展途上国」に比べて国内価格が割高になることが説明されている．

　国際経済学での「先進国」と「発展途上国」の違いを国内の労働生産性が高い地域と低い地域に対応させれば，労働生産性が高い地域では，「非貿易財」であるサービス分野の割高によって，相対価格が割高になる傾向がみられることが予想される．地域間価格差指数は，前節で説明した（10）式を使って求めることができるので，これと地域間労働生産性との相関をみることによって，国内版バラッサ・サミュエルソン効果の成立の有無を検証することができる．

　図3-5と図3-6は，それぞれ1970年と2009年について，都道府県別の地域間価格差指数と労働生産性格格差の散布図を描き両者の相関をみたものである．図には，地域間価格差指数を労働生産性格格差に回帰させた回帰直線

14)　徳井他（2013）及び Fukao *et al.*（2015）では，より詳しい分析を行って，最近でもなお残る地域間の労働生産性格差の主要な源泉である相対 TFP 格差の多くが，サービス産業分野の地域間格差によって生じていると結論づけている．今回の研究によって，サービス産業の地域間価格差を考慮してもなお地域間の相対 TFP 格差の重要性が変わらないことを確認できたことは重要である．

15)　本章では，「バラッサ・サミュエルソン効果」という言葉を，相対的に豊かな地域ではサービス（非貿易財）価格が割高になり，相対的に貧しい地域ではサービス（非貿易財）価格が割安になるという現象を表す言葉として使っている．こうした現象が観察される背景のメカニズムとして，彼らは貿易財と非貿易財の間の生産性格差に着目しているが，本章では，背景のメカニズムまで検討しているものではない．

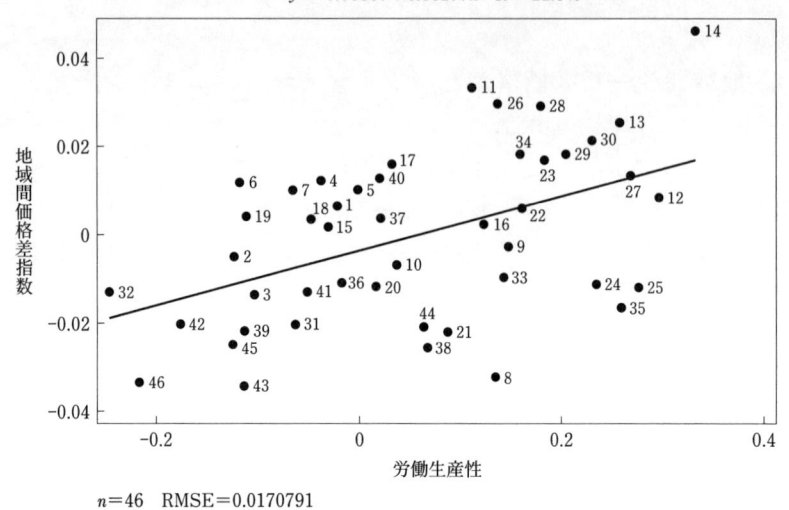

$$y = -0.00367 + 0.06177x \quad R^2 = 22.8\%$$

$n=46 \quad \text{RMSE}=0.0170791$

図 3-5　地域間価格差と労働生産性格差の相関：1970 年

注：図中の数値は都道府県コード．都道府県コードの対応については，表 3-2 を参照．

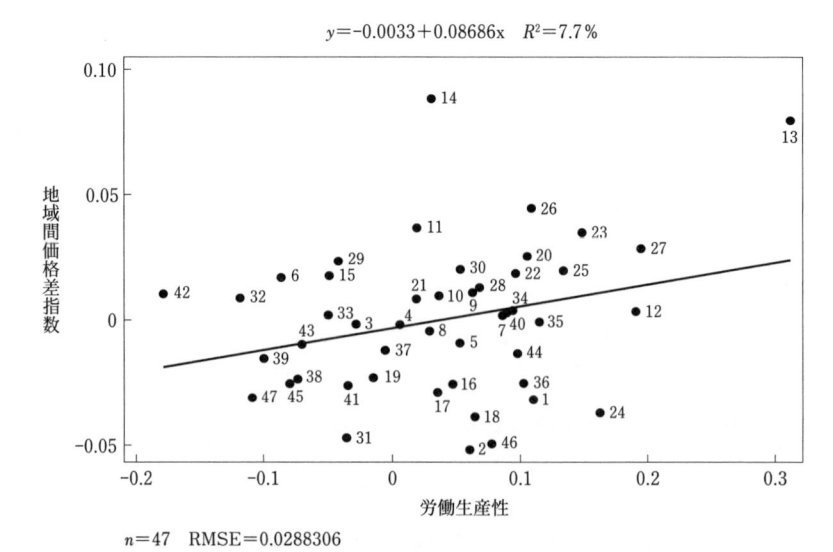

$$y = -0.0033 + 0.08686x \quad R^2 = 7.7\%$$

$n=47 \quad \text{RMSE}=0.0288306$

図 3-6　地域間価格差と労働生産性格差の相関：2009 年

注：図中の数値は都道府県コード．都道府県コードの対応については，表 3-2 を参照．

表 3 - 4　地域間価格差と労働生産性格差の相関係数とその有意水準
：1970〜2009 年

	1970 年	1980 年	1990 年	2000 年	2008 年	2009 年
相関係数	0.478	0.366	0.610	0.330	0.323	0.277
有意水準	0.001	0.011	0.000	0.024	0.027	0.059

を書き込んでいる．散布図からは，両者に弱い正の相関がみられることが観察される．表 3-4 には，1970 年から 10 年おきに両者の相関係数とその有意度を示している．2009 年を除いて，この表に示されたほとんどの年で相関係数は 1% または 5% の水準で有意である．労働生産性の高い地域では相対的に賃金が割高になり，これがサービス分野の生産性格差を上回る結果，それらの地域ではサービス分野の相対価格が割高になっていることが観察された．

　ここで示された関係は，日本の都道府県間でも，世界の先進国と発展途上国の間で観察されるものと類似の関係がみつかったといってよいのであろうか．なるほど観察された現象としては類似の関係ではあるが，この現象が起こる背景は異なっているようである．バラッサ・サミュエルソン効果の理論的説明は，先進国と発展途上国の間で貿易財部門の労働生産性に大きな格差があることを前提にしている．貿易財部門では国際的な一物一価が成り立ち，先進国では貿易財部門の高い労働生産性に引っ張られて賃金が上昇する．その一方でサービス産業のような非貿易財部門では，先進国と発展途上国との間にさほど大きな労働生産性格差は存在しないため，先進国では高賃金を反映してサービス価格が割高になる．このように貿易財部門と非貿易財部門の生産性格差に注目したサプライサイドの議論である．

　日本国内でも，1 人当たり所得が相対的に高い地域と低い地域との間に，製造業（貿易財部門）では大きな生産性格差が，サービス業（非貿易財部門）では小さな生産性格差が存在するのかというと，少なくとも近年，事実はその逆といってもよい．製造業での地域間生産性格差はだんだん小さくなってきた[16]．その一方で，むしろサービス業の地域間生産性格差が相対的に重要

---

16)　この点については，本著第 5 章第 4 節を参照．

になってきている．つまり，バラッサ・サミュエルソンのような，労働の同質性と部門間完全移動を前提にしたサプライサイドの議論だけでは，図に示されたような日本国内の地域間サービス価格差の現象は十分に説明できないということだ．

　それでは，代替的な説明としてどのようなことが考えられるであろうか．そこで思い出したのが，『年収は「住むところ」で決まる』（モレッティ 2014）という書名の本である[17]．この刺激的な書名は，残念ながら原著のものではなく翻訳者がつけたものだが，著者の重要なメッセージの一つを伝えるものである．その議論によれば，地域に高い生産性とダイナミックな成長を実現したイノベーション産業が存在すれば，そうした地域のサービス分野で働く様々な人々の雇用と賃金も引き上げられるというものだ．イノベーション産業が製造業のなかから生まれるのか非製造業から生まれるのかはともかくとして，イノベーション産業で働く人たちからの需要の波及によって，その隣人であるサービス産業も恩恵を受けるというストーリーである．

　日本の地域間で観察されるサービス産業の生産性格差には，少なくともこうした効果が働いていることが，サービス価格の地域差を観察することによって分かってきた．つまり，イノベーション産業を抱える地域では，そのイノベーション産業に就労する人たちだけでなくて，その地域の様々なサービス産業で働く人々の所得上昇にもつながっているということだ．そして，それだけではなくて，近年のイノベーション産業が都市部に立地するサービス産業の一部で起こっていることに着目しなければならない．

5.　おわりに

　R-JIP データベースを用いて行った徳井他（2013），Fukao *et al.*（2015）の分析では，近年の日本国内の地域間労働生産性格差を説明する要因として，相対 TFP で測られる産業内生産性格差の役割が増しており，そのなかでもサービス分野の産業でみられる相対 TFP 格差が重要になってきている

　17）　エンリコ・モレッティ著『年収は「住むところ」で決まる』．原著の書名は，*The New Geography of Jobs* で，2012 年出版．

との結果が得られている．このように地域間生産性分析を行ううえでサービ
ス分野の重要性が大きくなっていると思われる一方で，既発表の R-JIP デー
タベースでは，サービス分野の地域間価格差を考慮してこなかったという欠
点があった．本章の研究は，これを補うために行ったものである．

　サービス分野にみられる「消費と生産の同時性」という特徴に着目して，
「小売物価統計調査」で集められた品目別価格データを利用して，絶対的購
買力平価計測のために開発された CPD 法を使って地域間相対価格を推計
し，その結果を生産性分析に反映させて再計算を行った．その結果，サービ
ス分野の地域間価格差を考慮することによって，地域間相対 TFP 格差の過
大評価を幾分修正する効果があるものの，地域間相対 TFP 格差が近年では
地域間労働生産性格差を説明する重要要因となっているという結論を修正す
るまでではないとの結果が得られた．また，生産性分析の副産物として求め
られた地域間価格差指数と労働生産性の地域間格差の相関をみることによっ
て，国内版バラッサ・サミュエルソン効果を検証した．その結果，多くの時
点でバラッサ・サミュエルソン効果と類似の関係が観察されることが分かっ
た．

　今回の研究で検討したサービス分野の地域間価格差の問題は，これまで行
ってきた労働生産性の地域間格差の要因分解に大きな修正を加えるまでのも
のではないものの，近年全産業付加価値に占めるサービス分野のシェアが拡
大してきたことに加えて，サービス業（民間，非営利）の地域間価格差が開
いたことによって，今後重要性が増していく可能性がある．このことは，地
域間生産性分析において，サービス産業の顕著な「消費と生産の同時性」か
ら生まれる地域間価格差も注意深く取り扱う必要性を示唆するものである．

　最後に，今回の研究で扱えなかった重要な課題を 2 点指摘しておきたい．
その一つは，今回の対象業種から漏れた卸売・小売業についてである．卸
売・小売業は，今回使った方法をそのまま適用しようとすると適切な品目デ
ータが見当たらないことから，地域間価格差修正の対象としなかった．しか
し，卸売・小売業は全産業付加価値の 10% 以上を占めており，今回得られ
た結果に影響を与えている可能性もないとはいえない．このため，物品の地
域間価格差を商業マージンの地域間価格差と見做すなど何らかの仮定の下で

地域間価格差修正の対象としていく工夫をすることが必要になる．いま一つの論点は，付加価値のデフレーションの方法に関することである．R-JIP データベースは産出面が付加価値で測られていることから，本来であればダブル・デフレーションを採用することが望ましい．そのためには，地域別の産業連関情報などが必要になり，そうしたデータ面の拡充が求められる．

参考文献

徳井丞次・牧野達治・深尾京司・宮川努・荒井信幸・新井園枝・乾友彦・川崎一泰・児玉直美・野口尚洋（2013）「都道府県別産業生産性（R-JIP）データベースの構築と地域間生産性格差の分析」『経済研究』第 64 巻第 3 号，pp. 218-239.

徳井丞次・水田岳志（2017）「地域間サービス価格差と生産性格差」RIETI Discussion Paper Series, No. 17-J-012.

モレッティ，エンリコ著，池村千秋訳（2014）『年収は「住むところ」で決まる——雇用とイノベーションの都市経済学』プレジデント社．（Enrico Moretti, *The New Geography of Jobs*, Boston, MA.: Houghton Mifflin Harcourt, 2012）

Balassa, B.（1964）, "The Purchasing-Power Parity Doctrine: A Reappraisal," *Journal of Political Economy*, Vol. 72(6), pp. 584-596.

Caves, D. W., L. R. Christensen, and W. E. Diewert（1982）, "Multilateral Comparisons of Output, Input, and Productivity Using Superlative Index Numbers," *Economic Journal*, Vol. 92(365), pp. 73-86.

Fukao, K., J.-P. Bassino, T. Makino, R. Paprzycki, T. Settsu, M. Takashima, and J. Tokui（2015）, *Regional Inequality and Industrial Structure in Japan: 1874-2008*, Tokyo: Maruzen Publishing Co., Ltd.

Inklaar, R. and Marcel P. Timmer（2007）, "International Comparisons of Industry Output, Inputs and Productivity Levels: Methodology and New Results," *Journal Economic Systems Research*, Vol. 19(3), pp. 343-363.

Jorgenson, D. W., M. Kuroda, and M. Nishimizu（1987）, "Japan-U.S. Industry-Level Productivity Comparisons, 1960-1979," *Journal of the Japanese and International Economies*, Vol. 1(1), pp. 1-30.

Samuelson, P.（1964）, "Theoretical Notes on Trade Problems," *Review of Economics and Statistics*, Vol. 46(2), pp. 145-154.

Prasada Rao, D. S. and M. Timmer（2000）, "Multilateralisation of Manufacturing Sector Comparisons: Issues, Methods and Empirical Results," Groningen Growth and Development Centre, Research Memorandum GD-47.

第4章

地域を跨ぐ本社サービス投入の推計と影響評価

新井園枝・金　榮愨

1.　はじめに

　現在，国民経済計算の全国の GDP と，県民経済計算における県内総生産の合計には，26 兆円を上回る規模の相違がみられる．このような不整合が起こる一つの原因として，都道府県間を跨ぐ「本社サービス」の扱いが指摘されてきた．「本社サービス」とは，本社事業所が行う「管理・補助的業務」のことである．本社事業所は傘下の生産事業所の原材料の発注や管理，製品の販売・広告などの活動を効率的に行い，その結果，生産事業所の生産物の価格はそれらも含めて決定される．つまり，生産事業所である「工場」が生産に対して直接的な活動を行っているとすれば，「本社」はその生産に対して生産活動に間接的に関わる活動を行っているといえる．本社が行う間接的な活動は，直接生産活動を行っている生産事業所に対して，「本社サービス」の提供を行っているといえる．本社が集中する東京都では，早くから「本社部門」を独立した部門として扱う「東京都産業連関表」や「都民経済計算」を独自に作成し，本社活動を特掲してきた．そこで，本書ではいくつかの基礎データを組み合わせて，各都道府県に所在する本社が生み出す「本社サービス」の生産額と，都道府県間を跨ぐ純投入としての「本社サービ

ス」を推計し，これらが県内総生産や都道府県間生産性格差に与える影響を
分析する．

2.　「本社サービス」の対象と生産額の推計について

　本社事業所は「管理・補助的活動」以外にも，本社事業所内で製造活動や
サービス活動などの生産活動を行っている．そこで，本社事業所を純粋に
「管理・補助的活動」とそれ以外の活動に分離して，本社が傘下の生産事業
所に対して管理補助的活動を行っているとみなし，それを「本社サービス」
と位置付けることにした．なお一社一事業所は，管理活動が全て同一事業所
内の生産活動のための事務管理を行っているとみなし，もっぱら複数事業所
を有する企業の「本社」活動を対象とした．また産業としての扱いは事業所
格付ではなく，企業の本社としての企業の産業格付けで本社の産業を格付け
ている．

　そこで，「管理・補助的」部門の「本社」活動の生産額や経費を計算する
が，それらの値を直接得られる統計データ等が入手できない．そのため，過
去については「本社」部門が既に設定されている東京都産業連関表（地域間
表）の産業別本社部門の生産額を利用し，最も新しい 2011 年の値について
は，東京都の 2011 年の東京都産業連関表（地域間表）がまだ公表されていな
いため，総務省が 2011 年産業連関表作成のための特別調査で行った「企業
管理活動等に関する実態調査」と「平成 24 年経済センサス活動調査」の複
数事業所のある本社の従業者数を用いて推計を行った．「本社」の生産額の
推計は，産業別本社の「管理・補助的業務」に携わる 1 人当たり経費を求め
て，本社の「管理・補助的活動」に携わる従業者数を乗じて行った[1]．なお
2000 年及び 2005 年は本社の生産額を推計する資料があまりないため，本社
1 人当たりの経費は東京都産業連関表の産業別本社の生産額を用いて，事業
所企業統計の本社の人数に管理・補助的活動割合を乗じて求めた（表 4-1）．

---

　1)　本章については RIETI Discussion Paper Series, No. 17-J-013「地域を跨ぐ本社サー
　　　ビスの投入推計と影響評価」（新井園枝・金榮愨）を利用したもので，推計方法や分析
　　　等についての詳細はそちらを参照されたい．

表 4 - 1　本社の生産額

分類コード	分類名称	本社の生産額 (百万円)			本社管理部門の従業者数			本社1人当たり経費 (百万円)		
		2000 年	2005 年	2011 年*	2000 年	2005 年	2011 年	2000 年	2005 年	2011 年
01	農林水産業	83,169	87,447	140,434	4,127	4,685	11,267	20.152	18.665	12.464
02	鉱業	74,305	71,139	25,311	2,211	1,359	887	33.607	52.347	28.536
03	食料品	1,177,375	1,221,081	5,509,560	139,933	137,797	167,861	8.414	8.861	32.822
04	繊維	258,287	290,058	513,864	32,546	26,301	22,163	7.936	11.028	23.186
05	パルプ・紙	369,163	380,846	358,817	12,231	10,976	12,202	30.183	34.698	29.406
06	化学	1,715,770	1,859,116	1,137,294	33,428	33,303	31,615	51.327	55.824	35.973
07	石油・石炭製品	139,579	152,451	223,757	3,187	3,428	3,057	43.796	44.472	73.195
08	窯業・土石製品	351,108	306,855	702,677	34,005	28,819	27,364	10.325	10.648	25.679
09	一次金属	502,443	420,502	751,508	30,863	27,141	29,328	16.280	15.493	25.624
10	金属製品	411,140	422,108	825,752	43,407	44,532	48,570	9.472	9.479	17.001
11	一般機械・精密	1,297,185	1,502,613	2,721,939	111,755	116,043	123,042	11.607	12.949	22.122
12	電気機械	1,998,524	2,092,027	4,176,931	141,945	121,481	133,313	14.080	17.221	31.332
13	輸送用機械	934,396	985,441	2,268,377	81,961	76,137	95,555	11.400	12.943	23.739
14	その他の製造業	2,163,360	1,351,916	2,989,014	158,021	122,551	144,429	13.690	11.031	20.695
15	建設業	5,962,809	5,553,105	3,485,448	176,195	153,667	189,953	33.842	36.137	18.349
16	電気・ガス・水道業	1,161,754	1,257,240	1,110,756	9,747	15,969	23,007	119.191	78.730	48.279
17	卸売・小売業	8,588,645	13,476,664	38,932,374	1,008,212	873,263	1,148,752	8.519	15.433	33.891
18	金融・保険業	3,002,507	4,181,879	3,583,723	69,981	66,246	121,703	42.905	63.127	29.446
19	不動産業	2,299,795	2,859,492	2,224,328	61,257	71,711	127,702	37.543	39.875	17.418
20	運輸・通信業	3,678,991	10,139,683	6,859,105	146,097	144,683	197,914	25.182	70.082	34.657
21	サービス業	11,412,949	10,690,669	19,799,356	322,661	437,363	1,115,114	35.371	24.443	17.755
	合計・平均	47,583,254	59,302,332	98,340,325	2,623,770	2,517,455	3,774,798	18.135	23.556	26.052

出所：2000 年，2005 年の産業別生産額は東京都産業連関表，本社の従業者数は事業所企業統計（平成 13 年，18 年）（総務省）．2011 年*は本社の1人当たり経費を「平成23 年産業連関構造調査」の「企業管理活動に関する実態調査」（総務省），平成 24 年経済センサス－活動調査（総務省，経済産業省）により推計．

3. 都道府県別「本社サービス」の生産額

　県民経済計算の産出額を用いて都道府県別の本社サービスの割合をみると，2000 年では全県計は 4.9% で全県計を超えているのは東京（約 12%），大阪（約 9%），福岡（約 5%）の 3 都府県，2005 年は全県計 6.1% で，全県計を超えているのは東京（約 12%）のみである．2011 年は全県計 10.5% で，全県計を超えているのは東京（約 21%），大阪（約 15%），福岡（約 11%）の 3 都府県であった．傾向的には生産額に占める本社サービスの割合は拡大している（図 4-1）．

4. 「本社サービス」の移出入

　一般に地域を跨った経済的な取引は，原材料やサービス，資本等を他地域から購入する生産活動に伴うものと人の地域間移動に伴う消費などによるものが一般的であり，国間であれば国民経済計算による輸出入，国内の地域間であれば県民経済計算による移出入としてマクロ統計でも取り扱われている．これらは実際に財・サービスが直接に，また人を介在して間接的に輸移出入され自国ないしは他国，自地域ないしは他地域の生産活動に影響を与えるが，「本社サービス」は間接的に傘下事業所の生産活動に影響を与えその生産物の価格決定要素の一部となっており，地域を跨がった場合の活動経費を移出入として捉える．そこで都道府県ごとに「本社サービス」の純移出入をみると，2000 年，2005 年，2011 年とも東京，大阪は移出超過地域で，京都は 2005 年移出超過となった．それ以外のほとんどが移入超過地域であるが，なかでも神奈川，埼玉，千葉，茨城，静岡，兵庫，栃木，北海道，宮城，三重などは大幅な移入超過地域となっており，東京，大阪といった移出超過地域の近隣県が多い（図 4-2）．

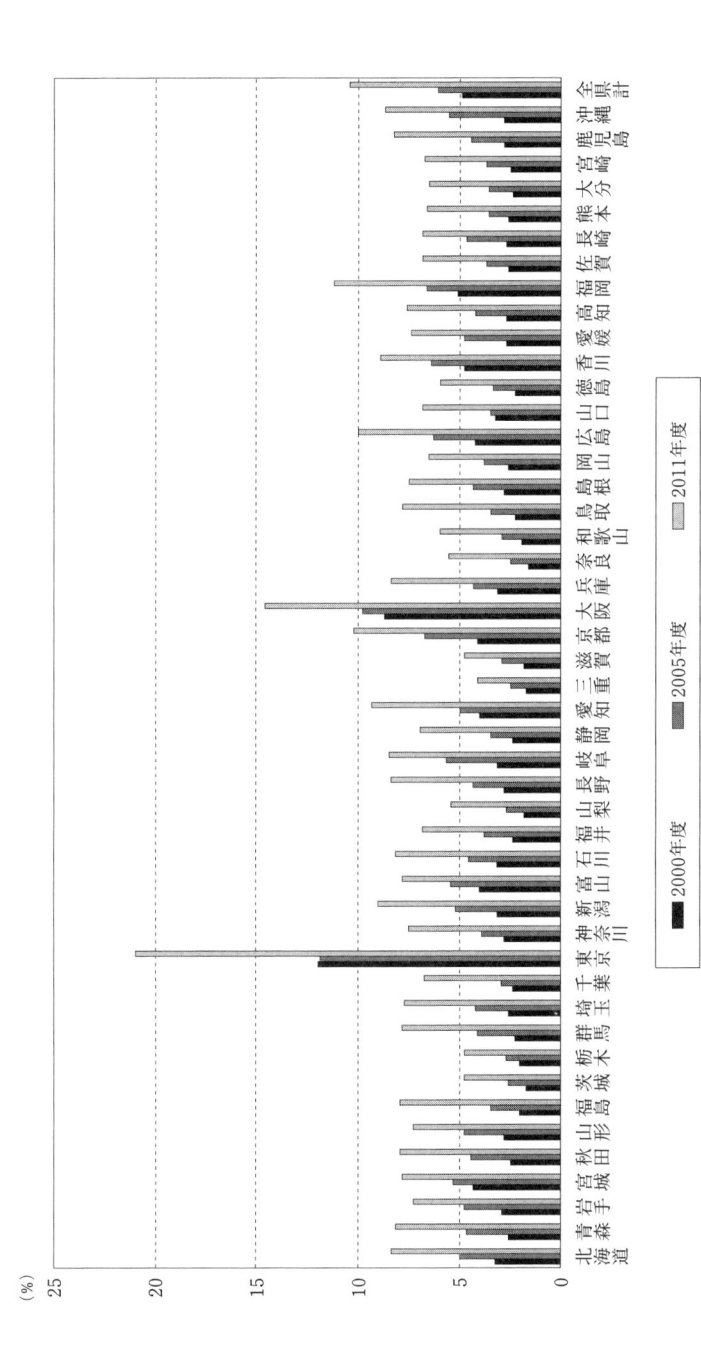

図 4-1 都道府県別「本社サービス」の割合

注：生産額に占める「本社サービス」の比率＝推計した都道府県別「本社サービス」生産額／県民経済計算の産出額．
出所：県民経済計算（内閣府）．2000 年度は平成 12 年度基準，2005 年度と 2011 年度は平成 17 年度基準．

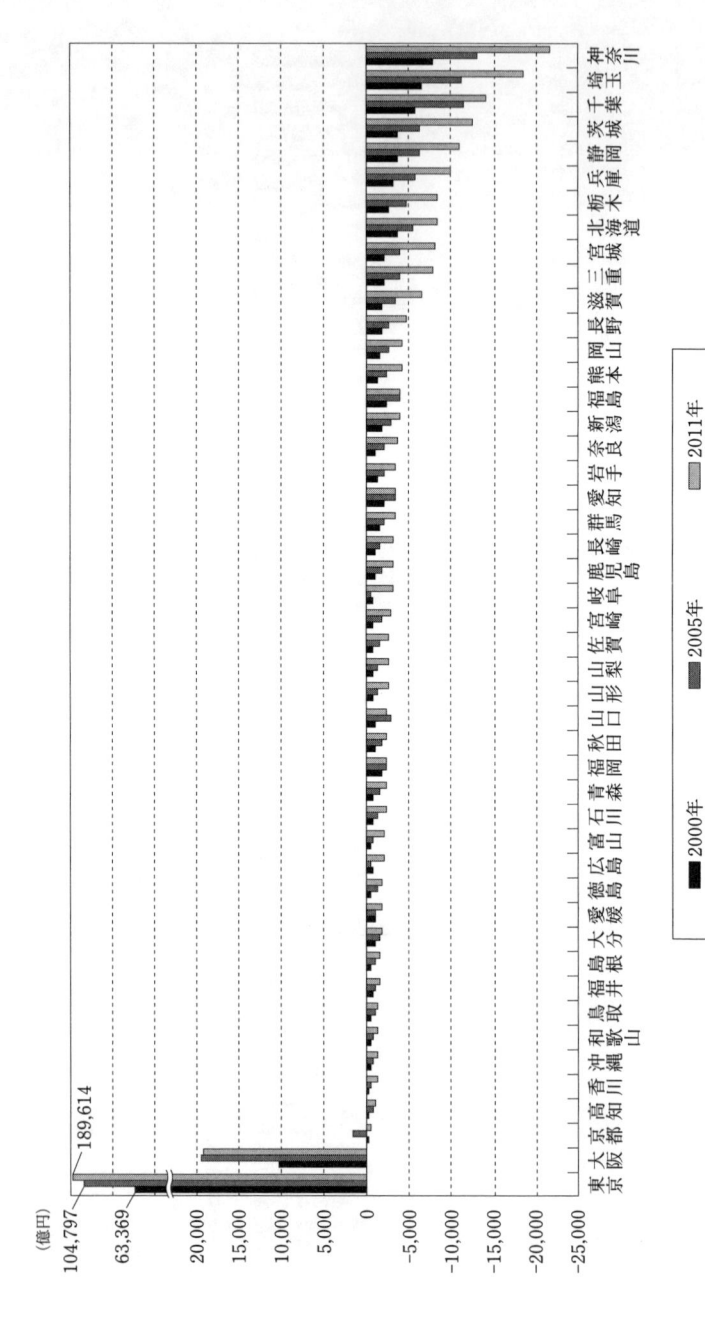

図4-2　都道府県別［本社サービス］の純移出入

出所：2000年，2005年は平成13年，18年の「事業所・企業統計」（総務省），2011年は「経済センサス－活動調査」（総務省・経済産業省）を用いて，都道府県別産業別に本社の従業者数と傘下の事業所の従業者の事業所の従業者の従業者1人当たり経費を乗じて求めた。

5.　県民経済計算と本社部門

　都道府県産業連関表と密接な関係がある県民経済計算についてみると，ほとんどの都道府県がその推計に産業連関表を利用して県民経済計算の値を算出している．内閣府の県民経済計算の標準推計方法は，中間投入を推計し，産出額（産業連関表では生産額）から中間投入額を差し引いて付加価値額を求める方法が一般的である．また，付加価値については付加価値項目の雇用者報酬，補助金，間接税，資本減耗引き当てなどを個別に推計しているが，営業余剰については最終的に調整項目となっている．中間投入は産業連関表の投入係数を参考にしており，その投入に本社の活動がどのように推計されているかによって県民経済計算の値が違ってくる．もし本社サービスを全く考慮していない場合は中間投入が過小であり，その結果付加価値にその差分が含まれ，結果県民経済計算は過大に推計される．一方，中間投入における本社サービスの推計が過大であれば，県民経済計算の値は過小になる．財・サービスの生産額は生産価格で表されていることから，本社経費を中間投入で扱わない場合は付加価値の中に入ってしまう．移入超過地域においては特に，本社分を意識する必要がある．

　そこで，県民経済計算の値が他地域からの「本社サービス」を考慮していないと仮定して，上記で推計した本社部門が県内総生産に与える影響を試算してみた（図 4-3）（なお県民経済計算の値は年度でしか得られないため，計算して得られた「本社サービス」を年度の値として使用した．また東京都の 2000 年度，2005 年度の値については本社部門を設定していない値に計算し直してあるため，公表値とは異なることに注意されたい）．

6.　地域を跨ぐ「本社サービス」が生産性へ与える影響

　他地域にある本社からの「本社サービス」を取り込んだことが，都道府県の労働生産性に与える影響について分析を行った．生産事業所のある地域の労働生産性については労働の質，資本装備率，TFP に分解して，「本社サー

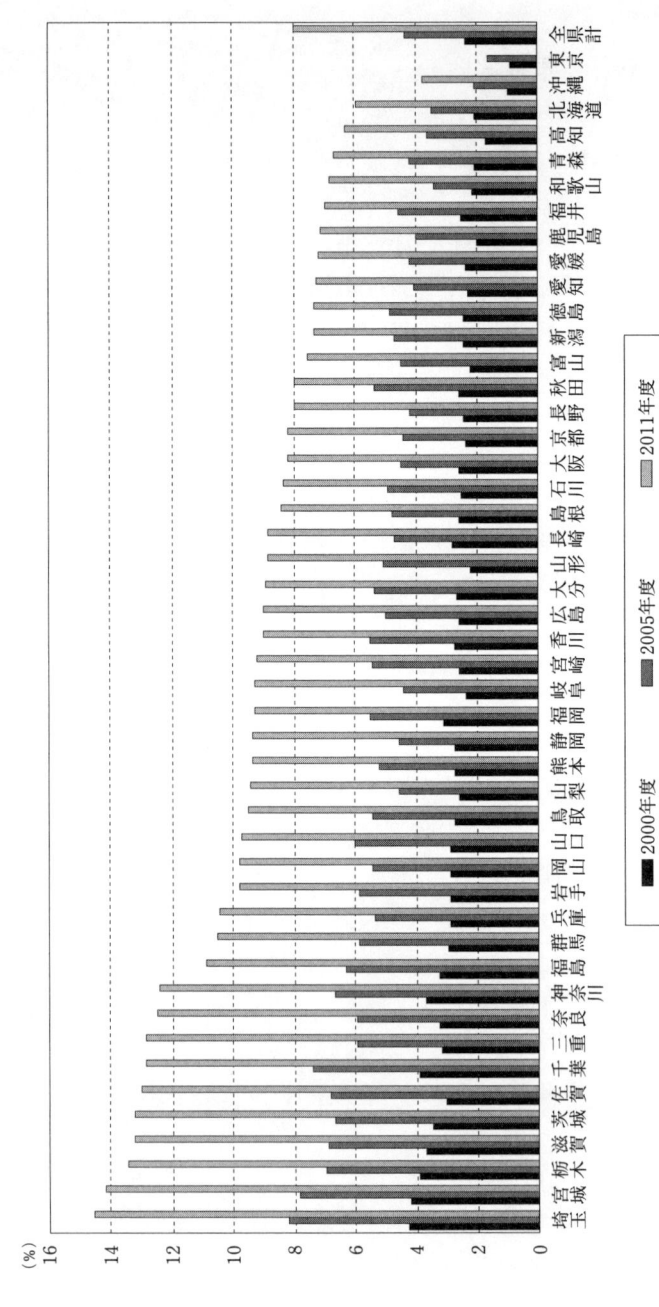

図 4-3　他地域にある本社の影響（「本社サービス」の移入が県民経済計算に与える影響）

凡例: ■ 2000年度　■ 2005年度　▨ 2011年度

注：他地域にある本社の影響＝他地域からの「本社サービス」の移入／県民経済計算の県内総生産額。
2011年の東京都の値はまだ産業連関表が公表されていないため「本社サービス」の調整ができなかったため対象としていない。
出所：県民経済計算（内閣府）.

ビス」を取り込んだ生産性の値と R-JIP[2]の値を比較している．ただし 2011
年度については，2000 年度と比較する上で筆者が推計した「本社サービ
ス」の生産額をそのまま用いず，東京都が 2016 年末に公表した 2011 年東京
都産業連関表の本社の生産額に，筆者が推計した 2011 年の「本社サービ
ス」の産業別生産額が一致するように再推計した値を用いた[3]．

　2000 年では「本社サービス」の調整前での労働生産性は，東京が最も高
く，上位 10 地域は滋賀，神奈川，愛知，大阪，兵庫，大分，千葉，京都，
広島などで，調整後は滋賀，愛知，大分，神奈川，兵庫，大阪，広島，三
重，京都などの関東，近畿地域に多い．一方労働生産性の低い地域は，沖縄
をはじめとして九州，東北地域に多く，調整前後で地域の入れ替えはみられ
るものの，大きく変わっていない．なお上位地域では比較的に近畿地域が上
位方向に，また低い地域では九州地域が低い方向に調整されている（図
4-4）．

　2011 年では「本社サービス」調整前の上位 10 地域は東京，神奈川，大
阪，山口，愛知，千葉，滋賀，京都，栃木，和歌山など，調整後は東京，山
口，大阪，愛知，徳島，和歌山，京都，神奈川，愛媛，静岡など大幅に地域
順位が変わった．一方低い地域は，調整前は山形，鳥取，長崎，熊本，沖
縄，高知，宮崎，島根，鹿児島，佐賀など，調整後は山形，鳥取，長崎，熊
本，埼玉，佐賀，奈良，宮崎，高知，石川などとなっており「本社サービ
ス」を取り込むことにより，労働生産性の順位が大きく異なっている（図
4-5）．

　東京と大阪以外の地域の TFP の縮小に伴い，労働生産性の都道府県の上
位順位が変わっている．特に「本社サービス」の調整前に上位にあった地域
で移入の調整が大きい地域ほど，労働生産性を低下させている．

---

2)　生産性の計算には，R-JIP の付加価値額とマンアワーの値を用いている．
3)　2011 年の東京都産業連関表は過去に公表された本社部門とは異なり，産業別の本社
　の推計を行っていない．そのため産業別の分割は筆者の推計した産業別構成比を用い
　て行った．

(1) 2000年 R-JIP労働生産性の要因分解

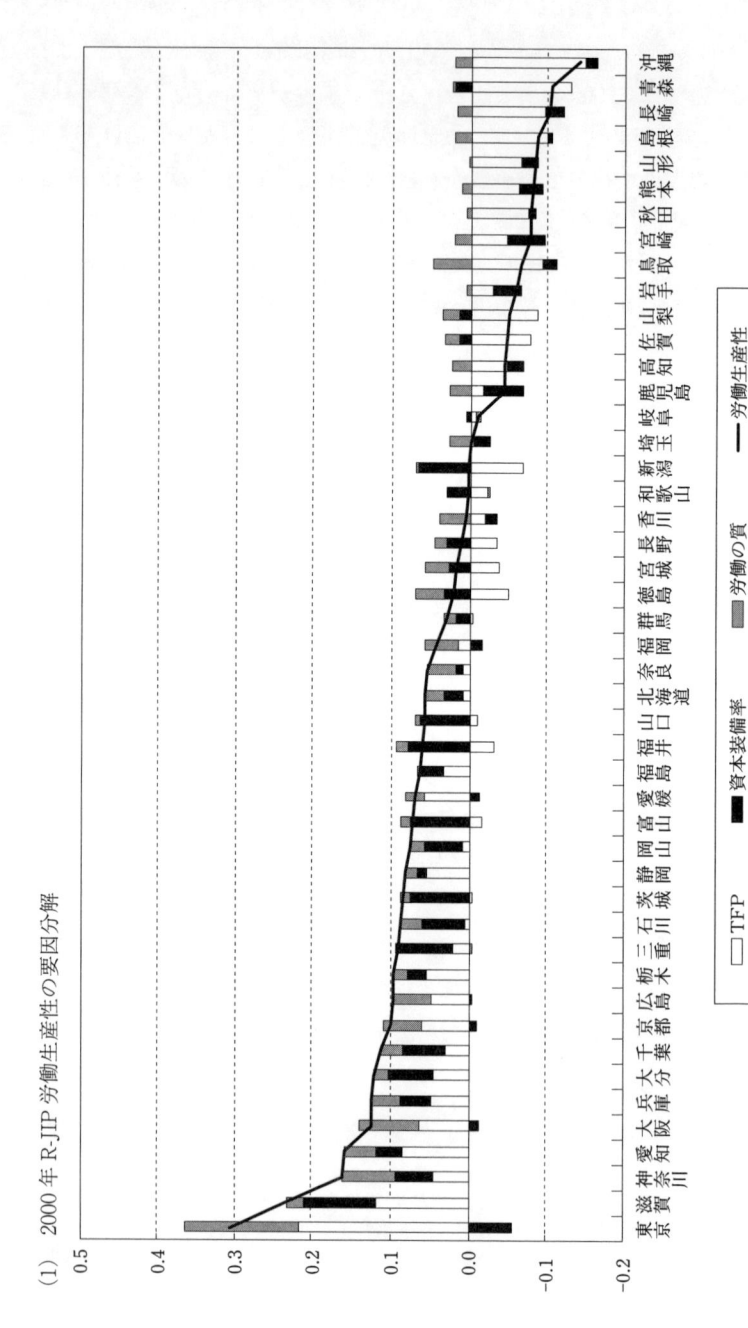

図4-4 2000年［本社サービス］の調整による労働生産性への影響

114

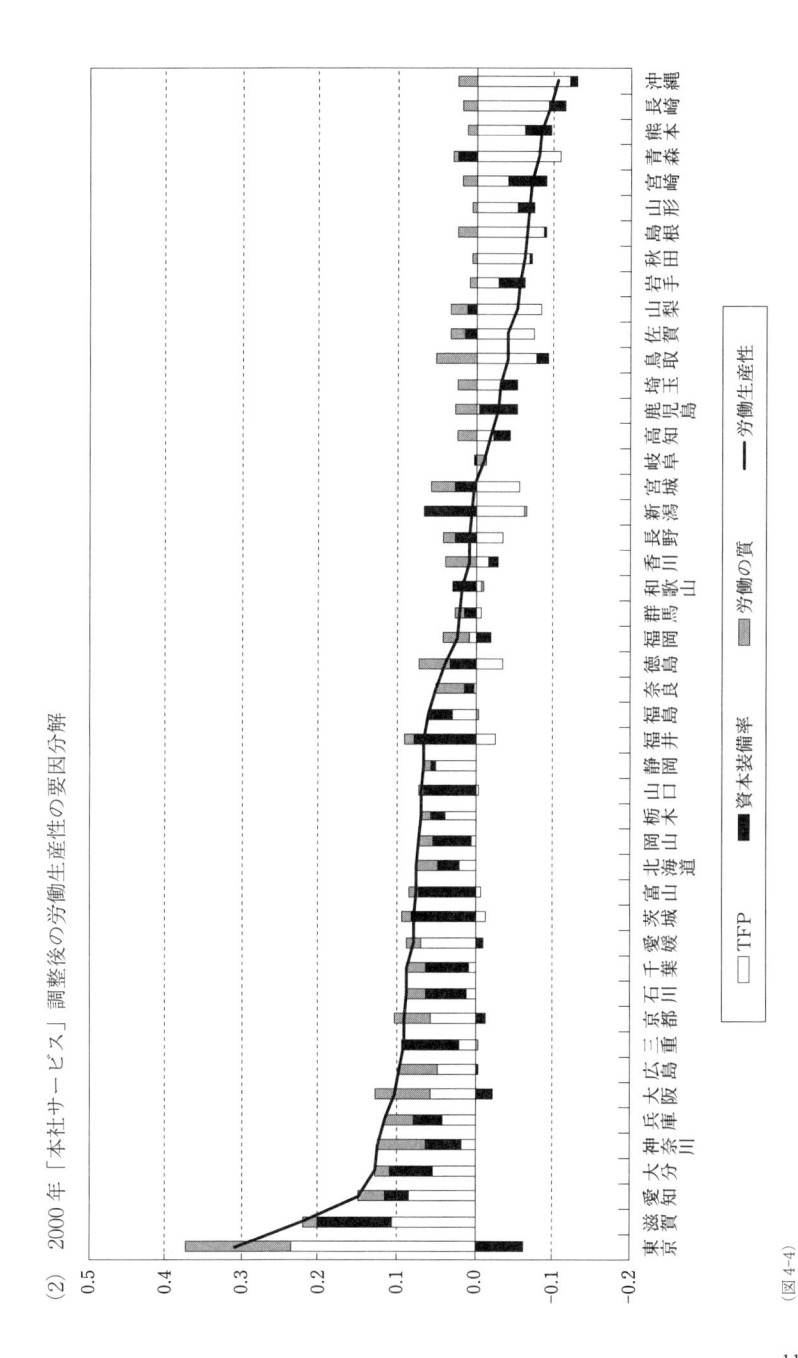

(2) 2000年「本社サービス」調整後の労働生産性の要因分解

（図4-4）

(1) 2011 年 R-JIP 労働生産性の要因分解

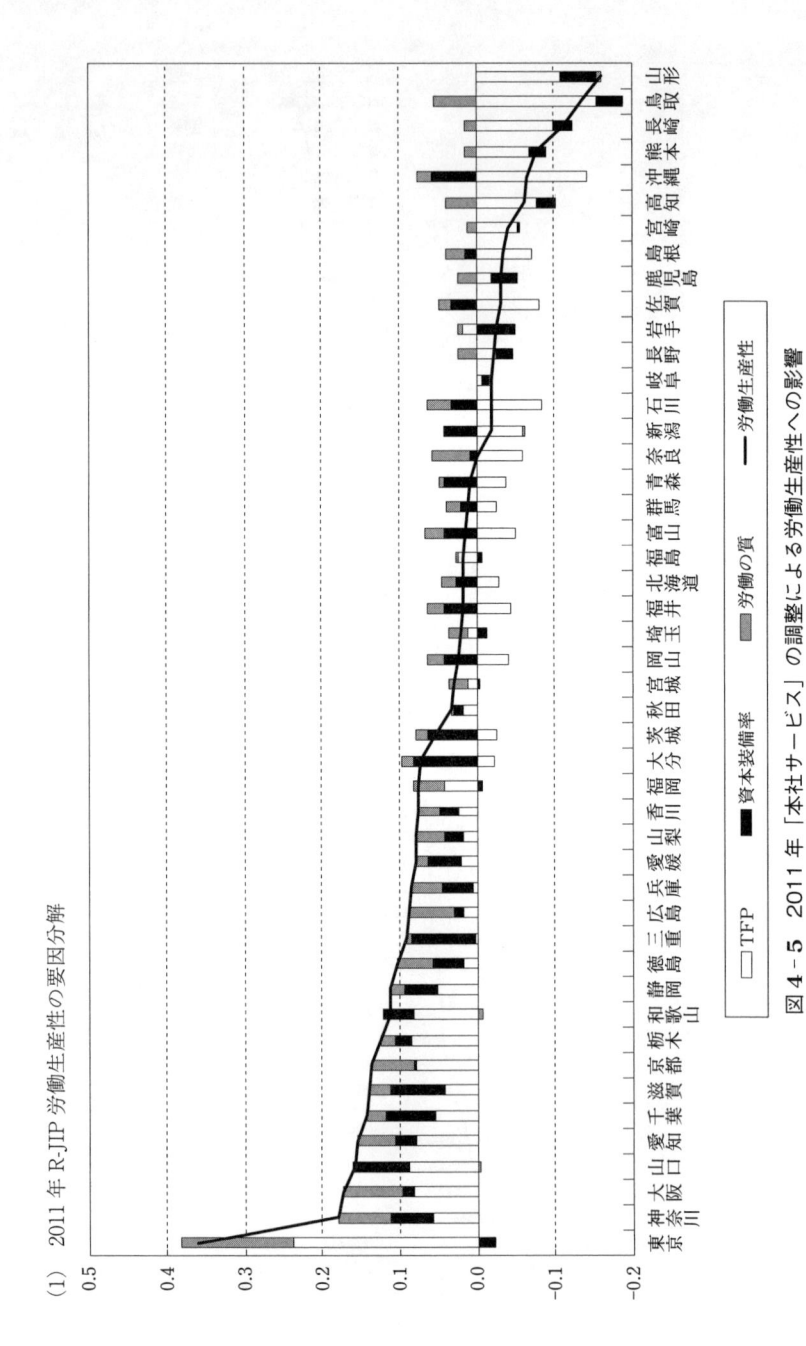

図 4 - 5 2011 年「本社サービス」の調整による労働生産性への影響

116

(2) 2011 年「本社サービス」調整後の労働生産性の要因分解

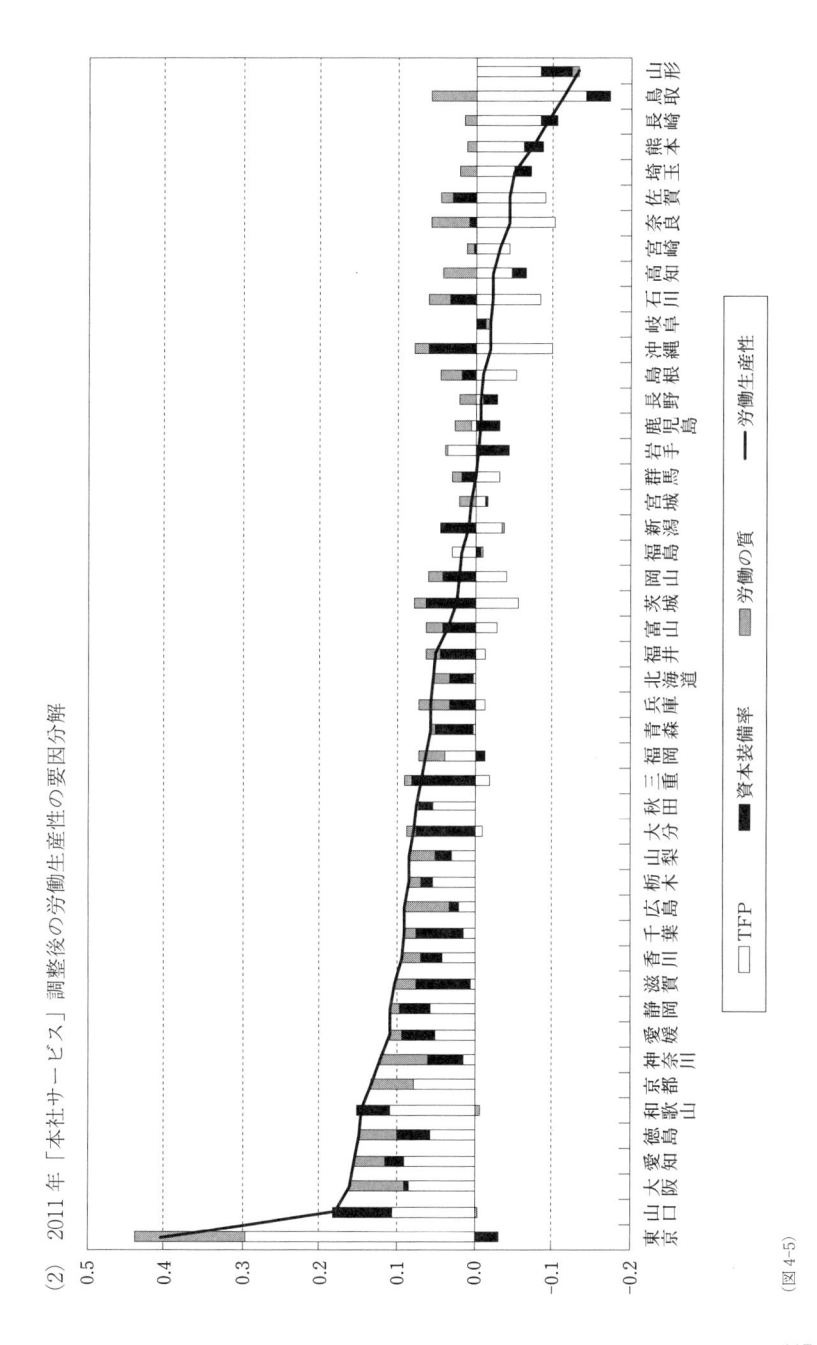

(図4-5)

117

7.　おわりに

　そもそも本社の「管理・補助的業務」の活動は，生産物の価格の中に埋も
れてしまう経費の一部であり，通常の生産活動のように表面化する活動では
ないものの，生産活動の中の一部としてその割合を高めている．しかも地域
を跨った本社サービスは，県民経済計算にも影響を与えることから無視でき
ない値といえる．今回推計した「本社サービス」について，他地域からの
「本社サービス」の移入を調整した県民経済計算の値と国民経済計算の乖離を
みると，公表ベースの乖離は 2000 年度では 11 兆 5000 億円（乖離率 2.26%），
2005 年度では 20 兆 2000 億円（同 3.99%），2011 年度では 26 兆 3000 億円
（同 5.55%）であったが，「本社サービス」の調整を行うことにより乖離率が
2000 年度は▲0.18%，2005 年度は▲0.51%，2011 年度（筆者推計）は▲2.81
%といずれも県民経済計算の値が小さくなり乖離が縮小している．このよ
うに「本社サービス」を考慮することは県民経済計算と国民経済計算の整合
性を図る一つの要因といえる（表 4-2）．

　特に他地域にある本社については考慮する必要があることから，県民経済
計算のみならず産業連関表においても重要な課題であるといえる．また，
「本社サービス」の推計方法については，各都道府県が独自の方法で推計を
行った場合は移出入の整合性をとるのが困難となる．そのため，統一的な手
法で推計されることが望ましい．

　近年本社の地方移転が議論されるようになってきたが，それらの分析のた
めにも傘下事業所に広く影響を与える本社活動の実態を把握する必要があ
り，本社と支社の関係から地域間の結びつきを定量的に表すことは重要なこ
とである．

　以上，本社の管理・補助的業務の生産額の推計に始まり，本社の管理・補
助的業務の活動が拡大していること，またその本社の管理・補助的活動は地
域を跨った傘下の事業所の生産活動に影響を与えており，なかでも製造業に
おいて生産額，本社従業者 1 人当たりの経費及び傘下事業所の従業者 1 人当
たりの経費のいずれも拡大していることが確認できた．今回 2011 年の推計

表4‒2　「本社サービス」を調整した県民経済計算と
　　　　国民経済計算の比較

（単位：億円）

		2000 年度	2005 年度	2011 年度
国民経済計算（GDP）	A	5, 108, 347	5, 053, 494	4, 741, 705
県民経済計算（公表ベース）	B	5, 223, 684	5, 255, 197	5, 004, 825
県民経済計算（本社調整後）	C	5, 099, 392	5, 027, 572	4, 607, 571
GDP との乖離	D＝B－A	115, 337	201, 703	263, 120
	E＝C－A	－ 8, 955	－ 25, 922	－ 134, 134
GDP との乖離率	D/A	2.26%	3.99%	5.55%
	E/A	－ 0.18%	－ 0.51%	－ 2.83%

については，総務省の「企業管理活動に関する実態調査」及び「経済センサ
ス‒活動調査」をそのまま用いたが，2016 年後半に 2011 年の東京都産業連
関表が公表されたことから筆者の推計値と比較してみると，東京都の本社の
値に対して筆者の推計値が大きい．今後その要因を検討し，さらに精度の高
い「本社サービス」の生産額の推計方法の検討を進めていきたい．

　自家活動として位置付けられる本社の「管理・補助的業務」を推計するこ
とは，本社の活動全体の把握と傘下事業所との結びつきや地域間のつながり
など地域間分析に役立てることが可能となる．また加工統計の精度向上にも
つながり，内閣府においてもこれらの検討がなされていることから，今後，
都道府県産業連関表や県民経済計算等の推計方法の一つとして検討されるこ
とを期待する．

参考文献
新井園枝・金榮愨（2017）「地域を跨ぐ本社サービス投入の推計と影響評価」RIETI
　　Discussion Paper Series, No. 17-J-013.
東京都（2000），「平成 12 年（2000 年）東京都産業連関表」東京都総務局統計部.
東京都（2005），「平成 17 年（2005 年）東京都産業連関表」東京都総務局統計部.

※地域表の作成方法については，その他に「産業連関表作成基本要綱」（総務省編），
　「地域産業連関表作成基本要綱」（経済産業省編）及び，経済産業省の各種研修テキ
　ストを参照した.

第 II 部

地域間の産業別生産性格差

第**5**章

日本の地域間経済格差：1874 – 2010 年

深尾京司・牧野達治・徳井丞次

1. はじめに

　本章では，明治初期の 1874 年から 2010 年までの約 140 年間について，日本の地域間経済格差の変遷を概観し，変化を生み出した原因について考察する．分析にあたっては，以下の 3 つのデータベースを用いる．

1) 都道府県長期経済統計データベース（R-LTES）

　一橋大学経済研究所が作成した，第 2 次大戦以前のベンチマーク年（1874，1890，1909，1925，1935，1940 年）における，都道府県別・産業別労働生産性データである．作成方法の詳細は，Fukao *et al.*（2015, Appendix 2）を参照されたい．明治期前半には統廃合などにより府県の領域が変化したが，現在の府県の領域と一致するように調整を行っている．労働投入は，副業を考慮した有業者ベースの値である．推計結果の旧バージョン（戦前期日本県内総生産データベース）は http://www.ier.hit-u.ac.jp/Japanese/databases/index.html#09 からダウンロードできる（旧バージョンの作成方法の詳細は袁他（2009）を参照されたい）．

2)　都道府県別マクロ労働生産性格差・成長会計分析用データ

経済産業研究所と一橋大学経済研究所が協力して作成した，1955 年以降のベンチマーク年について，都道府県別にマクロ経済（全産業計）の労働生産性と全要素生産性を計測するためのデータである[1]．利用例については，Fukao, Makino, and Tokui（2015）と Fukao *et al.*（2015, Chapter 5）を参照されたい．1970 年以降については，R-JIP データベース[2]，それ以前については主に県民経済計算統計と国勢調査を基礎に推計を行っているが，推計方法の詳細は，Fukao *et al.*（2015, Appendix 3, 4）を参照されたい．データは，https://www.rieti.go.jp/jp/database/R-JIP2017/index.html からダウンロードできる．

3)　都道府県別産業生産性（R-JIP）データベース

経済産業研究所と一橋大学経済研究所が協力して作成・更新している，1970 年以降について都道府県別産業別に全要素生産性を計測するためのデータベースである．詳しくは，徳井他（2013）を参照されたい．2）と同じウェブページからダウンロードできる．

これらのデータを使って，過去 140 年間の間に，地域間経済格差がどのように変化したのかをみてみよう．図 5-1 は，府県別の人口 1 人当たり県内総生産（Gross Prefectural Product: GPP）の変動係数（標準偏差を平均値で割った値）の推移を示している．

地域間価格差について調整を行い（全国平均価格ベースと呼ぶ）[3]，人口をウ

---

1)　1955〜1972 年は沖縄を含まない．

2)　このデータは R-JIP 2012 に対して簡易修正を加えたものであるため，R-JIP 2012 や R-JIP 2014 とは，完全には一致しない．

3)　Balassa（1964）– Samuelson（1964）の理論として知られているように，貧しい地域では低賃金を反映して，サービスを中心に物価が安い傾向があるため，地域間価格差を考慮しないで名目生産額のみで豊かさを比較すると，地域間経済格差を過大評価する危険がある．また，鉄道や道路が未整備だった明治期前半には，農産物（袁他 2009, p. 167）や工業製品についても，比較的大きな地域間価格差が存在した．図 5-1 に示した全国平均価格ベースのデータでは，地域間価格差について調整を行っている．なお，第 2 次大戦前については，1 次産業と鉱工業の生産物について，各地域における各財の生産を全国平均単価で評価する形で調整を行っているが，それ以外の産業

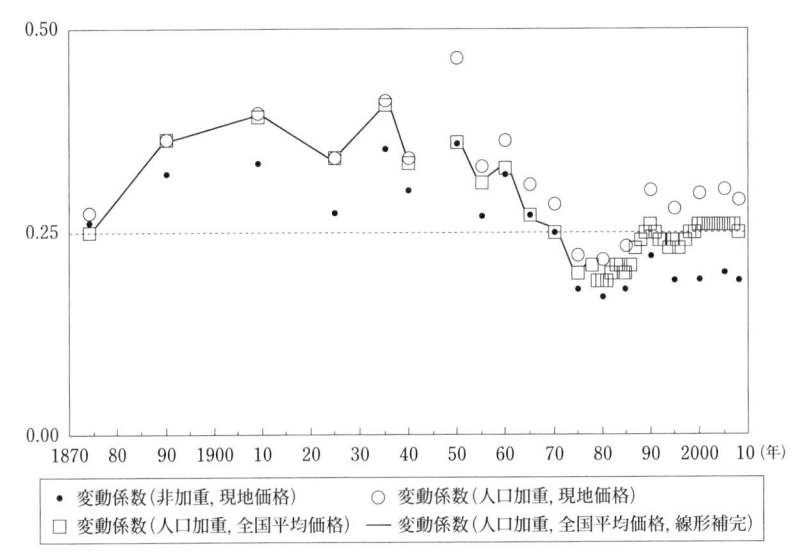

図 5-1　人口 1 人当たり県内総生産（GPP）の変動係数の推移：1874～2008 年

出所：Fukao *et al.*（2015）p. 41. 1950 年は日本開発銀行内地域経済研究会（1969）が推計した人口 1 人当たり
　　県民所得で代用している.

ェイトとして加重の上で算出した変動係数[4]（人口加重，全国平均価格ベース）
の動向をみると，1874 年には，変動係数の水準は現在とほぼ同じであり，
地域間の経済格差は 19 世紀末から第 2 次大戦までの時期よりも格段に小さ

については，価格差の調整を行っていない. 1955 年以降については最終生産物全般の
地域間格差を消費者物価の格差で近似することとし，各都道府県の名目 GPP を当該県
の消費者物価水準の全国平均からの乖離率（総務省統計局『消費者物価地域差指数』
の都道府県庁所在地のデータを使った）で割ることで調整を行った. 1950 年について
は，総務省統計局『小売物価統計調査』等を用いて，サービスを含む消費者物価の地
域間格差を簡便な方法で推計し，これを使って調整を行った（Fukao *et al.* 2015, pp.
38-42, 299-300）.

4)　人口加重変動係数は，次式で算出している（Williamson 1965）.

$$CV = \frac{\sqrt{\sum_r \dfrac{N_r(y_r-y)^2}{N}}}{y}$$

ただし，y_r は府県 r の人口 1 人当たり名目 GPP，y は日本全体の人口 1 人当たり
GDP，N_r は府県 r の人口，N は日本全体の人口を表す. 1950～73 年については沖縄
を含まない.

かったことが分かる[5]．その後，地域間経済格差は 1874〜90 年に急速に拡大し，1890〜1909 年にも穏やかに拡大を続けた．1909 年から 1960 年にかけては，1935 年における急上昇を除いて，地域間格差は緩やかに縮小する傾向があった．1935 年における格差拡大の原因としては，後述するように当時の農業セクターの疲弊が指摘できよう．

　1960 年から 1975 年にかけては，地域間格差が大幅に縮小した．その後 1980〜90 年に格差がやや拡大し，1990 年以降はほぼ横ばいの状況が続いている．

　図 5-1 で地域間経済格差の長期的な傾向をみると，変動係数で測った地域間格差は，1909 年ないし 1935 年をピークとする逆 U 字型を描いて推移してきたことが分かる．なお，人口で加重せずに変動係数を算出すると，ずば抜けて豊かで人口も多い東京や第 2 次大戦前の大阪のウェイトが小さくなるため，加重した場合より変動係数の水準が低くなる傾向があるが，逆 U 字型のトレンドに違いはない．また地域間価格差を考慮せず，現地価格で評価した名目 GPP を使って変動係数を算出すると，戦後については，サービス価格差を考慮した全国平均価格ベースの変動係数よりかなり大きな値となる傾向があるが，やはり逆 U 字型のトレンドが観測される．

　図 5-1 が示すような日本の地域間経済格差の長期的な動向は，どのような原因で生み出されたのだろうか．以下ではこの問題について考えてみよう．

　本章の構成は次の通りである．まず第 2 節では，近代的成長につれて産業構造が変化することにより，個人間や地域間の経済格差が最初拡大し，やがて縮小していくという，いわゆる Kuznets（1955）の逆 U 字仮説について説明する．また，1874 年以降の日本における産業構造変化を概観する．第 3 節では，地域間経済格差が拡大した 1874〜1909 年，地域間経済格差が高止まった 1909〜1960 年，格差が急速に縮小した 1960〜75 年について，地域間経済格差を変化させた要因を調べてみる．第 3 節ではまた，1955〜2010 年

　5）　脚注 3 で述べたように，図 5-1 で使った全国平均価格ベース GPP データでは，第 2 次大戦以降はサービスを含めた物価水準について地域間格差の調整を行っているのに対し，それ以前はサービス価格については地域間格差の調整を行っていない．このことを考慮すると，1874 年の地域間経済格差は図 5-1 が示す以上に小さかった可能性がある．

における格差縮小の原動力についてマクロレベルの全要素生産性データを用いた分析も行う．第 4 節では，最近時点の地域格差にどの産業が寄与しているかに注目した分析を行う．最後に，本章で得られた主な分析結果をまとめる．

2.　Kuznets の逆 U 字仮説と産業構造の変化

Kuznets（1955）は，資本やエネルギー集約的で生産にしばしば労働者の熟練を要する製造業や，近代的なサービス産業の拡大に支えられた近代的経済成長の過程では，一国内の個人間所得分配は，近代化の初期段階では不平等化が進み，近代化が十分に進むとやがて不平等がある程度解消していく可能性が高いと指摘した．近代化の初期段階では，近代的な製造業やサービス産業の就業者が高い労働生産性を反映した高賃金を享受する一方，農業など伝統的な産業に残った人々は所得が低いままであるため，個人間の所得格差が拡大する．しかし，近代化が十分に進み，ほとんどの労働者が近代的な製造業・サービス産業で働くようになると，このような所得格差は小さくなっていく．このとき，長期時系列データで，縦軸に所得分配の不平等の程度，横軸に時間または経済発展の程度をとると，図は逆 U 字型となる．なお，近代的産業では熟練に対するプレミアムが高いため，近代化以前よりは，近代化が十分に進んだ後の方が，格差が大きくなる可能性がある[6]．

近代化の進展による産業構造変化のメカニズムを理解するためには，労働の産業間移動という供給側の要因だけではなく，需要側の要因も考慮する必要がある（例えば米国について Dennis and İşcan（2009）の分析を参照されたい）．近代的な製造業では全要素生産性の上昇により生産物が安価となり，需要が第 1 次産業や第 3 次産業の生産物から第 2 次産業生産物へとシフトする（代替効果）．これにより第 2 次産業の生産が拡大していく．一方，エンゲルの法則として知られるように，家計が豊かになると，食料に対する支出の割合

---

6)　熟練プレミアムは，生産技術だけでなく，非熟練・熟練労働の相対的な供給にも依存する．近年の日本では，米国と異なり大卒労働者が大量に供給されたことにより，大卒プレミアムが低下した可能性が指摘されている（Kawaguchi and Mori 2016）．

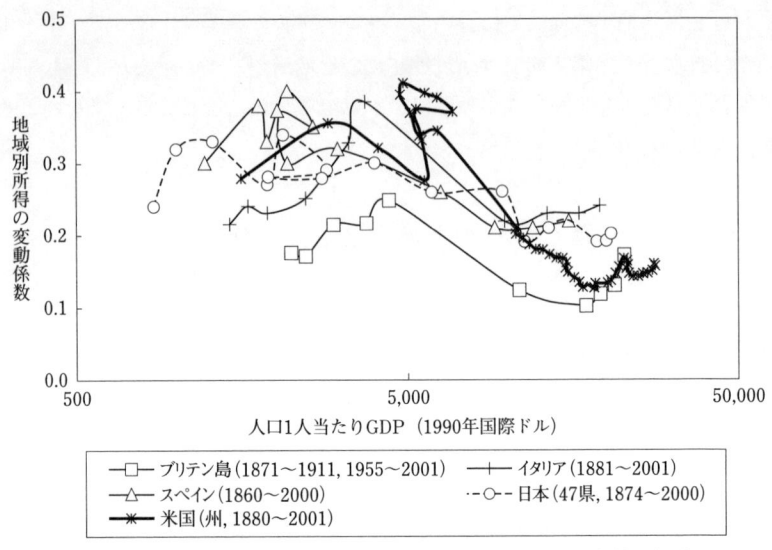

図 5-2　欧米及び日本における経済発展と地域間経済格差の推移

出所：Fukao *et al.*（2015）図 2.6 及び 2.7.

は減少していく（所得効果）．また，第 2 次産業と比べ第 3 次産業の労働生産性上昇は遅く，一方第 2 次産業の生産物に対する代替の弾力性はそれほど高くないため，製造業の就業者は生産性上昇につれて減少し，全就業者に占める第 3 次産業の割合が次第に上昇していく．

　Kuznets は逆 U 字仮説を，主に一国内での個人間所得分配に関して展開したが，近代化は，先進的な地域から後進的な地域へと次第に広がる傾向があるから，地域間の経済格差についても，Kuznets の考えたメカニズムで逆 U 字型の推移を説明することができる（Williamson 1965, Fukao *et al.* 2015）．図 5-2 は，欧米諸国と日本について，経済発展（人口 1 人当たり実質 GDP の対数値で測っている）につれて地域別所得の変動係数がどのように推移してきたかを示しているが．米国大恐慌時における地域間経済格差の急拡大のように，例外的な時期はあるものの，多くの国で地域間経済格差の推移が概ね逆 U 字を描いていることが確認できる．人口 1 人当たり GDP（1990 年国際ドル）がおおよそ 5,000 ドル弱になるまでは（日本では 1963 年に 5,000 ドルを超えた），経済成長につれて地域間格差が拡大し，それ以降は格差が縮小する

傾向があった．なお，多くの国で 20 世紀末以降，地域間格差が再び拡大する傾向がみられることも興味深い．これは，金融・保険，広告，情報通信，本社機能など，顧客との緊密な情報交換が重要な，都市型の対事業所サービスが近年拡大したことに起因している可能性がある（Fujita and Tabuchi 1997，徳井他 2013）．

　以上のように，地域間の経済格差の長期的な推移は，近代化に伴う産業構造の変化と密接に関係している可能性が高い．そこで以下ではまず，日本全体で産業構造がどのように推移したかを，簡単にみておこう．

　まず，産業間の労働生産性の格差の推移をみてみよう．図5-3 に示した通り，1874 年においては，第 2 次産業（鉱工業と建設業）の多くの活動が江戸時代のプロト工業に起源を持つことをおそらく反映して，その労働生産性は，第 1 次産業（農林水産業）とほとんど同一水準であった．一方，第 3 次産業（第 1 次，第 2 次産業以外の全ての産業を指す．商業・サービス業，交通・通信・公務等を含む）の労働生産性は，明治初期においても第 1 次産業よりかなり高かった．これは，おそらくは運輸や通信の制約のため，明治期前半には地域間で価格差が残存し，流通業に大きな利潤機会が存在したこと（Miyamoto, Sakudo, and Yasuba 1965; Fukao *et al.* 2015, Appendix 2），江戸時代に整備が遅れ，明治期以降次第に近代化を目指して政府が急速に導入した公益事業（鉄道，通信，医療，教育，公務，水道等）が高い付加価値を生み出したこと等を反映していよう．第 2 次産業の労働生産性は 1890 年以降，輸入代替による重化学工業の発展，工場における電力使用の普及，資本蓄積等により他産業と比べて急速に上昇し，1930 年代には第 3 次産業を追い抜いた（深尾・攝津 2017a，2017b）．なお，第 2 次と第 3 次産業の労働生産性を第 1 次産業と比較した値は，1920 年代から 1930 年代に上方にジャンプしているが，これには 1929 年の世界大恐慌後の（米，生糸等を含む）1 次産品価格の世界的な下落も寄与していると考えられる[7]．

---

7)　戦間期において第 1 次産業が衰退・縮小した原因としては，先に述べた代替効果，所得効果（エンゲルの法則）に加えて，都市化や生活の西洋化による工芸作物や林業生産物への需要の減少（中村 1971）や台湾・朝鮮をはじめとする植民地等からの米など農産物輸入の拡大（深尾・攝津 2017b）の影響も指摘できる．

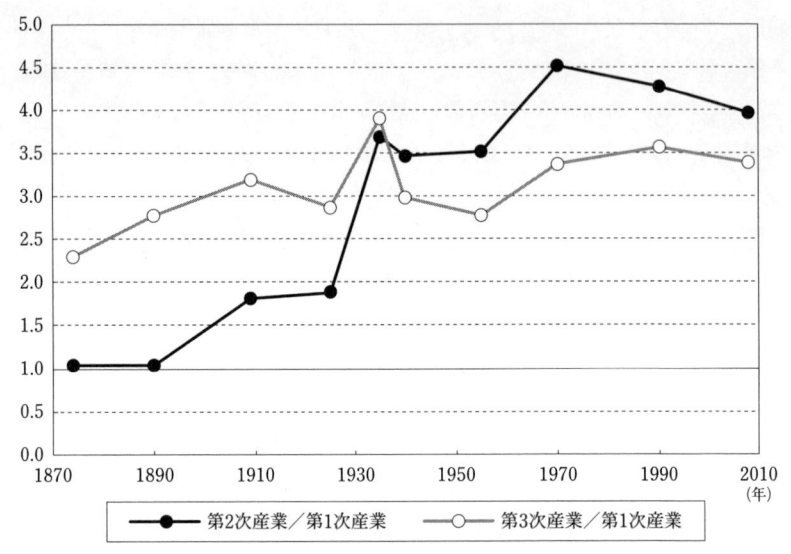

図5-3 名目労働生産性の産業間格差

出所：Fukao *et al.*（2015）.

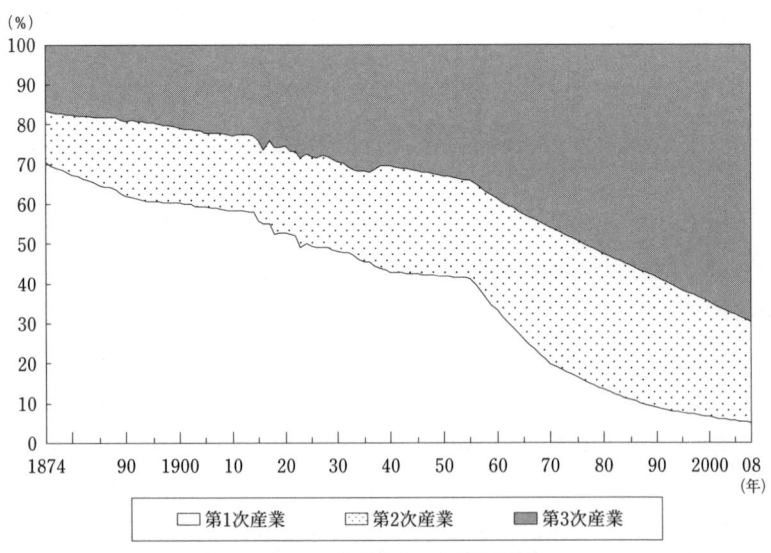

図5-4 就業者数の産業別構成

注：データがない年は，線形補完してある.
出所：深尾・攝津（2017a）.

　第 1 次産業と比較して，第 2 次，第 3 次産業の労働生産性が大幅に高いという状況は，その後も続き，2000 年以降も変わってない.

　次に図 5-4 に示した，就業者数の産業別構成をみてみると，1874〜90 年には，第 2 次産業が第 1 次産業からかなりの労働を吸収した. しかし 1890 年以降，就業者全体に占める第 1 次産業の割合は，あまり減らなかった. 第 1 次大戦勃発以降，製造業の急拡大や，1920 年代の都市化の進展により，第 1 次産業の就業者の割合は次第に減少したが，重化学工業化が進展した 1930 年代には，労働生産性上昇が急上昇した製造業の雇用吸収はそれほど多くなかった.

　日本で，就業者に占める第 1 次産業の割合が劇的に減少したのは，1950 年代以降である. 特に高度成長期（1955〜70 年）には全従業者に占める第 1 次産業就業者の割合が，41% から 20% へと大幅に減少した. これに対して 1926〜40 年には，この割合は，49% から 43% へとわずかしか減少しなかった. 高度成長期における労働移動の加速の原因としては，深尾・攝津 (2018) が指摘する通り，①昭和戦前期と比較して高度成長期には，第 1 次産業と非第 1 次産業間の非熟練労働賃金率の格差が拡大したこと（梅村 1961，第 27 表），②高度成長期に製造業を中心に就業機会が大量に創出されたこと（昭和戦前期の第 2 次産業の雇用創出は 235 万人であるのに対し，高度成長期のそれは 909 万人に達した），③民法改正等により農家世帯において家父長制的な規範が弱まったこと（Hayashi and Prescott 2008），④1960 年代に第 1 次ベビーブーム（団塊）世代が労働市場に流入し，彼らの多くが豊かな大都市における非第 1 次産業の職を選んだこと（Fukao *et al.* 2015，第 4，5 章），⑤地方の都市化や工場の地方立地等により，農林漁家における兼業や家族の非第 1 次産業での就業機会が増えたこと等が挙げられよう.

3.　労働生産性地域間格差の推移：1874 – 2010 年

　図 5-1 でみたように，人口 1 人当たり県内総生産（GPP）の変動係数でみると，日本の都道府県間経済格差は，明治期前半（1874〜90 年）に急速に拡大した後，明治期後半（1890〜1909 年）にさらにやや拡大し，その後，第 2

次大戦前の時期を通じて，比較的大きな地域間格差が続いた．一方，敗戦後は，高度成長期（1955〜70年）から1970年代後半にかけて，地域間経済格差の急速な縮小が起きた．

以下では，本章の最初で紹介した第2次大戦以前に関する都道府県長期経済統計データベース（R-LTES）と大戦後に関する県民経済計算統計から得られる，都道府県レベルの産業構造と同一産業内での都道府県間労働生産性格差のデータを用いて，都道府県における産業構造変化と産業別労働生産性の推移が，以上のような地域間経済格差の動向にどのように影響したのかをみてみよう[8]．なお，第2次大戦前のデータは，第1次・第2次産業について地域間価格差を調整した全国平均価格ベースの値である．

図5-5は，近代的成長の出発点といえる，1874年における道府県別の人口1人当たり県内総生産（GPP，図5-2の横軸と同様に1990年国際ドルで測っている）と，人口1人当たりの産業別生産額を示している．当時最も1人当たりGPPが高かったのは江戸時代を通じて商業の中心であった大阪（1,782国際ドル）であった．それに次いで1人当たりGPPが高かったのは，豊富な天然資源を持つ北海道で，東京は第3位であった（それぞれ1,590，1,585国際ドル）．図5-1でもみたようにこの時期の地域間経済格差は，現在のそれとあまり違わない．例えば，当時最も貧しかった千葉県と大分県の1人当たりGPPは，それぞれ大阪の39%，40%であったが，2014年度において沖縄県と鳥取県の人口1人当たりGPPは，東京都のそれの41%，44%であった（ただし，戦後は物価水準の地域間格差を調整していない値である．出所は，内閣府『県民経済計算統計』）[9]．

図5-5から指摘できるもう一つの興味深い事実として，大阪，京都，東京，群馬など，豊かな府県では第2次産業の生産割合が比較的高かったものの，貧しく遅れた県でも第2次産業の活動をある程度抱えていたことが指摘できよう．

---

8) 以下の分析のうち，第2次大戦前に関する記述は，深尾・攝津（2017a，2017b）に基づく．

9) 奈良県と埼玉県は，この2県よりもさらに人口1人当たりGPPが低かった（東京の36%と40%）が，これはそれぞれ東京都と大阪府のベッドタウンとして，通勤者が多く，GPPが低い割に人口が大きいためと考えられるので，議論の対象から外している．

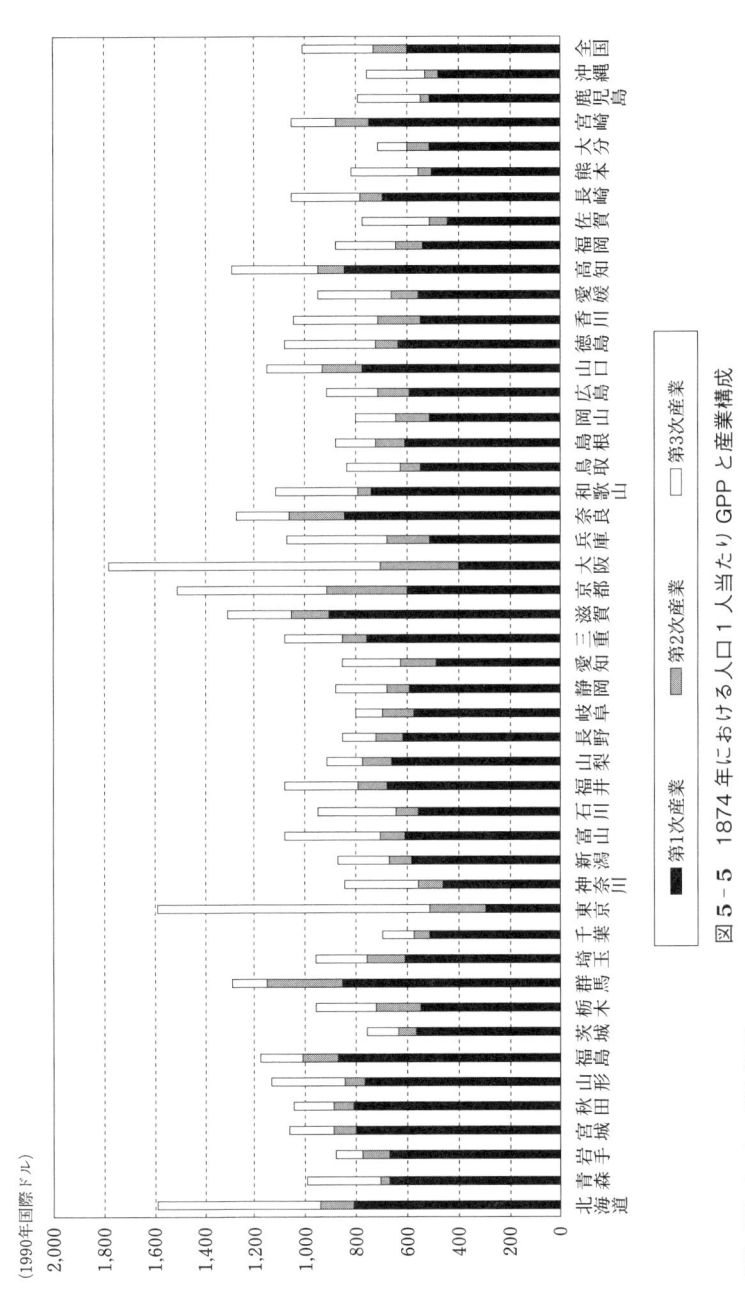

(1990年国際ドル)

図 5-5　1874年における人口1人当たり GPP と産業構成

■ 第1次産業　　■ 第2次産業　　□ 第3次産業

出所：攝津・Bassino・深尾（2016）.

表5-1　名目労働生産性の地域間格差：戦前

トップ50%（20%）/ボトム50%（20%）

	1874年	1890年	1909年	1925年	1935年	1940年
	トップ50/ボトム50	トップ50/ボトム50	トップ50/ボトム50	トップ50/ボトム50	トップ50/ボトム50	トップ50/ボトム50
第1次産業	1.40	1.26	1.22	1.22	1.21	1.24
第2次産業	1.39	2.05	2.03	1.86	1.95	1.60
第3次産業	1.44	1.70	1.63	1.32	1.38	1.34
全産業	1.48	1.66	1.77	1.72	2.06	1.91
	トップ20/ボトム20	トップ20/ボトム20	トップ20/ボトム20	トップ20/ボトム20	トップ20/ボトム20	トップ20/ボトム20
第1次産業	1.65	1.37	1.38	1.49	1.63	1.81
第2次産業	1.90	3.45	3.06	2.85	2.94	1.92
第3次産業	1.97	2.35	2.03	1.56	1.61	1.57
全産業	1.91	2.47	2.76	2.61	3.12	2.72

出所：攝津・Bassino・深尾（2016）.

　この時期の比較的小さな地域間経済格差や，全国に広がる第2次産業の活動は，1850年代以降の開港と維新後の経済統合により，安価な綿製品の輸入など多くの地方産業が競争と淘汰に直面したものの，18世紀後半以降進んだプロト工業化や，江戸時代の連邦制下で多くの藩が殖産に努めたこと等により，江戸時代に地方経済が発展したことを一部反映している可能性がある（詳しくは，高島・深尾・今村（2017））.

　次に，1874〜1909年における変動についてみてみよう．我々は1874〜1890年を明治期前半，1890〜1909年を明治期後半と呼ぶことにする．明治期前半（1874〜90年）において，地域間格差が拡大した主な理由は，第2次産業と第3次産業の労働生産性格差が豊かな地域と貧しい地域との間で拡大したことにある．表5-1は各ベンチマーク年について，人口シェアがそれぞれ約50%（20%）となるように日本全体を豊かな府県と貧しい府県の2グループに分け，産業別に2グループ間の名目労働生産性（労働者1人当たり粗付加価値）を比較している．トップ50%とボトム50%の府県で第2次産業の労働生産性を比較すると，その比率は1874年に1.39であったものが1890年に2.05へと上昇している．また，このような生産性格差の上昇は，第3次産業においても同様にみられ，1874年に1.44であったものが1890年に

表 5-2　産業別労働力シェア：戦前

トップ50%（20%）府県とボトム50%（20%）府県の比較 (%)

	1874 年		1890 年		1909 年		1925 年		1935 年		1940 年	
	トップ50	ボトム50	トップ50	ボトム50	トップ50	ボトム50	トップ50	ボトム50	トップ50	ボトム50	トップ50	ボトム50
第1次産業	66	75	58	66	52	65	38	60	32	59	29	58
第2次産業	14	12	20	18	22	16	26	19	27	18	34	19
第3次産業	20	13	22	16	26	18	36	21	41	23	38	23
	トップ20	ボトム20	トップ20	ボトム20	トップ20	ボトム20	トップ20	ボトム20	トップ20	ボトム20	トップ20	ボトム20
第1次産業	63	76	50	68	36	68	20	62	14	61	10	61
第2次産業	15	10	22	17	26	15	30	18	31	17	42	17
第3次産業	22	14	28	15	38	18	50	20	55	21	48	22

出所：攝津・Bassino・深尾（2016）.

1.70 へと上昇した[10]. 明治期前半におけるこのような変化は，近代的な製造業と多くの利益を生む第3次産業が，東京や大阪のような都市部において拡大したことによって生じた．明治期後半（1890〜1909 年）においては，労働生産性の地域間格差拡大のペースは減速したが，これは後述するように，伝統的な製造業における近代化が全国的に進展したことによるものであると考えられる．その一方で，明治期後半において，産業構造の地域間の違いはより大きくなっていくことになる．

　表5-2 は，トップ50%（20%）とボトム50%（20%）の府県で，産業別の労働力シェアを比較したものである．1874 年から 1890 年にかけて，労働力シェアの差は，第2次産業は 3% ポイント，第3次産業は 6% ポイントで安定的に推移している．1890 年から 1909 年になると，シェアの差はそれぞれ6% ポイント，7% ポイントへと増加している．明治期後半におけるシェアの差の拡大は，トップ20% とボトム20% を比較した場合により顕著となる．具体的には，第2次産業において 5% ポイントが 12% ポイントに，第3次産業において 13% ポイントが 20% ポイントへと増加した．

---

10)　なお，第1次産業における格差は明治期前半（1974〜90 年）に減少した後，明治期後半には安定的に推移した.

　明治期前半において労働力は第 1 次産業から第 2 次産業へと移動したが，この変化は特定の地域だけでなく，全国的に生じたものであった．明治期後半には，第 2 次産業への労働力の移動は継続したものの，その勢いは沈静化するとともに，特定の地域への集中がみられた．このような第 2 次産業の地域集中が生じた原因としては，工業用動力の電力化，重化学工業の拡大，製造業における大工場の競争力上昇があったと考えられる（南 1965，中村 1971）．

　以上の分析結果をまとめると，明治期前半における地域間格差の拡大は，おもに第 2 次産業と第 3 次産業の労働生産性の地域間格差が拡大したことによってもたらされた．一方，明治期後半に生じた（明治期前半と比較すると漸進的な）地域間格差の拡大は，産業構造の格差が拡大したことによって生じた[11]．

　繰り返しになるが，明治期後半においては，第 1 次産業と第 3 次産業の労働生産性地域間格差は若干減少したが，第 2 次産業については変化がみられなかった．それにもかかわらず，経済全体の動向をみると同期間に労働生産性の地域間格差は拡大していた．これは，明治期後半に産業構造の変化が進んだことを反映している（表 5-2 を参照）．つまり，上位府県においては生産性の高い産業，すなわち第 2 次産業と第 3 次産業への特化がこの時期に進んだ．ここで強調しておきたいのは，明治期後半に第 2 次産業と第 3 次産業の労働生産性の地域間格差拡大が止まったという事実である．全国レベルでみると，明治期後半に第 2 次産業の労働生産性は急速に上昇した（年率 4.0%，深尾・攝津（2017a）表 0-1 を参照）が，この生産性の上昇は，産業の特化が進む大都市地域だけではなく，それほど発展していないような地域においても生じていたのである．明治期後半においては，先進的な技術の普及と伝統的技術の近代化が進んだ（Tanimoto 2006，中村 2010）．鉄道網の全国的な展開は，技術普及と地方における製造業の生産性上昇と軌を一にして進展した

　11）　労働生産性に加えて，人口に占める労働者の割合（労働力率）もまた，人口 1 人当たり GDP に影響を与える．ボトム 50% に含まれる府県の労働力率は，トップ 50% の府県よりも，1874 年の時点で 2.5% ポイント，1890 年で 4.4% ポイント，1909 年で 4.5% ポイントだけ大きい．このような労働力率の差も，地域間格差を縮小する効果を持った．

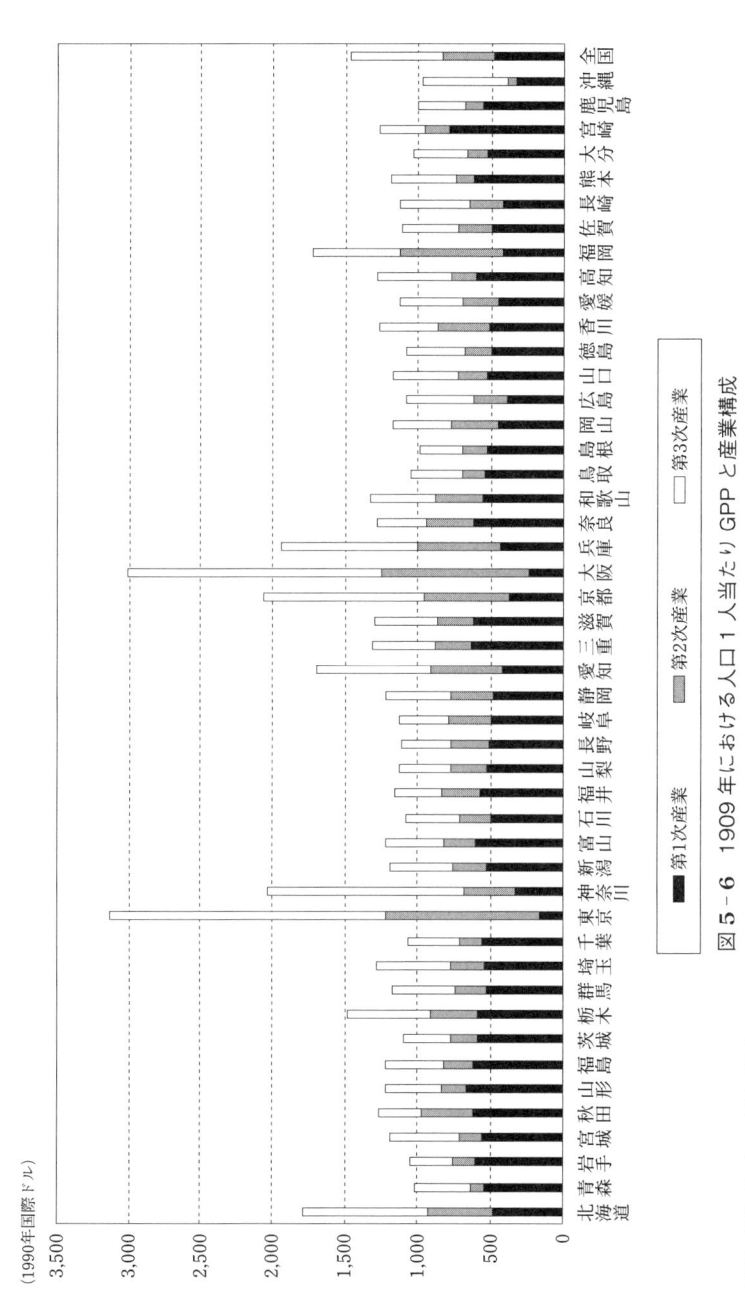

(1990年国際ドル)

図5-6 1909年における人口1人当たりGPPと産業構成

第1次産業　第2次産業　第3次産業

出所：攝津・Bassino・深尾（2016）.

（南 1965）.

　図 5-6 は, 1909 年における人口 1 人当たり GPP とその産業構成を示している. 最も貧しい沖縄県, 島根県, 鹿児島県, 青森県等の 1 人当たり GPP は, 最も豊かな東京, 大阪の約 3 分の 1 であり, 1874 年と比較して格差が拡大したことが分かる. また, 第 2 次産業や第 3 次産業の地域間のばらつきも, 1874 年より格段に大きくなっている.

　次に, 1909 年から第 2 次大戦までの時期についてみてみよう. 我々は, 1909〜1925 年を大正期, 1925〜40 年を昭和戦前期と呼ぶことにする.

　図 5-1 に示したようにこの時期は, 逆 U 字型の変動係数カーブのなだらかな頂上付近に相当しており, 地域間格差が高止まりしていた時期であった. まず表 5-1 で, トップ 50％ とボトム 50％ の労働生産性格差を比較すると, 第 1 次産業と第 3 次産業の労働生産性格差は, それぞれ 1.22 前後, 1.35 前後で安定して推移している. 一方, 第 2 次産業は, 1.86, 1.95, 1.60 と 1935 年に若干上昇した後に大幅に低下するという径路をたどった. トップ 20％ とボトム 20％ では, 第 3 次産業以外の動向がやや異なり, 第 2 次産業では 1935 年から 1940 年にかけての生産性格差の縮小（2.94 から 1.92 へ）がより明確なものになっている. また, 第 1 次産業では格差が拡大しているが, これは後にみるように, 豊かな府県における第 1 次産業労働力の減少が影響していると考えられる.

　1909 年と比較した場合, 大正期及び昭和戦前期の第 2 次産業及び第 3 次産業の労働生産性地域間格差は縮小傾向にあった. それにもかかわらず, 人口 1 人当たり GDP の変動係数が高止まりしていたのは, 次にみるように, 豊かな府県と貧しい府県との間で産業構造の違いが拡大していったためであった.

　表 5-2 を使って, トップ 50％（20％）とボトム 50％（20％）の府県で, 産業別労働力シェアを比較すると, 50％ でみた場合でも 20％ でみた場合でも, 豊かな府県では第 1 次産業のシェアが急速に低下し, 第 2 次産業のシェアが大幅に拡大していることが分かる. つまり, この時期には, 各産業別の労働生産性地域間格差は安定もしくは縮小しつつも, 産業構造の違いが顕著になることによって, 他の時期と比較すると相対的に大きな地域間格差が維

持されていた.

　先にも述べた通り, この時期には重化学工業化が進展し, 第 2 次産業内部の構成も大きく変化した. この点を地域間格差の観点から分析するため, ここでは Krugman（1991）の特化係数を製造業の粗付加価値について算出し, その動向をみてみることにしよう[12]. なお, 特化係数がゼロの場合, それぞれの府県の製造業の（粗付加価値でみた）産業構造はまったく同じであることを意味し, 係数が 2 の場合には, 各府県がまったく異なる産業に特化していることを示している.

　図 5-7 が示す通り, 1909 年以降製造業内部で地域特化が進み, 1940 年にそのピークを迎えていたことが分かる. つまり, 先にみた大正及び昭和戦前期に生じた第 2 次産業への産業構造のシフトは, 産業の地域特化を伴って進んだと考えられる.

　ここでポイントとなるのは, 製造業内部で特化が進みながらも, 表 5-1 が示す通り, 第 2 次産業の労働生産性の地域間格差はそれほど大きく拡大していないという点である. この現象が生じた理由として, この時期に電力と電動機の普及によって小規模工業が動力化していったことが挙げられる. 電力の普及は第 1 次大戦以前から始まっていたが, 大戦が始まった 1914 年に猪苗代発電所（福島県）が完成し, 東京への長距離送電が実現すると, その普及速度は飛躍的に高まることになる. 戦間期には利根川, 只見川, 富士川,

---

12)　地域特化係数（S）は,

$$S = \frac{1}{n(n-1)} \sum_{j=1}^{n} \sum_{k=1}^{n-1} SI_{j,k}$$

で定義される. ただし $SI_{j,k}$ は,

$$SI_{j,k} = \sum_{i=1}^{m} \left| \frac{Q_{ij}}{Q_j} - \frac{Q_{ik}}{Q_k} \right|$$

を表す. Q_{ij} は県 j における産業 i の（地域価格表示の）粗付加価値額を, Q_j は県 j の全製造業の（地域価格表示の）粗付加価値額を表す. また n は府県数, m は産業数である. なお, ここで使用している製造業の粗付加価値データは, 食品, 繊維・衣服, 製材・木製品, 製紙・印刷, 化学製品, 窯業, 金属製品, 機械, 雑製品の 9 部門からなる. また, 係数はベンチマーク年のみ算出し, ベンチマーク年間を直線補間して接続している.

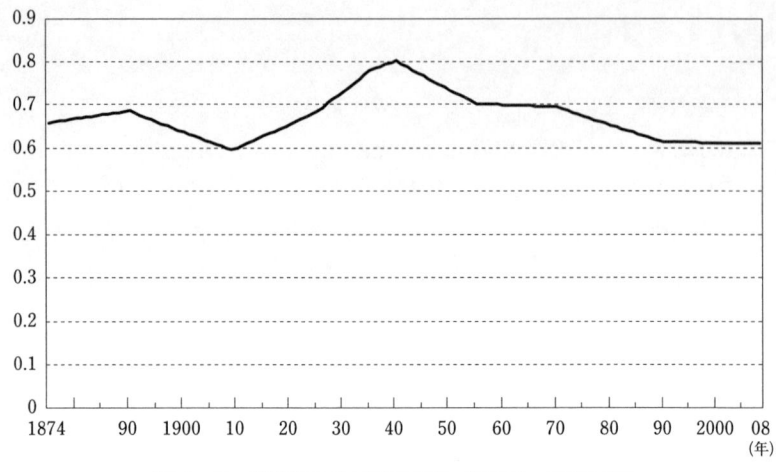

図 5 - 7　製造業の地域特化係数（1874～2008 年）

注：1874 年は北海道と沖縄を，1955 年と 1970 年は沖縄を除く．
出所：Fukao *et al.*（2015）．

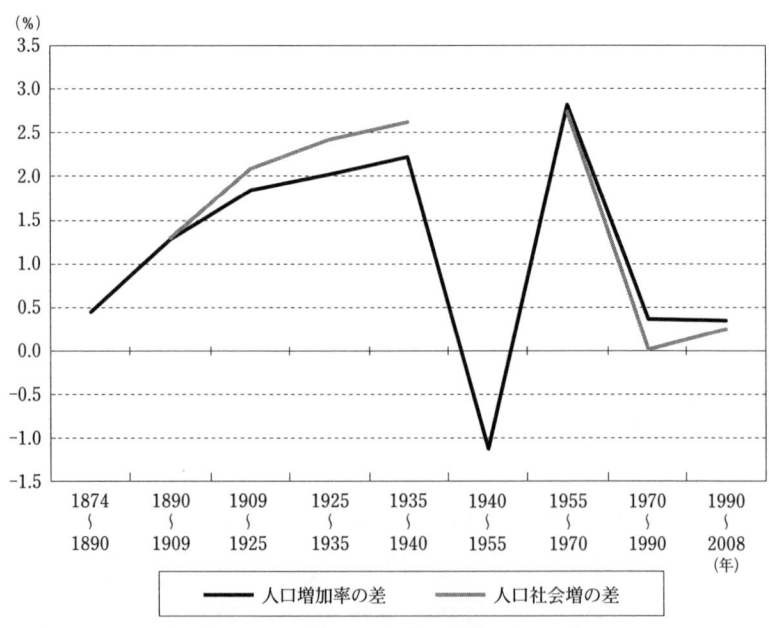

図 5 - 8　府県間の人口増加率格差（年率）

出所：Fukao *et al.*（2015）．

木曽川，宇治川などをはじめ，信濃川，梓川，黒部川などの中部地域に大型の水力発電所が建設され，その電力を京浜，中京，京阪神へと送電していた（中村・尾高 1989）.

　電力価格が安価であったこともあり，1920 年代には電動機が広く普及し，従業員数が 5～9 人程度の小規模生産者であっても，電動機を導入するようになった（南 1976，付表 1 及び 7；深尾・攝津 2017b）. 興味深いのは，この動力化及び電力化の流れが，比較的在来的な技術に依存するような工業，例えば食料品工業や紡織工業にまで及び，在来的な小規模生産者が近代的な中小企業へと変化していった点である.

　次に，府県間の人口移動と地域間格差の関係をみておこう. 図 5-8 には，1874 年以降についてトップ 20% とボトム 20% の府県の人口増加率及び純流入率を比較している. 残念ながら，明治期前半における人口純流入率の地域間格差に関するデータは手に入らない. しかし，同時期における人口増加率の地域間格差（トップ 20% とボトム 20% の府県の差）は 0.15% と小さく，これが明治期後半になると地域間の差は 0.42% へと拡大した[13]. 明治期後半にみられるように，人口純流入率の差と人口増加率の差に大きな差がないとみなしうるとすると，明治期前半の人口純流入率の差は，明治期後半と比較して小さく，人口移動はそれほど盛んではなかったと推測される.

　明治期前半においては，人口の府県間移動はそれほど盛んではないにもかかわらず，産業間の労働生産性格差が大きい府県で，より大きな産業構造の変化が生じていたことになる. つまり，明治期前半の産業構造の変化は，各府県内の労働力の再配分によって達成されたということになる. さらに，人口移動と地域間格差の関係を考えると，明治期前半には相対的に労働市場の機能が制限され，府県間の人口移動が進まなかったことが，地域間格差が急激に上昇した要因になっていたといえるかもしれない.

　なお，貧しい県からの人口流出と豊かな府県への人口流入は，1909 年以

---

13)　この格差は 1909～1925 年には 0.62% へとさらに拡大したが，このような格差の拡大は主に貧しい府県から豊かな府県への人口移動によってもたらされた. 人口移動に関する詳細なデータが得られないため厳密な分析はできないが，鉄道ネットワークの拡大，なかでも地方路線の拡張が，一時的，恒久的を問わず人口移動を促進し，労働市場の統合をもたらしたと考えられる.

表5-3　名目労働生産性の地域間格差：戦後

トップ50%（20%）/ボトム50%（20%）

	1955 年	1970 年	1990 年	2010 年
	トップ50／ ボトム50	トップ50／ ボトム50	トップ50／ ボトム50	トップ50／ ボトム50
第1次産業	1.30	1.07	0.91	0.89
第2次産業	1.37	1.30	1.19	1.14
第3次産業	1.35	1.24	1.21	1.16
全産業	1.77	1.51	1.29	1.17
	トップ20／ ボトム20	トップ20／ ボトム20	トップ20／ ボトム20	トップ20／ ボトム20
第1次産業	1.57	1.42	0.91	0.93
第2次産業	1.61	1.46	1.26	1.08
第3次産業	1.50	1.40	1.40	1.32
全産業	2.39	1.92	1.50	1.27

出所：「県民経済計算」，『国勢調査』，R-JIP データベース 2017 により作成．

降もさらに加速して続いた．1909 年以降，地域間格差は高止まったものの，それ以上大きく拡大しなかった要因として，このように活発な人口移動が継続したことが，寄与した可能性がある．高度成長期には，貧しい県から豊かな県への活発な人口移動が起きたが，1925〜40 年における移動は，ボトム 20% とトップ 20% の府県に限れば，ほぼそれと同規模であったことも興味深い．

　最後に第 2 次大戦後の 1955 年から 2010 年までの府県別産業構造，産業別労働生産性格差の推移と地域間経済格差への影響をみてみよう[14]．

　1955 年から 2010 年について，表 5-1 と同様に日本全体を豊かな府県と貧しい府県の 2 グループに分け名目労働生産性を比較したのが表 5-3 である．第 2 次，第 3 次産業についてトップ・ボトム 50% でみると，全期間において労働生産性の地域間格差は縮小しており，特に 1955 年から 1970 年の高度成長期における縮小幅の大きさが目立つ（第 2 次産業が 7% ポイント，第 3 次産業が 11% ポイント）[15]．なお，第 2 次産業については 1970 年から 1990 年の間

---

14)　1940 年までの分析における労働力が居住地ベースで測られているのに対し，以降の第 2 次大戦後の分析では従業地ベースで測られている点には注意が必要である．

15)　表 5-4 から明らかなようにトップ・ボトムを問わず第 1 次産業の労働力シェアは一

表 5 - 4　産業別労働力シェア：戦後

トップ 50%（20%）府県とボトム 50%（20%）府県の比較

	1955 年		1970 年		1990 年		2010 年	
	トップ 50	ボトム 50	トップ 50	ボトム 50	トップ 50	ボトム 50	トップ 50	ボトム 50
第 1 次産業	26	56	10	30	5	14	4	6
第 2 次産業	32	17	40	28	35	31	25	22
第 3 次産業	42	27	50	42	60	56	71	71
	トップ 20	ボトム 20	トップ 20	ボトム 20	トップ 20	ボトム 20	トップ 20	ボトム 20
第 1 次産業	7	59	1	37	2	16	2	4
第 2 次産業	40	15	41	22	32	30	23	22
第 3 次産業	53	26	58	41	66	54	75	74

出所：「県民経済計算」，『国勢調査』，R-JIP データベース 2017 により作成.

に最も格差が縮小しており（11% ポイント），第 3 次産業よりも長期かつ大幅に格差が縮小していたことが分かる．これはトップ・ボトム 20% でみるとより顕著である．第 3 次産業が高度成長期（1955〜1970 年）と直近（1990〜2010 年）にそれぞれ 8% ポイント，全期間で 1.50 から 1.32 へと 18% ポイント程度の格差縮小であるのに対し，第 2 次産業は毎期 15% から 20% ポイント程度，全期間で 53% ポイント（1.61 から 1.08）格差が縮小している．

　一方，表 5-2 と同様にトップ・ボトム 50%（20%）の府県での産業別労働力シェアを比較した表 5-4 をみると，高度成長期以降 1990 年までに貧しい府県における第 2 次産業のシェアはボトム 50%，ボトム 20% のどちらでも 2 倍程度に拡大している．つまり，図 5-1 で観察した，高度成長期から 1990 年頃までの地域間経済格差縮小は，①第 2 次産業の労働生産性格差縮小，②貧しい府県が第 2 次産業シェアの高い産業構造へ移行，という 2 つの要因が相まって起こったと考えられる．

　しかし，表 5-4 によれば最も劇的な変化を示しているのは第 2 次産業ではなく，ボトム 50%（20%）の府県における第 3 次産業労働力シェアの拡大である．1955 年において 26〜27% 程度だった第 3 次産業のシェアが 2010 年にかけて 3 倍近くに拡大した結果，地域間の産業別労働力シェアの差はほぼ

　貫して縮小しており，第 1 次産業の生産性格差縮小が地域間経済格差に与える影響は小さいと考え特に言及していない．

なくなり，トップ・ボトムともに第 3 次産業の労働力シェアは 70〜75% 程度になっている．表 5-3 のトップ・ボトム 20% が示しているように第 3 次産業は第 2 次産業ほど労働生産性の地域間格差が縮小していないことを考慮すると，貧しい地域で第 3 次産業のシェアが急速に拡大したことが 1990 年以降の地域間経済格差縮小が停滞した原因の一つであろう[16]．

　1955〜2010 年においては都道府県別のマクロレベル（全産業計）付加価値と生産要素投入（資本（公共財的な性格が強い一般道路，堤防など狭義の社会資本を除く），総労働時間，労働の質）データベースを利用することが可能である．以下では，第 1 章でも利用したクロスセクションの生産性比較（レベル会計分析）手法を使って，戦後の都道府県間労働生産性格差収束の原因を探ってみよう[17]．

　図 5-9 は，1955 年におけるレベル会計の結果である．当時，労働生産性が最も高かったのは東京都であり，その労働生産性は全国平均を 72.1% 上回っていた．一方，労働生産性が最も低い鹿児島県では，労働生産性は全国平均を 41.2% 下回った．両者の格差は 113% であった．格差のうち 73% ポイントは，TFP の差に起因していた．図 5-9 から分かる通り，資本装備率も豊かな県ほど高い傾向があり，TFP ほどではないが，労働生産性格差の大きな原因となっていた．また，労働の質も豊かな県ほどやや高い傾向があり，労働生産性格差の一因となっていたが，その寄与は他の 2 要因より格段に小さかった．

　2010 年のレベル会計の結果は，既に第 1 章図 1-4 で示している．これをみると，トップの県（東京，35.4%）とボトムの県（山形，−15.9%）との格差は 51% と，1955 年より格段に小さくなった．このうち TFP の差に起因するのは 34% ポイントで，これも 1955 年より格段に小さくなった．

---

16)　貧しい地域の第 2, 3 次産業労働力シェア拡大は，表 5-4 をみる限り第 1 次産業労働力の移動によって支えられていたと考えられる．また，図 5-8 で示したように 1955〜70 年は貧しい地域から豊かな地域への人口移動がピークを迎えた時期であることから，貧しい地域の第 1 次産業労働力は域内の第 2, 3 次産業シェア拡大のみならず，豊かな地域の第 2, 3 次産業シェアの拡大にも貢献したと考えらえる．

17)　以下の分析は Fukao, Makino, and Tokui（2015）及び Fukao *et al.*（2015）に基づく．

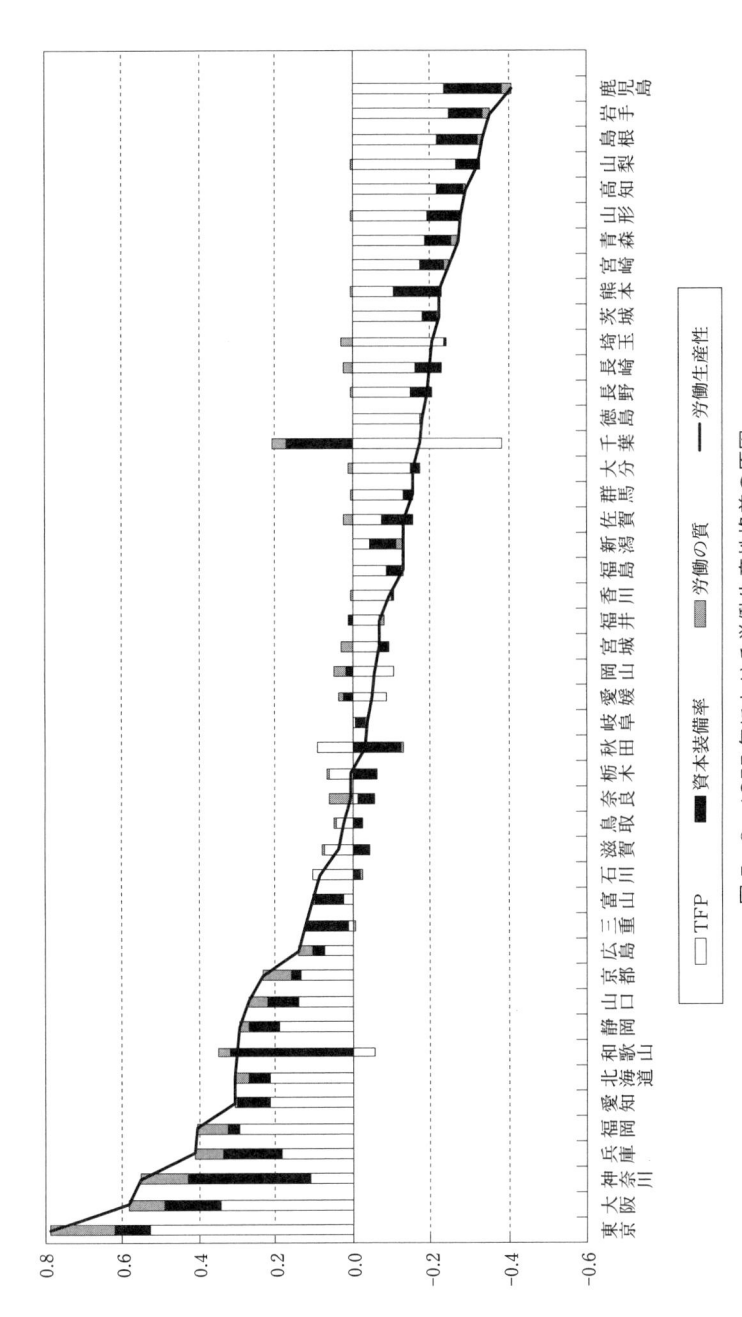

図 5 - 9　1955 年における労働生産性格差の原因

□ TFP　■ 資本装備率　▨ 労働の質　── 労働生産性

145

　資本装備率の寄与をみると，2010年の状況は1955年と大きく異なっている．2010年には，労働生産性が全国平均より高い，東京や大阪を含む多くの県で，資本装備率の労働生産性格差への寄与は縮小し，特に東京では資本装備率の寄与は全国平均を下回っている．労働生産性格差の源泉としての資本装備率の役割は，1955年より格段に小さくなった．一方，労働の質は，1955年とほぼ同様に，寄与は小さいものの労働生産性格差の原因であり続けた．

　時期別に労働生産性格差の源泉の動向をみると（Fukao, Makino, and Tokui 2015参照），1955年から70年にかけてTFP格差が大幅に縮小し，また1970年以降は資本装備率格差が著しく縮小した．一方，労働の質の格差は1970年まではほとんど変わらず，それ以降は格差がやや拡大した．

4. 1970年以降の地域間格差

　1970年以降は，戦後高度成長期に続いたそれまでのダイナミックな地域間格差縮小が止まったようにみえる時期である．都道府県別にみると，東京都を除く46道府県間では地域間格差が引き続き縮小しているようにみえるが，東京都が飛びぬけて独り勝ち状態になっていった結果が，地域間格差下げ止まり感として表れている．また，地域間格差の要因を分解すると，かつては地域の資本装備率格差が大きな説明要因となっていたが，今日では地域間の全要素生産性（TFP）格差の重要性が増してきていいる．それでは，そうした地域間の全要素生産性（TFP）格差の地域間労働生産性格差への寄与は，どのような産業で生じているのであろうか．このことを解明するために，産業構造や同一産業内の要素投入の違いが，地域間の労働生産性格差にどのように寄与しているかをR-JIP 2017を使って分析してみよう．

　産業構造の地域間格差が労働生産性格差を生み出すメカニズムを考えてみると，例えば資本装備率が高い産業のシェアが労働生産性の高い県ほど大きければ，生産性が高い県の資本装備率が高くなるため労働生産性格差は大きくなる．これをシェア効果と呼ぼう．一方，同一産業内でも労働生産性が高い県ほど資本装備率が高い場合にも，労働生産性格差は大きくなる．これを

表 5 - 5　どの産業が地域間生産性格差に寄与したか：2010 年

	資本装備率と都道府県別マクロ相対労働生産性対数値の共分散への各産業・各効果の寄与		労働の質と都道府県別マクロ相対労働生産性対数値の共分散への各産業・各効果の寄与		TFPと都道府県別マクロ相対労働生産性対数値の共分散への各産業・各効果の寄与
	シェア効果	産業内効果	シェア効果	産業内効果	産業内効果
農林水産業	− 29.1	14.2	33.0	10.6	− 4.4
鉱業	− 0.4	− 0.1	− 0.6	0.0	0.0
食料品	2.0	3.5	− 0.1	2.6	9.7
繊維	0.5	1.9	0.1	0.0	0.6
パルプ・紙	0.2	− 0.8	0.1	− 1.1	1.5
化学	12.0	4.5	1.9	− 1.3	8.7
石油・石炭製品	4.7	2.8	0.8	− 0.5	6.0
窯業・土石製品	0.0	1.2	0.1	− 0.3	3.1
1 次金属	4.4	4.7	1.1	− 1.1	0.8
金属製品	− 1.8	0.6	0.4	− 0.6	1.1
一般機械	− 0.7	0.6	1.3	0.8	1.1
電気機械	0.2	− 3.4	0.1	3.7	− 2.5
輸送用機械	− 0.5	7.1	2.4	− 0.3	7.8
精密機械	0.2	− 0.6	0.2	− 0.2	0.4
その他の製造業	− 2.9	4.2	1.4	1.0	4.1
建設業	11.4	3.3	− 3.1	3.0	10.8
電気・ガス・水道業	− 11.1	15.2	− 0.3	0.0	2.4
卸売・小売業	1.9	12.1	− 0.3	13.4	22.3
金融・保険業	− 2.4	3.3	0.9	0.5	6.3
不動産業	51.0	− 20.9	1.0	0.0	− 0.1
運輸・通信業	11.3	16.0	2.3	1.4	1.7
サービス業（民間，非営利）	− 10.4	− 17.5	3.6	25.2	22.0
サービス業（政府）	− 12.2	20.3	− 4.9	1.8	− 3.5
製造業小計	18.1	26.0	9.7	2.9	42.5
1 次産業以外の非製造業小計	39.3	31.9	− 0.7	45.2	61.9
合計	28.0	72.0	41.3	58.7	100.0

産業内効果と呼ぼう．資本装備率の地域間格差が労働の地域間格差を生み出す上で，各産業の 2 つの効果は，それぞれどれほど寄与しているのだろうか．また 2 つのメカニズムは産業によって異なるのだろうか．このような観点から資本装備率，労働の質，TFP 格差のそれぞれについて分析した[18]．

18)　分析方法は，資本装備率と労働の質については，まず産業別に全国平均からの乖離をシェア効果と産業内効果に分解し，それぞれの都道府県別労働生産性格差との共分

2010 年についてこうして計算した結果を表 5-5 に示している[19].

　まず資本装備率に関しては，それ以前に比べて産業内効果と比べてシェア効果の寄与が相対的に上昇している．これは主に，不動産，運輸・通信など資本集約的な非製造業が労働生産性の高い県に集積する傾向が強まったためである．一方労働の質に関しては，以前と比較して 2010 年には産業内効果の重要度が比較的上昇した．これは，サービス（民間，非営利）や卸売・小売などの非製造業において，労働生産性が高い県で人的資本集約度が高まり産業内効果を相対的に増加させたこと，製造業を中心に労働生産性が高い県ほど労働の質が高い産業が集積するという傾向が弱まり，シェア効果を減少させたことなどに起因する．

　TFP については，製造業の産業内効果は減少し，非製造業のそれは増加した．これは，（データの信頼度の低い石油・石炭を除くと）多くの製造業で労働生産性が高い県ほど TFP が高いという傾向が弱まる一方，卸売・小売，サービス（民間，非営利）などで，大きなプラスの産業内効果が生じたためである．

　Fujita and Tabuchi（1997）は，日本全体の産業構造が重化学工業中心からハイテク産業やサービス産業中心へと移行したことが，東京一極集中をもたらしたことを指摘している．我々の分析でも，不動産，運輸・通信など資本集約的な非製造業が労働生産性の高い県に集積し，サービス（民間・非営利），運輸・通信などの産業が，資本装備率や人的資本を，東京をはじめとする労働生産性の高い県に集中させるなど，非製造業が格差を残存させる上で，重要な役割を果たしたことが分かった．また，卸売・小売，サービス（民間，非営利）等が，労働生産性が高い県ほど TFP が高い傾向を維持することの，主因ともなっていた．

　一方製造業については，労働の質のシェア効果や TFP の産業内効果が著しく低下した．人的資本集約的な製造業の地方への集積，同一産業内で TFP が高い工場の地方への立地，といった過程を通じて，製造業では地域間の労

散をとって，全体に対する割合を計算した．TFP 格差については，全て産業内効果と解釈して同様の計算を行った．詳細は，徳井他（2013）を参照．

19）　徳井他（2013）には 1970 年の結果を示している．

働生産性格差を縮小するようなメカニズムが働いたことが分かる．

　なお以上報告した，どの産業が地域間労働生産性格差に寄与したかに関する分析結果を因果関係の視点から解釈する際には，注意を要することを確認しておこう．例えば，労働生産性が高い県ほど物的・人的資本集約的な産業が集積しているのは，これらの県では過去に蓄積された物的・人的資本の賦存量が豊富であり，ヘクシャー・オリーン理論が教えるメカニズムで物的・人的資本集約的な産業に特化しているためかもしれない（この視点からの実証研究としては，米国に関する Kim（1995）や日本に関する岳（1998）がある）．

　しかし逆に，国内では生産要素移動が活発なため生産要素の地域分布は内生変数であり，一方産業の分布やそのダイナミックスは，集積効果や要素価格，投入・産出物の輸送コスト，インフラストラクチャーの整備等を考慮した企業の立地選択，時間を通じた日本の比較優位の変化（例えば輸送機械産業の比較優位強化により，輸送機械産業が集積した愛知県の輸送機械産業がさらに拡大する），Fujita and Tabuchi（1997）が指摘したような脱工業化による日本全体の産業構造の変化，人口高齢化地域での医療・介護産業の拡大等で決まっているのかもしれない．この場合には，物的・人的資本集約的な産業が集積している県に物的・人的資本が移動するため，その労働生産性が高くなることになる．おそらく戦後の日本国内のように地域間の生産要素移動が活発な状況では，要素賦存が産業構造を決めるという前者のメカニズムより，産業構造が要素賦存を決めるという後者のメカニズムの方が主要であると推測される．

5.　おわりに

　地域間経済格差の変化は，産業構造の変化，技術知識やビジネスモデルの伝播，資本や労働力の移動，そして産業の集積効果などが複合的に絡み合って，一国内でもゆっくりと時間をかけて引き起こされる．本章では，明治初期から現代までの約 140 年間の日本の地域間格差の動きを追い，その背景にある要因を探った．

　産業の近代化期から始まる長期の地域間経済格差については，クズネッツ

の逆 U 字仮説と呼ばれる関係が多くの先進国で観察されることが知られているが，日本でもこの関係が確認できることを確認できた．それと同時に，20 世紀末以降日本を含む多くの国で地域間格差が再び拡大する傾向もみられ，これはその時代を生きる我々にとって切実な現象である．

　戦前期の日本経済では第 1 次産業就業者が過半を占め続けていたが，地域間格差のダイナミズムは第 2 次産業及び第 3 次産業を起点に生まれていた．幕末開港と明治の「文明開化」の影響は全国一様に生じたのではなく，そのビジネスチャンスをいち早くつかんだ地域から，まず第 3 次産業の，続いて第 2 次産業の革新が生まれた．その結果，明治期前半には，これらの産業内で生産性の地域間格差が拡大していった．さらに明治期後半にかけても地域間格差拡大期が続いたのは，こうした先進地域内で生産性の高い産業分野への産業構造の変化が進んだことによる．大正期から昭和前期にかけての時期になると，こうした地域間格差の拡大傾向に歯止めがかかるものの，縮小に転じることなく高止まりを続けた．その背景には，豊かな先進地域と貧しい地域との間の産業構造の違いが拡大し続けたことがあった．

　戦後期，特に高度成長期において各産業の労働生産性地域間格差は軒並み縮小したが，特に第 2 次産業において大幅な格差縮小と貧しい地域での労働力シェア拡大が同時に起こり，これにより地域間経済格差は急速に縮小した．第 3 次産業のシェア拡大は地域を問わず全期間で起こっていたが特に貧しい地域で劇的に進行し，その結果現在では地域間の産業構造の差異はほぼなくなってしまった．一方で第 3 次産業の労働生産性地域間格差は第 2 次産業ほど縮小しなかったため，これが高度成長期以降の地域間経済格差縮小の停滞として表れていると考えられる．

　戦後の時期については，労働生産性の都道府県間レベル格差を要因分解した結果にも言及した．R-JIP データベースから作成した 1970 年と 2010 年の要因分解については，第 1 章に図 1-3 及び図 1-4 として掲載しているが，本章では図 5-9 に「都道府県別マクロ労働生産性格差・成長会計分析用データ」から作成した 1955 年の要因分解を示して比較した．戦後復興が終わり高度経済成長の開始時点とされる 1955 年時点には，労働生産性トップの東京都と最下位の鹿児島県との間に 10% を上回る格差があり，高度経済成長

末期の 1970 年と比較すると，より地域間格差が大きかったことが確認できる．また，順位 2 位の神奈川県を始め，いくつかの地域で既に資本装備率が他地域と比較して顕著に高い地域が存在するものの，1955 年時点では資本装備率が労働生産性格差の決定的要因とは必ずしもいえず，これと対照的な 1970 年の結果と比較すると，その間の高度経済成長期が資本集約的な工業主導の時期であったことを印象付ける．

　その後 2010 年にかけては，東京都が再び群を抜いた 1 位に返り咲き，資本装備率以外の TFP と労働の質が重要要因になっている．その背景をさらに詳しく確認するために，どの産業が地域間生産性格差に寄与したかを R-JIP データベースを使って分析した．その結果，非製造業なかでも卸売・小売業やサービス業（民間・非営利）などの産業内 TFP 格差が，重要な役割を果たしていることが分かった．これは，情報通信技術の急速な発展を活用したビジネスモデルの革新がこうした非製造業の分野で起こっており，そうした分野の拠点が大都市に集中していることが一因である．しかしそれだけでなく，こうした分野は就業者数が多く，わずかな生産性の地域間格差でも地域全体の大きな生産性格差につながっていることにも留意しなければならない．

　本章で 140 年間の地域間経済格差の変化を概観して確認したように，地域間格差のダイナミズムを生み出す要因は全国一様に発生するわけではなく，またその後の波及においても集積と分散のどちらの要因が勝るかによって直線的ではない効果をもたらす．20 世紀後半以降の情報通信技術の急速な発達は，近代化初期にも見合うような規模の地域間格差の変動を生み出しているようにもみえる．

参考文献

梅村又次（1961）『賃金・雇用・農業』大明堂.

袁堂軍・攝津斉彦・J. P. Bassino・深尾京司（2009）「戦前期日本の県内総生産と産業構造」『経済研究』第 60 巻第 2 号，pp. 163-189.

攝津斉彦・J. P. Bassino・深尾京司（2016）「明治期経済成長の再検討──産業構造，労働生産性と地域間格差」『経済研究』第 67 巻第 3 号，pp. 193-214.

高島正憲・深尾京司・今村直樹（2017）「成長とマクロ経済」深尾京司・中村尚史・中林真幸編『岩波講座日本経済の歴史2　近世』岩波書店，p. 2-22.

岳希明（1998）「日本における生産要素賦存と産業構造の地域間格差——ヘクシャー・オリーンモデルに基づく分析」『日本経済研究』第37号，pp. 142-164.

徳井丞次・牧野達治・深尾京司・宮川努・荒井信幸・新井園枝・乾友彦・川崎一泰・児玉直美・野口尚洋（2013）「都道府県別産業生産性（R-JIP）データベースの構築と地域間生産性格差の分析」『経済研究』第64巻第3号（2013年7月調査），pp. 218-239.

中村隆英（1971）『戦前期日本経済成長の分析』岩波書店.

中村隆英・尾高煌之助（1989）「概説　1914-37年」中村隆英・尾高煌之助編『日本経済史6　二重構造』岩波書店，pp. 1-80.

中村尚史（2010）『地方からの産業革命——日本における企業勃興の原動力』名古屋大学出版会.

日本開発銀行内地域経済研究会編（1969）『地域経済統計分析』金融財政事情研究会.

深尾京司（2016）「生産性・産業構造と日本の成長」藤田昌久編『日本経済の持続的成長——エビデンスに基づく政策提言』東京大学出版会，pp. 173-199.

深尾京司・攝津斉彦（2017a）「成長とマクロ経済」深尾京司・中村尚史・中林真幸編『岩波講座日本経済の歴史3　近代1』岩波書店，pp. 2-22.

深尾京司・攝津斉彦（2017b）「成長とマクロ経済」深尾京司・中村尚史・中林真幸編『岩波講座日本経済の歴史4　近代2』岩波書店，pp. 2-25.

深尾京司・攝津斉彦（2018）「成長とマクロ経済」深尾京司・中村尚史・中林真幸編『岩波講座日本経済の歴史5　現代1』岩波書店，pp. 2-28.

深尾京司・岳希明（2000）「戦後日本国内における経済収束と生産要素投入——ソロー成長モデルは適用できるか」『経済研究』第52巻第2号，pp. 136-151.

南亮進（1965）『長期経済統計12　鉄道と電力』東洋経済新報社.

南亮進（1976）『動力革命と技術進歩——戦前期製造業の分析』東洋経済新報社.

Balassa, B. (1964), "The Purchasing-Power Parity Doctrine: A Reappraisal," *Journal of Political Economy*, Vol. 72(6), pp. 584-596.

Caves, D. W., L. R. Christensen, and W. E. Diewert (1982), "Multilateral Comparisons of Output, Input, and Productivity Using Superlative Index Numbers," *Economic Journal*, Vol. 92(365), pp. 73-86.

Dennis, B. N. and T. B. İşcan (2009), "Engel versus Baumol: Accounting for Structural Change Using Two Centuries of U.S. Data," *Explorations in Economic History*, Vol. 46(2), pp. 186-202.

Fujita, M. and T. Tabuchi (1997), "Regional Growth in Postwar Japan," *Regional Science and Urban Economics*, Vol. 27(6), pp. 643-670.

Fukao, K., T. Makino, and J. Tokui (2015), "Regional Factor Inputs and Convergence in Japan: A Macro-Level Analysis, 1955-2008," RIETI Discussion Paper Series, No. 15-E-123.

Fukao, K., J.-P. Bassino, T. Makino, R. Paprzycki, T. Settsu, M. Takashima, and J. Tokui (2015), *Regional Inequality and Industrial Structure in Japan: 1874-2008*, Tokyo: Maruzen Publishing Co., Ltd.

Hayashi, F. and E. C. Prescott (2008), "The Depressing Effect of Agricultural Institutions on the Prewar Japanese Economy," *Journal of Political Economy*, Vol. 116(4), pp. 573-632.

Kawaguchi, D. and Y. Mori (2016), "Why Has Wage Inequality Evolved So Differently between Japan and the US? The Role of the Supply of College-Educated Workers," *Economics of Education Review*, Vol. 52, pp. 29-50.

Kim, S. (1995), "Expansion of Markets and the Geographic Distribution of Economic Activities: The Trends in U. S. Regional Manufacturing Structure, 1860-1987," *Quarterly Journal of Economics*, Vol. 110(4), pp. 881-908.

Krugman, P. (1991), *Geography and Trade*, Cambridge, MA.: MIT Press.

Kuznets, S. (1955), "Economic Growth and Income Inequality," *American Economic Review*, Vol. 45(1), pp. 1-28.

Miyamoto, M., Y. Sakudo, and Y. Yasuba (1965), "Economic Development in Preindustrial Japan, 1859-1894," *Journal of Economic History*, Vol. 25(4), pp. 541-564.

Samuelson, P. (1964), "Theoretical Notes on Trade Problems," *Review of Economics and Statistics*, Vol. 46(2), pp. 145-154.

Tanimoto, M. ed. (2006), *The Role of Tradition in Japan's Industrialization: Another Path to Industrialization*, New York: Oxford University Press.

Williamson, J. G. (1965), "Regional Inequality and the Process of National Development: A Description of the Patterns," *Economic Development and Cultural Change*, Vol. 13(4), pp. 1-84.

第6章

人口減少・高齢化と地域経済

深尾京司・牧野達治

1. はじめに

　日本の人口は急速に高齢化している．2011 年における日本の高齢化率（高齢化の程度を全人口に対する 65 歳以上人口の比率で測ることとし，以下これを高齢化率と呼ぶ）は世界最高水準の 23.3% に達し，またその上昇ペースは先進欧米諸国を大きく上回っている．ただし，日本の全ての都道府県が同様に高齢化しているのではない．例えば，秋田や島根の現在の高齢化率は全国平均を 15 年，東京を 25 年ほど先行する高さになっている．つまり，それらの地域の現在の経済状況は，今後日本全体が直面する経済状況を先取りしていると考えられる．高齢化に対する適切な政策を立案するためにも，秋田や島根のような高齢化県の経験を理解することは重要であろう．

　本章では，「都道府県別産業生産性データベース」（R-JIP）と「都道府県長期経済統計データベース」（R-LTES）という 2 つのデータベース，「日本の地域別将来推計人口」（平成 25 年 3 月推計），「国勢調査」，「県民経済計算」等の統計を組み合わせ，高齢化が進んだ地域と他の地域との違いを分析する[1]．

---

1)　R-LTES は一橋大学によって推計されたデータベースであり，1874 年から 2009 年における各都道府県の産業構造や労働生産性を分析するためのデータを含む．詳細は Fu-

　本章の構成は次の通りである．次節では，各都道府県の高齢化率には現時点でどの程度格差があるのか，それがどのように推移してきたか，高齢化率と1人当たり県民所得，労働生産性，財・サービスの移出入といった指標との関係がどのように変化してきたか，といった点を長期的視点から観察することにより，都道府県別高齢化に関する定型化された事実の発見を試みる．その結果，高齢化県は他の都道府県と比較して1人当たり県民所得，労働生産性とも明らかに低く，財・サービスは純移入となっていることが確認される．第3節では，なぜ幾つかの県で顕著に高齢化率が高いのか，それらの県の存在が都道府県間の高齢化率格差の推移に対してどのような影響を与えるのかを検討する．第4節では，高齢化県は他の都道府県と比較してなぜ1人当たり県民所得，労働生産性ともに低いのか，その原因を明らかにする．第5節では，高齢化県では財・サービスがなぜ純移入となるのか，他の都道府県と産業構造が異なるのか否かを検討する．第6節では本章で得られた結論を述べる．

2.　高齢化県は他の都道府県と何が異なるのか？

　まず，各都道府県の高齢化の現状と過去からの推移，将来の予測を概観しよう．図6-1は2010年における各都道府県と全国平均の高齢化率を示している．これによると，秋田の高齢化率が最も高く29.6％であり，全国平均より7ポイント，東京より9ポイント程度高い．一方，全国平均の高齢化率を下回る都府県（沖縄を除く11）には，大都市圏（東京，大阪，神奈川，愛知，福岡，宮城），大都市周辺圏（埼玉，千葉，滋賀），東京近郊の製造業が活発な地域（茨城，栃木）といった特徴がある[2]．

　図6-2は高齢化率の過去の推移と今後の予測を，2010年における代表的高齢化県である秋田，島根，比較対象として東京と全国平均について示して

---

　　kao *et al.* (2015) を参照されたい．

　2)　高齢化率が最も低いのは沖縄である．ただし，上述した11都府県とは性質が異なり，他の都道府県と比較すると出生率が高いことが，低い高齢化率をもたらしていると考えられる．

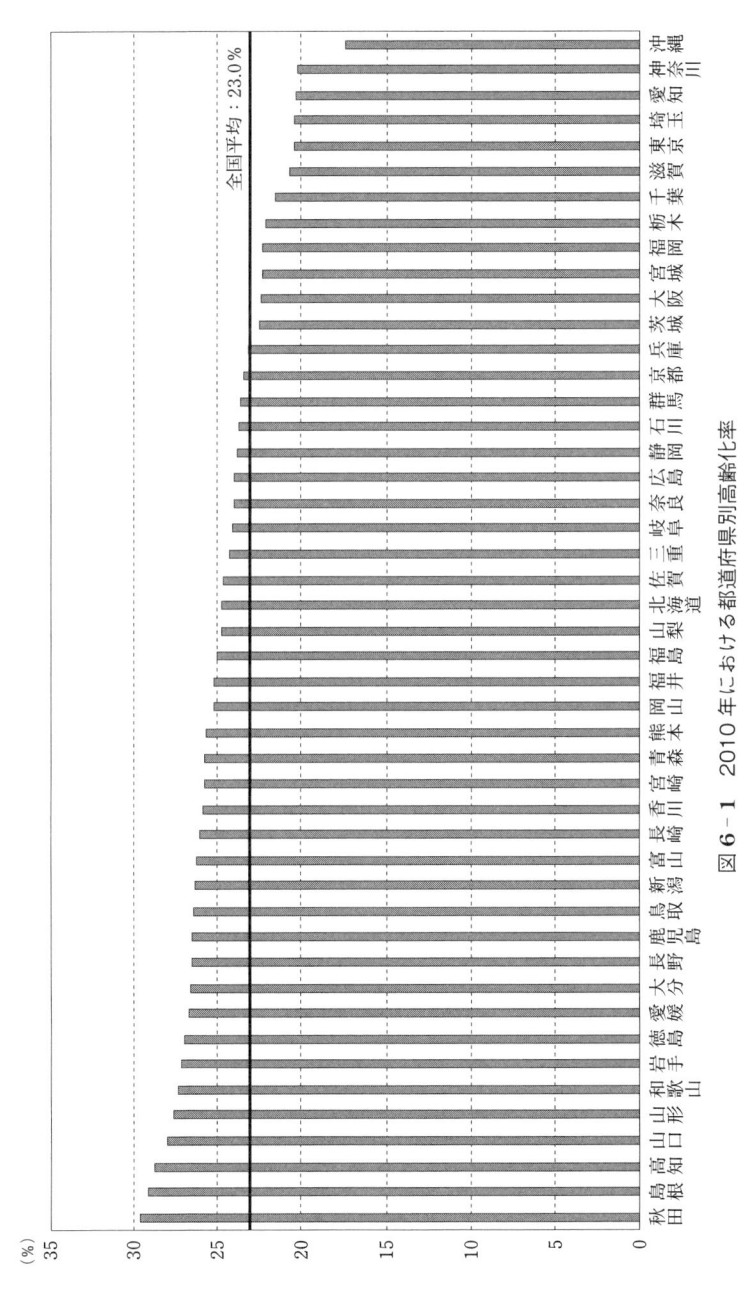

図 6 − 1　2010 年における都道府県別高齢化率

出所：『国勢調査』.

いる．第1節でも述べたように，2010年における秋田，島根の高齢化率が全国平均を15年，東京を25年ほど先行していることが分かる．現在同程度高齢化している秋田と島根であるが，過去の推移には両県で違いがある．島根の高齢化率は1884年から2010年まで一貫して全国平均より40%程度高く，また東京の2倍程度高かった．一方，秋田の高齢化率は1965年までは全国平均を下回っていたが，以降一貫して全国平均を上回るようになり，全国平均からの乖離は次第に大きくなりつつある．

　また，図6-2から高齢化率の都道府県間格差が今後次第に縮小することが予想される．図6-3は都道府県別高齢化率の変動係数の長期的推移を示しているが，これによっても，高齢化率の都道府県間格差には過去においても将来予測においても明確な縮小傾向が確認できる．

　秋田や島根のように，全国平均や東京に先行して高齢化が進む県がなぜ存在するのか，高齢化率の都道府県格差はなぜ縮小傾向を示すのか，その原因については第3節において考察する．

　次に高齢化と1人当たり県民所得，労働生産性，財・サービスの移出入との関係を確認しよう．図6-4は都道府県別の高齢化率と1人当たり県民所得の関係を1955，1970，1990，2008年について示している．図中のrは相関係数であるが，これによると両者には各年において負の相関関係があり，その関係は統計的に有意（5%水準）である．

　ここで，1人当たり県民所得を以下のように分解する．

$$1人当たり県民所得 = 就業者当たり GDP \times （就業者数／人口）$$
$$+ 県外からの要素所得の純流入／人口$$
$$= マンアワー当たり GDP \times （マンアワー／人口）$$
$$+ 県外からの要素所得の純流入／人口$$

　この分解に従えば，図6-4で観察された高齢化率と1人当たり県民所得の負の相関関係の一部は，高齢化率の高い県ほど就業者数／人口比率やマンアワー／人口比率が低いことによるが，より重要なのは以下の図6-5で示した高齢化率と労働生産性（つまり就業者当たり GDP もしくはマンアワー当たり GDP）

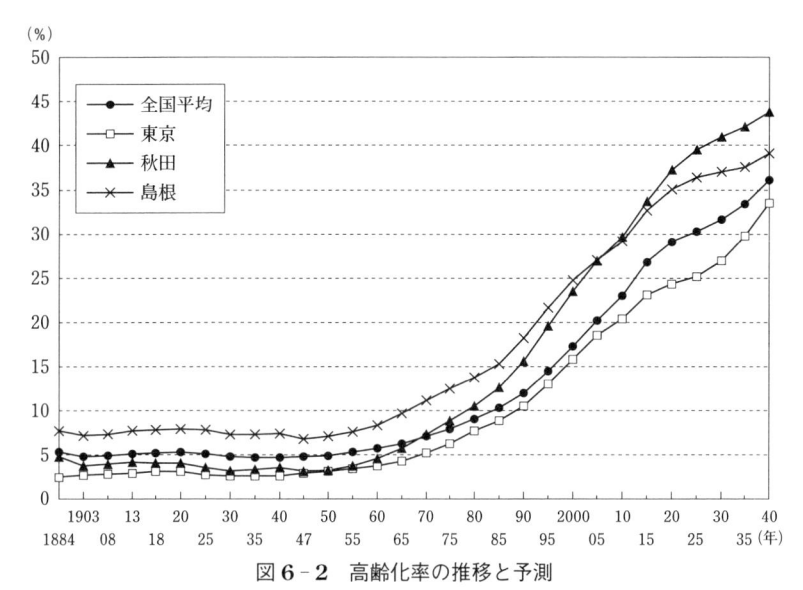

図6-2　高齢化率の推移と予測

出所：『国勢調査』，『日本の地域別将来推計人口（平成25年3月推計）』．

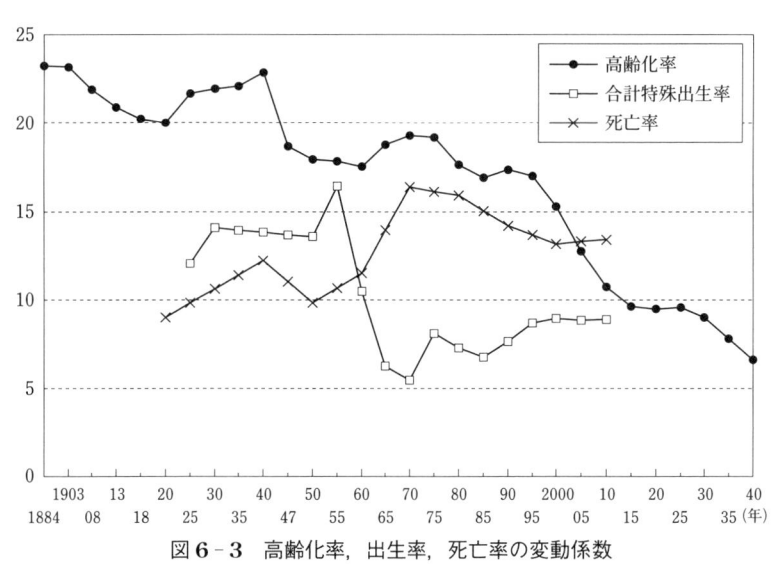

図6-3　高齢化率，出生率，死亡率の変動係数

出所：『国勢調査』，『日本の地域別将来推計人口（平成25年3月推計）』，『人口統計資料集』（国立社会保障・人口問題研究所）．

の間の負の相関関係であると考えられる[3][4]．高齢化が就業率（つまり就業者数
／人口）を通じて1人当たり県民所得を低下させるのは当然であるが，高齢
化が労働生産性の直接的な低下をもたらすのであれば，これは高齢化社会に
とって由々しき事態である．しかし，高齢化が労働生産性にどのような影響
を与えるかという点については未だ十分な分析がなされていない．第4節で
はこの点について詳細に分析する．

　消費のライフサイクル仮説によれば，高齢化は民間貯蓄の減少をもたら
す．併せて1人当たり所得の減少により政府の税収も減少する．一方，高齢
化による労働力の減少は民間投資を減少させる[5]．高齢化による貯蓄の減少
が投資の減少を上回るような都道府県においては貯蓄投資バランスが負とな
り，財・サービスは純移入となる[6]．

　図6-6は都道府県別の高齢化率と財・サービスの純移出入率（対県内総支
出比率）との関係を1955，1970，1990，2008年について示している．これ
をみると，1955年を除いた全ての年で統計的に有意（5%有意水準）な負の
相関関係があり，いくつかの高齢化県では純移出入率が負で顕著に低い，つ
まり大幅な純移入であることが分かる．

　貯蓄投資バランスが負となる都道府県において，貿易可能な財・サービス
については純移入により過少供給を解消できるが，貿易不可能な財・サービ
スについては純移入による過少供給の解消は不可能である．開放マクロ経済
学によれば，貯蓄投資バランスが負，つまり財・サービスを純移入する国・
地域は貿易不可能な財・サービスの生産により多くの資源を投入する必要が
ある．これに従えば，高齢化県においては製造業や第1次産業といった貿易

---

3)　1955年はデータの制約により就業者当たり GDP，1970，1990，2008年はマンアワ
　　ー当たり GDP を労働生産性としている．
4)　通勤により流入する労働者が多い地域は，居住地ベースで労働投入を計測すると過
　　小になる．このため本章では労働投入は従業地ベースのデータで計測する．この点に
　　ついての詳細は徳井他（2013b）を参照されたい．
5)　地域間の資本移動が十分でない場合には，貯蓄が低下した地域では投資が減少す
　　る．しかし，日本国内の資本移動は十分に行われているから，高齢化が貯蓄に与える
　　影響は投資に与える影響ほど大きくないと考えられる．
6)　この点は主に国レベルで議論されてきた．Onitsuka（1974），Auerbach and Kotlikoff
　　（1990）を参照．

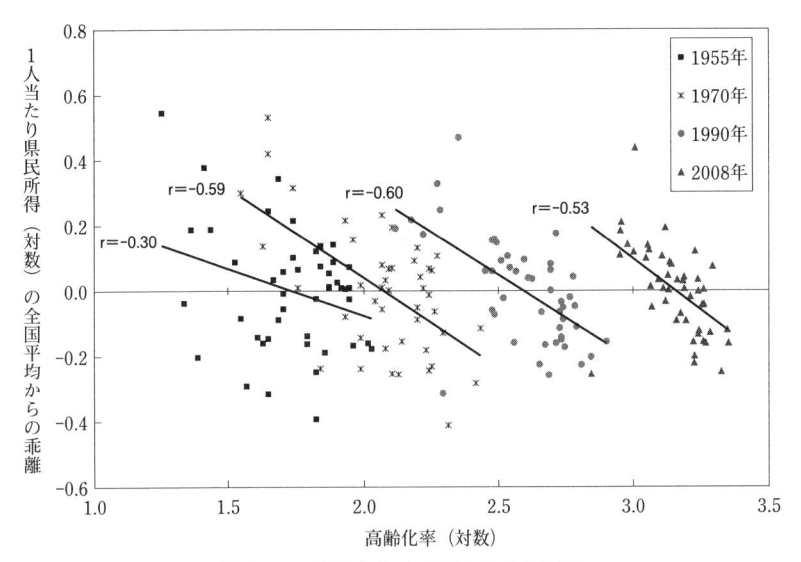

図6-4 高齢化と1人当たり県民所得

出所:『国勢調査』,『県民経済計算』.

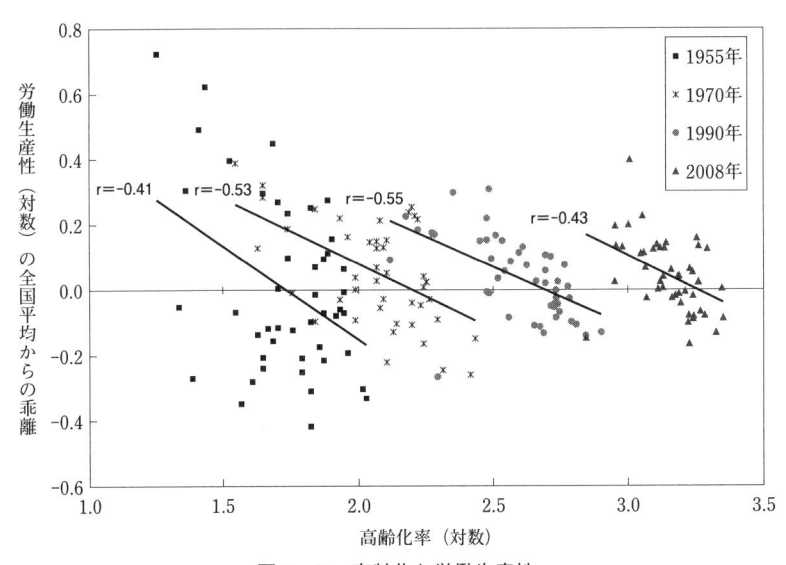

図6-5 高齢化と労働生産性

出所:『国勢調査』, R-LTES, R-JIP データベース 2012.

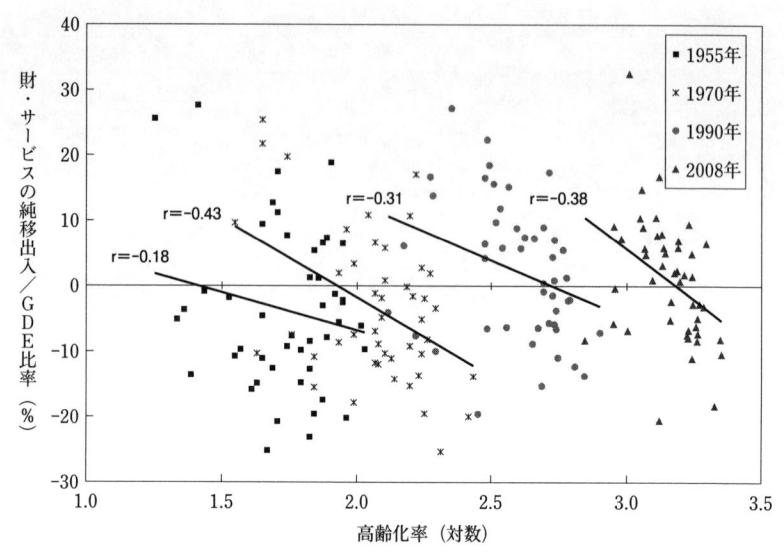

図 6-6　高齢化と財・サービスの純移出入

出所：『国勢調査』，『県民経済計算』.

可能な財・サービスの生産部門は縮小し，貿易不可能な産業のシェアが拡大していることが予想される.

　高齢化県の純移入率がなぜ高いのか，高齢化県の産業構造は開放マクロ経済学が提示するように非貿易財部門に偏っているのか，といった点については第5節で分析する.

3.　都道府県間でなぜ高齢化率が異なるのか？

　本節では，秋田や島根のように高齢化率が顕著に高い地域とそうではない東京のような地域がなぜ併存するのか，また高齢化率の都道府県間格差が過去縮小傾向にあり，将来も低下し続けると予測されるのはどのような原因によるのかを考察する.

　図6-7は，代表的な高齢化県である秋田と島根，相対的に高齢化が進んでいない東京という3つの地域を例とし，幾つかの人口動態指標（自然増加率，社会増加率，合計特殊出生率，死亡率）の推移を比較している. これによる

と，自然増加率及びその背後にある粗出生率，合計特殊出生率，死亡率は 3
つの地域間で水準の違いはあるものの，推移の傾向は似通っていることが分
かる．一方，3 つの地域の差異が明確に現れているのは社会増加率であり，
特に 1970 年以前については水準，傾向とも顕著な違いがある．よって，以
下では社会増加率を中心に分析を行う．

　1920 年から 1970 年において秋田と島根は社会増加率が常に負，つまり県
外へ人口が流出しており，特に高度経済成長期である 1955 年から 1970 年に
かけて流出の程度が大きかった[7]．一方，東京は 1960 年代半ばまで社会増加
率が常に正，つまり人口流入地域であり，第 2 次大戦以前から既にそのよう
な傾向があった．1960 年代半ば以降人口流入は次第に減少し，1970 年代，
1980 年代には逆に人口流出となっている．この背景には，土地価格の高
騰，大気汚染，新規工場建設に対する規制，大学の東京への集中抑制等によ
り，東京での就学・就業希望者が東京周辺地域である千葉，埼玉，神奈川に
居住する割合の高まりがあったと考えられる．その後，社会増加率は次第に
上昇し，現在では再び人口流入地域に転じているものの，1960 年代半ばま
でのような高水準の流入は起きておらず，秋田や島根との社会増加率の格差
は縮小したといえるであろう．

　このように，秋田，島根と東京という 3 つの地域を例とした場合，人口動
態の観点からみた地域間の差異は主に過去の社会増加率の推移に顕著に表れ
ており，現在高齢化が進んだ秋田，島根では過去に社会増加率がマイナスつ
まり人口が流出していたのに対し，東京は社会増加率がプラスつまり人口が
流入していたことが分かった．地域間を活発に移動するのは主に 10 代から
20 代の若年人口であることから，ある時点で社会増加率が負つまり人口が
流出している地域では，若年人口流出による当面の労働力人口の減少と，30

---

7)　図 6-2 では，秋田と異なり島根の高齢化率は戦前から既に高かったことを指摘した
　　が，この事実を説明するには図 6-7 だけでは不十分である．島根では秋田よりも相当
　　早い時点で人口流出が始まっていたと仮定すれば，図 6-2 で観察されるような状況を
　　説明することができる．ただし，図 6-7 で示した社会増加率は 1920 年以降のみであ
　　り，1920 年時点では秋田と島根の社会増加率はほぼ同水準である．島根における人口
　　流出が秋田より早く始まっていたという仮定の妥当性を確認するには，図 6-7 の社会
　　増加率をさらに過去へ遡及する必要がある．

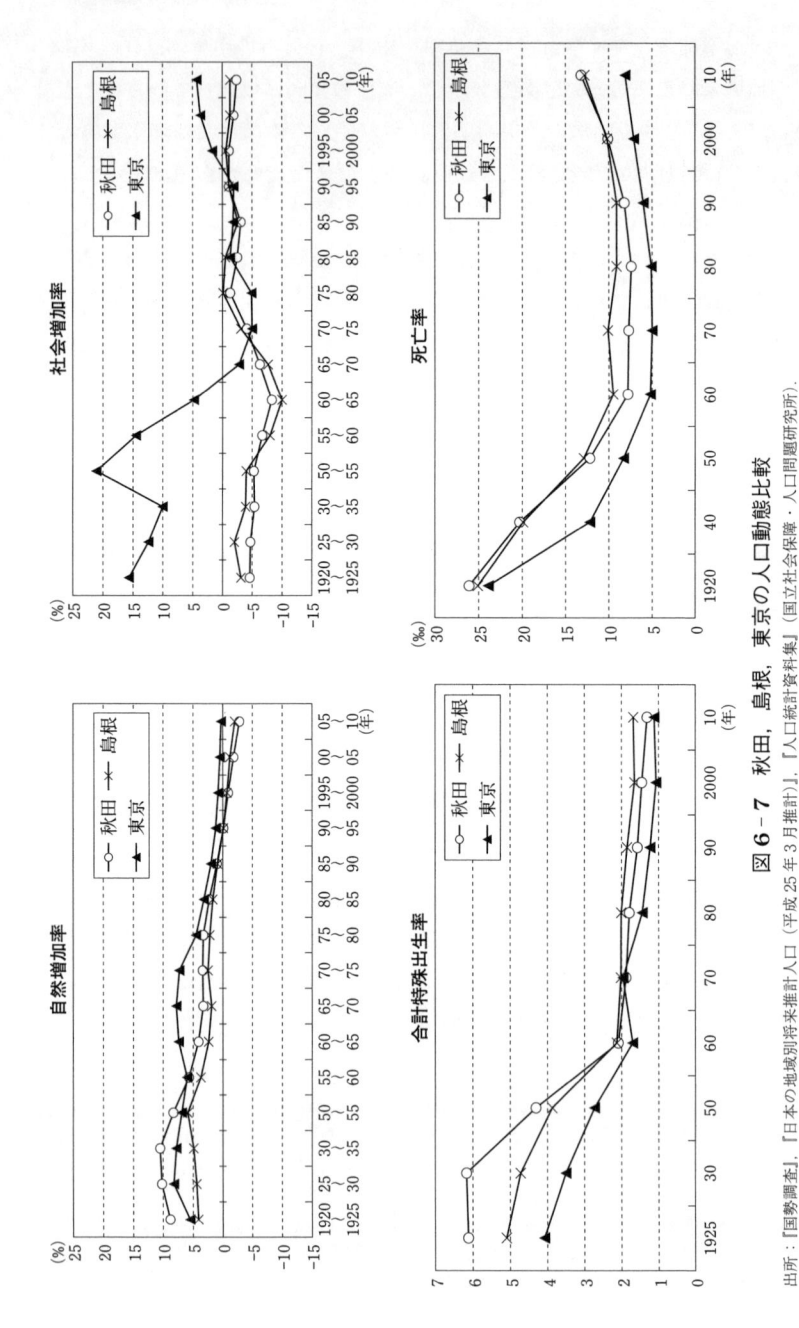

図 6-7　秋田，島根，東京の人口動態比較

出所：『国勢調査』，『日本の地域別将来推計人口（平成 25 年 3 月推計）』，『人口統計資料集』（国立社会保障・人口問題研究所）.

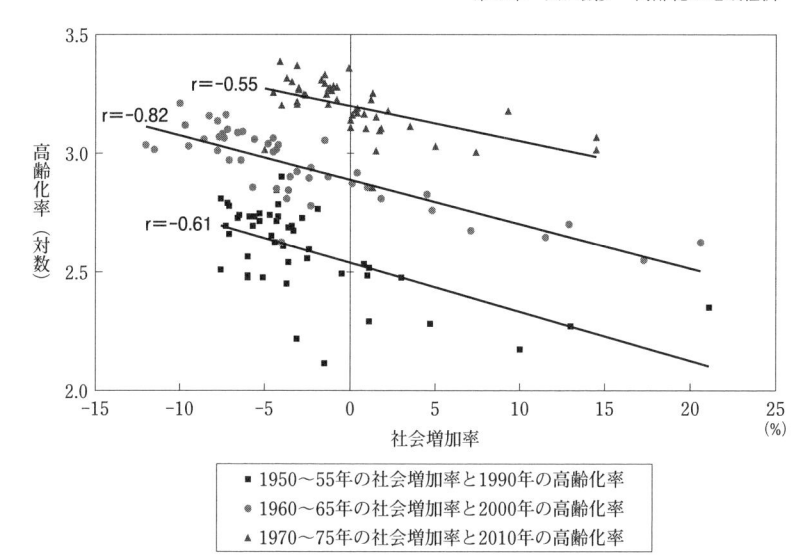

図 6-8 40 年前の人口流出と 40 年後の高齢化

出所：『国勢調査』．

〜40 年後の高齢化率の上昇に直面することが予想される．秋田や島根が現在高齢化県となっているのはこのような理由によると考えられるが，分析対象を日本全体に拡大しても社会増加率と高齢化率に同様の関係は認められるであろうか．都道府県別の期初の社会増加率（5 年平均）と 40 年後の高齢化率の関係を示した図 6-8 によれば，期初の社会増加率と 40 年後の高齢化率には統計的に有意な負の相関関係（5% 有意水準）がある，つまり過去の人口流出が 30〜40 年後の高齢化率の上昇をもたらすことが確認される[8]．

図 6-7 は，3 つの地域における過去の社会増加率の差異とともに，1960 年代以降現時点まで社会増加率の格差に縮小傾向があることも示していた．このような地域間人口移動の停滞傾向は上記 3 つの地域だけでなく，より多くの地域に分析対象を拡大しても観察されるのであろうか．また人口移動が停滞する背後では，どのようなメカニズムが働いているのであろうか．

　人々はより高い所得を得られる地域へ移動したいというインセンティブを

---

8)　図 6-8 は戦後を対象としているが，Fukao *et al.* (2015) によれば戦前についても期初の社会増加率と 40 年後の高齢化率に有意な負の相関が得られている．

表6-1　低所得地域，高所得地域の社会増加率

年	1925〜30	1955	1970	1990	2008
低所得地域の社会増加率 （累積人口シェア下位20%）	- 0.6	- 0.7	- 1.3	- 0.4	- 0.4
高所得地域の社会増加率 （累積人口シェア上位20%）	1.6	1.7	0.0	- 0.4	0.4

年	1925〜30	1955	1970	1990	2008
低所得地域の社会増加率 （累積人口シェア下位10%）	- 0.6	- 0.7	- 1.7	- 0.5	- 0.4
高所得地域の社会増加率 （累積人口シェア上位10%）	2.2	2.3	- 0.9	- 0.4	0.6

注：1)　累積人口シェア上位・下位（10% もしくは 20%）に含まれる都道府県について，累積人口に対する純流入数合計の比率.
　　2)　1925 年のみ上位・下位の基準は 1 人当たり GDP，純流入は 1925 年から 1930 年の社会増加数を 5 分の 1 にした値.
出所：戦前は『国勢調査』，Fukao *et al.*（2015），戦後は『県民経済計算』，『住民基本帳人口移動報告』.

常に持つものと考える．何らかの基準により低所得地域と高所得地域を定義すれば，低所得地域は人口流出，高所得地域は人口流入となることが予想される．

　表6-1は，各年における各都道府県を1人当たり県民所得の順位で並べ，累積人口シェア上位・下位（10% もしくは20%）に含まれる都道府県を合計した地域の社会増加率の推移，つまり日本国内における低所得地域から高所得地域への人口移動の推移を示している．対象とした全期間において低所得地域の社会増加率はマイナス（人口流出），一部期間を除き高所得地域の社会増加率はプラス（人口流入）となっており，概ね地域間の所得格差に応じて人口が移動してきたことが分かる[9]．地域間所得格差に基づく人口移動が最も活発であったのは高度経済成長期である1955，1970年であり，1990，2008年においては1925〜30年よりも停滞している．近年における低所得地域から高所得地域への人口移動の停滞という事実は，なぜ都道府県間の高齢

---

9)　高所得地域の社会増加率は上位 20% の場合で 1990 年，上位 10% の場合で 1970，1990 年においてマイナスであり，人口流入となっている．これは，本節の定義による高所得地域は東京の社会増加率の推移を最も強く反映しているためであると考えられる．なお，東京の社会増加率については図6-7の通りである．

化率の格差が縮小し，今後も縮小傾向が続くと予想されるのか，という点を理解する助けとなると考えられる．

　低所得地域から高所得地域への人口移動の停滞は，都道府県間の所得格差が低下し，地域間人口移動の中心的役割を果たす10代，20代の人口移動が停滞したためである，と理解することができるであろうか．まず若年人口移動が実際に停滞したかどうか確認するため，以下のような若年人口移動の指標を計測する．例えば，各都道府県について1955年における10〜14歳人口と20年後の1975年における30〜34歳人口を比較することにより，20年間で若年人口の純流入がどの程度起きたかを捉えることができる．具体的には次のような方法によって計測する．

　都道府県 i の1955年から1975年にかけての若年人口純流入率＝
　（都道府県 i の1975年における30〜34歳人口－
　都道府県 i の1955年における10〜14歳人口）×全国平均生残率 [10]
　／都道府県 i の1955年における10〜14歳人口

　図6-9に示した計測結果からも分かるように，若年人口移動は1955年以降の約50年間で急速に停滞し，特に東京周辺地域や大阪，愛知での純流入率の低下が顕著である．なお，東京のみ1990〜2010年において純流入率が上昇しているが，日本全体で若年人口移動を活発化させるほどの純流入規模であるとは考えにくい．既に述べたように，若年人口移動の停滞は都道府県間の所得格差の縮小によってもたらされた可能性が高い．一方，出生率の低下により一人っ子世帯が増加し，そのような世帯の子供たちは両親と同居する傾向が強いため，結果的に低所得地域から若年人口が流出しなくなったという可能性も考えられる．どちらの可能性がより支配的であるのか，その他の可能性があるのか，ということについては現時点では明確な回答が得られておらず，今後より多くの研究の蓄積が必要である．

　次に，人口移動の重要な要因であると考えられる都道府県間の所得格差が

10）　生残率＝1－死亡率である．

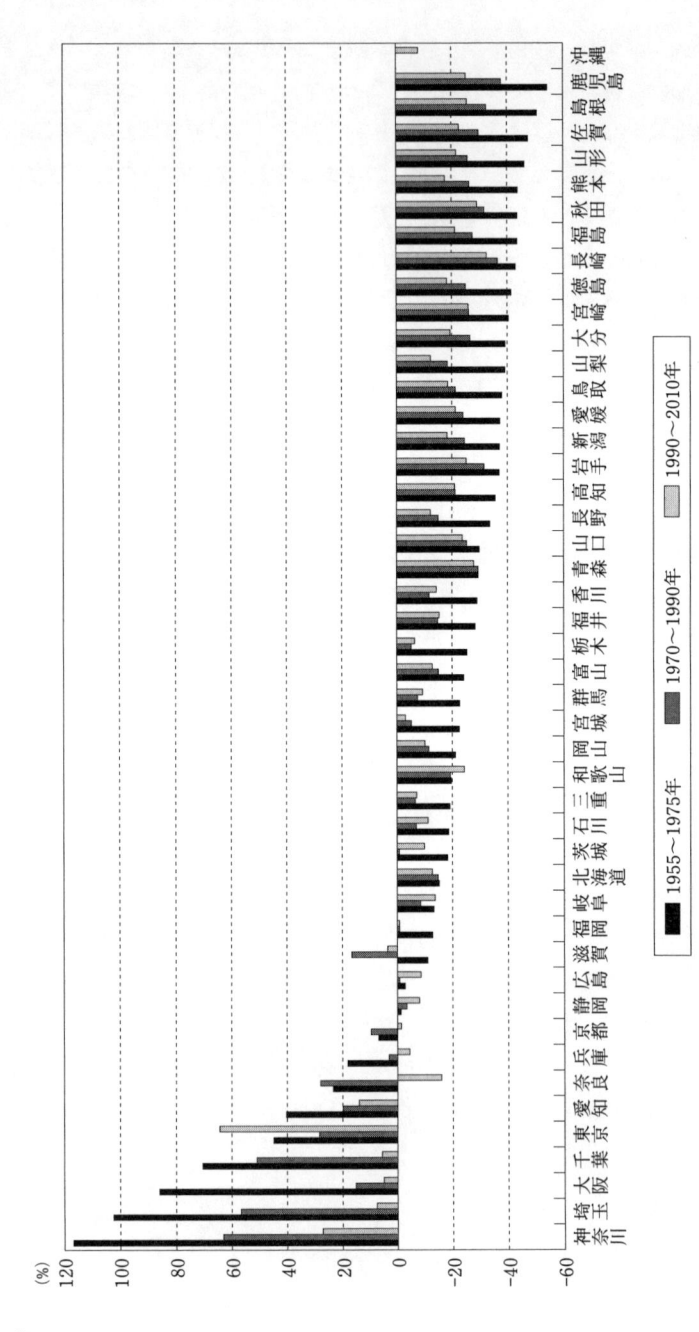

図 6 - 9　若年人口純流入率

出所：『国勢調査』より計算．

168

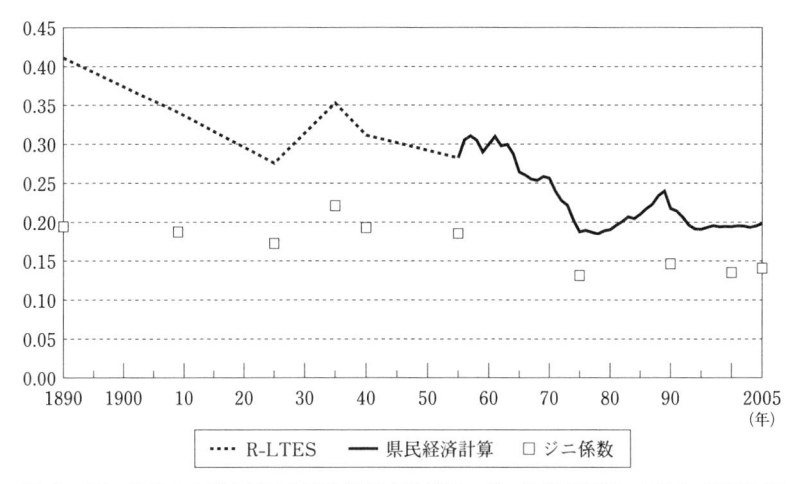

図 6‑10　県民 1 人当たり県内総生産の変動係数・ジニ係数の推移：1890〜2005 年
出所：Fukao *et al.*（2015）.

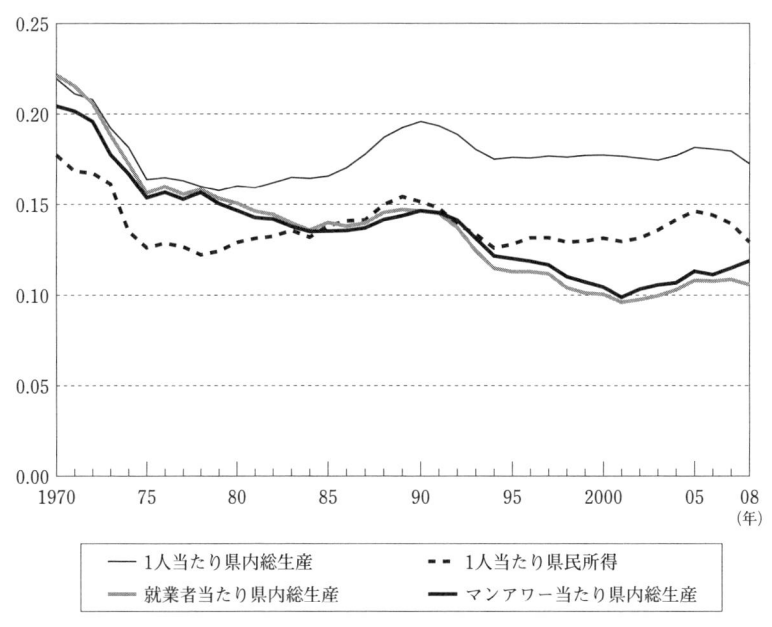

図 6‑11　変動係数の推移：1970〜2008 年
出所：Fukao *et al.*（2015）.

どのように推移してきたのかを確認しよう．図6-10は県民1人当たり県内総生産（GPP）の変動係数の長期推移を示している．多少の変動はあるものの都道府県間の所得格差は長期的には縮小傾向にあることが分かる．1970年代前半以降に注目すると，バブル期を除けば格差は横ばいに近いが，脚注4でも述べたように，通勤による従業地と居住地の不一致を考慮すると，県民1人当たり県内総生産を所得格差の指標として利用するのは適切ではない．図6-11は，県民1人当たり県内総生産に加え，1人当たり県民所得，従業地に基づく就業者当たり県内総生産，従業地に基づくマンアワー当たり県内総生産の変動係数について，1970〜2008年における推移を比較している．1人当たり県民所得は他地域からの要素所得を含むため，これに基づく所得格差の推移は緩やかであるが，従業地ベースかつ県内総生産に基づく所得格差は2000年代前半に若干上昇しているものの，長期的には低下傾向を示している．

　以上より，現時点での都道府県間の高齢化率格差は30〜40年前の若年人口移動の結果であること，高齢化率格差がこれまで縮小傾向にあり将来も縮小し続けるのは，1955年以降一貫して続いている若年人口移動の停滞が30〜40年ほどの時間差を持って影響を与えるためであること，また人口移動の原動力であると考えられる都道府県間の所得格差は長期に亘って縮小していることが確認された．

4. 高齢化県はなぜ労働生産性が低いのか？

　本節では，高齢化率と都道府県間の所得格差にどのような因果関係が存在するのかを明らかにする．第2節で述べたように，都道府県間の高齢化率と所得格差の関係を考える上で最も重要であると考えられるのは，図6-5で観察した高齢化県は労働生産性が低いという事実である．この事実と，前節で確認した高齢化率と若年人口移動の関係を踏まえつつ以下の分析をすすめる．まず，Caves *et al.*（1982）に従い労働生産性の都道府県間格差を次のように表す．

$$(1) \quad \ln\left(\frac{\nu_r}{\nu}\right) = RTFP_r + \frac{1}{2}\left(s_r^K + \overline{s^K}\right)\left\{\ln\left(\frac{Z_r}{Z}\right) - \ln\left(\frac{H_r}{H}\right)\right\}$$
$$+ \frac{1}{2}\left(s_r^L + \overline{s^L}\right)\ln\left(\frac{Q_r}{Q}\right)$$

ここで ν_r, Z_r, H_r, Q_r, $RTFP_r$ はそれぞれ都道府県 r のマンアワー当たり名目付加価値（つまりマンアワーベースの労働生産性），資本投入，マンアワー，労働の質，相対 TFP を表す．また s_r^K, s_r^L は都道府県 r の資本コストシェア，労働コストシェアである．なお，上付き線のついた変数の対数（例えば $\ln\overline{\nu}$）は当該変数の全国幾何平均を表す．

上式を利用すると，高齢化率と労働生産性格差との共分散を，①高齢化率と相対 TFP（右辺第1項）の共分散の寄与，②高齢化率と資本装備率（右辺第2項）の共分散の寄与，③高齢化率と労働の質（右辺第3項）の共分散の寄与に分解することが可能である．その結果を表6-2に示した．

表6-2によれば，全期間において TFP，資本装備率，労働の質のいずれも高齢化率と負の相関関係にあることが分かる．つまり，高齢化率の高い都道府県において，3つの要素は全て労働生産性を低下させるように寄与しているということになる[11]．紙幅の都合により高齢化率と TFP の散布図のみ図6-12に示したが，これをみても高齢化率と TFP に負の相関があるのは明らかである．また，3つの要素のうち相対 TFP が 1955, 1990, 2008 年において最大の寄与度になっている．言い換えれば，高齢化県で労働生産性が低いのは TFP が低いため，ということになる[12]．

それでは高齢化県ではなぜ TFP が低いのであろうか．以下では，高齢化県で TFP が低いという観察結果の背後で，TFP の低さが高齢化を招くとい

---

11)　なお，1955, 2008 年における資本装備率を除き，高齢化率と3つの要素投入の相関係数が統計的に有意（5% 有意水準）であることを確認している．

12)　表6-2からは，1970 年においてのみ資本装備率の寄与が TFP の寄与を若干上回っている．TFP や資本装備率と比較して労働の質の寄与が小さい，ということも確認できる．労働の質の寄与が小さい点については，労働の質の都道府県間格差がそもそも小さいためであると考えられる（徳井他 2013a）.

表6-2　高齢化率と労働生産性格差の共分散とその要因分解

年	1955	1970	1990	2008
高齢化率と労働生産性格差の共分散	−0.020 (100.0)	−0.017 (100.0)	−0.012 (100.0)	−0.005 (100.0)
高齢化率と相対 TFP の共分散	−0.015 (74.9)	−0.007 (39.8)	−0.007 (56.3)	−0.003 (55.3)
高齢化率と資本装備率の共分散	−0.003 (13.8)	−0.008 (45.4)	−0.003 (21.8)	−0.001 (21.5)
高齢化率と労働の質の共分散	−0.002 (11.3)	−0.003 (14.8)	−0.003 (21.8)	−0.001 (23.1)

注：括弧内は寄与度（％）.

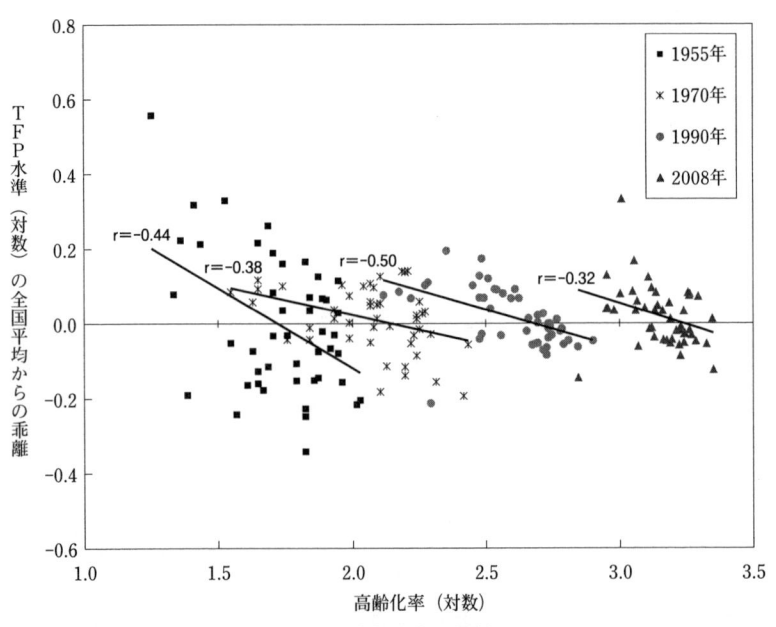

図6-12　高齢化率と相対 TFP

出所：『国勢調査』，R-LTES，R-JIP データベース 2012.

表 6‑3　相対 TFP 順位の
時差相関係数

年	1955	1970	1990
1970	0.66		
1990	0.55	0.71	
2008	0.51	0.57	0.65

出所：R-LTES, R-JIP データベース
2012.

表 6‑4　相対 TFP の標準偏差

1955 年	1970 年	1990 年	2008 年
0.18	0.09	0.08	0.08

出所：R-LTES, R-JIP データベース 2012.

う因果関係が成立するか否かを理論的・実証的に検証する[13].

　ある時点における低 TFP は同時点の低賃金と若年人口流出をもたらすと仮定すると，現在深刻な高齢化に直面している地域では数十年前に低 TFP・低賃金による若年人口流出が起きていたということになる．また，TFP 格差が長期的に安定している，つまり低 TFP 地域の TFP は数十年経過しても低いままであると仮定する．これら 2 つの仮定の下では，現時点において高齢化率と TFP の間に負の相関関係が観察されることになる．

　まず，TFP 格差の長期安定性を検証するため，表 6-3 に各都道府県の相対 TFP 順位に関する時差相関係数を示した．全ての相関係数は正かつ 5% 有意水準で統計的に有意となり，都道府県間の TFP 格差は時系列的に安定していることが分かる．また，表 6-4 の相対 TFP の期間別標準偏差によると，1955 年から 1970 年において TFP 格差は縮小しているものの，1970 年以降はほぼ変化していないことが確認できる．

　都道府県間で技術の伝播が遅いのであれば TFP 格差が長期間存在する可能性はあるが，多くの企業が地域を跨いで投資し，日本中に様々なネットワークを張り巡らせていることを考えると，技術の伝播速度が TFP 格差の長期安定性の原因であるとは言い難い．一方，集積効果が TFP 格差を安定させていると考えることは可能である．産業や人口の集積効果によって所得が高くなっている地域には，その高所得を享受するためにさらに企業や人口が流入するため集積効果が消えることはない．その結果，TFP 格差が固定されることになる．また，例えば地理的条件に恵まれた港湾を持つ地域は高

---

13)　なお，高齢化が TFP を引き下げるという逆の因果関係も考えられるが，Fukao and Makino（2015）において，そのような関係は否定されている．

TFP を長期間維持できる，といった立地の優位性によっても説明可能である．

　次に都道府県間の TFP 格差と賃金格差の関係を明らかにする．まず，資本と労働を生産要素とする規模に関して収穫一定の新古典派生産関数を仮定する．資本は都道府県間を自由に移動することが可能であり，資本収益率は都道府県間で常に均等化する．一方，労働の移動には時間がかかり，労働者がどこに居住するかは賃金以外の要因（住環境や労働者の経歴，親の居住地など）にも依存するならば，少なくとも短期においては各地域の労働供給は固定的になり，賃金の地域間格差が解消されずに存在することになる．全ての都道府県は同一の財を生産し，市場は全て完全競争であるとする．また，簡単化のため労働の質は全都道府県で同一であるものとする[14]．

　生産関数を以下のように表す[15]．

$$(2) \quad V_i = F\big(K_i, N_i, A_i\big) = N_i f\big(k_i, A_i\big)$$

ここで V_i, A_i, K_i, N_i, k_i はそれぞれ都道府県 i の実質付加価値，生産性指標，資本サービス投入，労働投入，資本装備率（K_i/N_i）である．

　都道府県間の資本移動は自由であることから以下の関係を得る．

$$(3) \quad \frac{\partial f\big(k_i, A_i\big)}{\partial k_i} = r$$

ここで r は資本収益率である．各都道府県は国際経済学における「小国」と同様とする．つまり，都道府県 i における TFP 水準の変化が日本全体の資本収益率 r に影響を及ぼさないほど都道府県 i は十分小さく，資本収益率 r は所与で一定であることを仮定する．この仮定の下では，(3) 式は所与の A_i に対して k_i がどのように決定されるかを示した陰関数であり，これを

---

14)　仮に都道府県間で労働の質格差が存在しても，本分析の結果は本質的に変わらない．

15)　任意の $k_i \geq 0$, $A_i \geq 0$ に対し，$f(k_i, A_i) \geq 0$, $\dfrac{\partial f\big(k_i, A_i\big)}{\partial k_i} > 0$, $\dfrac{\partial^2 f\big(k_i, A_i\big)}{\partial k_i^2} < 0$, $\dfrac{\partial f\big(k_i, A_i\big)}{\partial A_i} > 0$, かつ $\lim_{k_i \to +0} \dfrac{\partial f\big(k_i, A_i\big)}{\partial k_i} = +\infty$, $\lim_{k_i \to +\infty} \dfrac{\partial f\big(k_i, A_i\big)}{\partial k_i} = 0$ を満たすものとする．

$k_i = k(A_i)$ と表す. (3) 式を A_i について微分することにより以下の関係を得る.

$$(4) \quad \frac{\partial^2 f(k_i, A_i)}{\partial k_i^2} \frac{dk_i(A_i)}{dA_i} + \frac{\partial^2 f(k_i, A_i)}{\partial A_i \partial k_i} = 0$$

都道府県 i の実質賃金 w_i は, 都道府県 i の労働の限界生産性と等しくなるように決まる.

$$(5) \quad w_i = f(k_i, A_i) - k_i \frac{\partial f(k_i, A_i)}{\partial k_i}$$

$k_i = k(A_i)$ を利用すると, (5) 式は A_i の変化が賃金 w_i に対してどのような影響を与えるかを表しているとみなすことができる.

$$(6) \quad w_i = f(k(A_i), A_i) - k(A_i) \frac{\partial f(k(A_i), A_i)}{\partial k_i}$$

(6) 式を w_i と A_i について微分し (4) 式の関係を適用すると, 以下の関係を得る.

(7)

$$dw_i = \frac{\partial f(k(A_i), A_i)}{\partial k_i} \frac{dk(A_i)}{dA_i} dA_i + \frac{\partial f(k(A_i), A_i)}{\partial A_i} dA_i$$

$$- \frac{\partial f(k(A_i), A_i)}{\partial k_i} \frac{dk(A_i)}{dA_i} dA_i - k_i \frac{\partial^2 f(k(A_i), A_i)}{\partial k_i^2} \frac{dk(A_i)}{dA_i} dA_i$$

$$- k_i \frac{\partial^2 f(k(A_i), A_i)}{\partial A_i \partial k_i} \frac{dk(A_i)}{dA_i} dA_i = \frac{\partial f(k(A_i), A_i)}{\partial A_i} dA_i$$

N_i と k_i を定数とし (2) 式の生産関数を V_i と A_i について微分する.

$$(8) \quad \frac{dV_i}{V_i} = \frac{N_i}{V_i} \frac{\partial f(k_i, A_i)}{\partial A_i} dA_i$$

N_i と k_i を定数としていることから, (8) 式の左辺は $dTFP_i / TFP$ つまり TFP 変化率を表している. よって (8) 式は TFP 変化率と生産性指標の関係を示していると考えられる. (7), (8) 式より, 以下のような TFP と賃金の関係を得る.

$$(9) \quad \frac{dw_i}{w_i} = \frac{V_i}{w_i N_i} \frac{dTFP_i}{TFP_i}$$

(9) 式右辺の $V_i/w_i N_i$ は労働コストシェアの逆数であることから1より大きい．よって，規模に関する収穫が一定の場合には，TFPの上昇はそれ以上の賃金上昇をもたらす，ということを (9) 式は表している．

一方，高TFPは高い資本装備率をもたらすのであろうか？ TFPと資本装備率の関係は (4) 式で表されているが，本分析における諸仮定の下ではTFPが資本装備率にどのような影響を及ぼすかは曖昧である．しかし，経済成長に関する多くの研究が仮定しているように，技術進歩をヒックス中立，もしくはハロッド中立とするならば，高TFPは高い資本装備率をもたらすことになる．

なお，上述した分析は小規模な県における比較静学であるが，異なるTFP水準を持つ小規模な都道府県間での賃金格差の分析にも適用可能である．以下では，この分析結果がデータによって支持されるか確認しよう．

図6-13は各都道府県のTFPと賃金の関係を示している[16]．これより，TFPと賃金には5%有意水準で統計的に有意な正の相関関係があること，また近似線の傾きは1955年では1より小さく，以降は1に近くなっていることが分かる．(9) 式より近似線の傾きは理論的には1より大きくなるはずであるが，特に1955年のTFPについては推計誤差が大きいことを考慮すると，図6-13は概ね理論と整合的であるといえる[17]．

このように，低TFPが低賃金をもたらすことは理論的・実証的に検証されたが，それでは低TFPが低賃金を通じて若年人口を地域から流出させることは確認されるであろうか？ 図6-14は1955，1970，1990年における都道府県別相対TFPと，図6-9で示した若年人口移動指標の散布図であるが，これによると全ての期間において期初のTFP水準とその後の若年人口

---

16) ここでの賃金水準は都道府県間での労働の質の違いを考慮していないが，徳井他 (2013a) で示したように高所得県の労働の質は高い傾向があり，高所得県の賃金が過大になっている可能性がある点には注意が必要である．

17) 脚注3でも述べたように，1955年はデータの制約が大きい．労働時間が利用できない，資本ストックや労働の質の推計が1970年以降ほど精緻ではない，といった理由によりTFPの精度は他の年より劣っている．

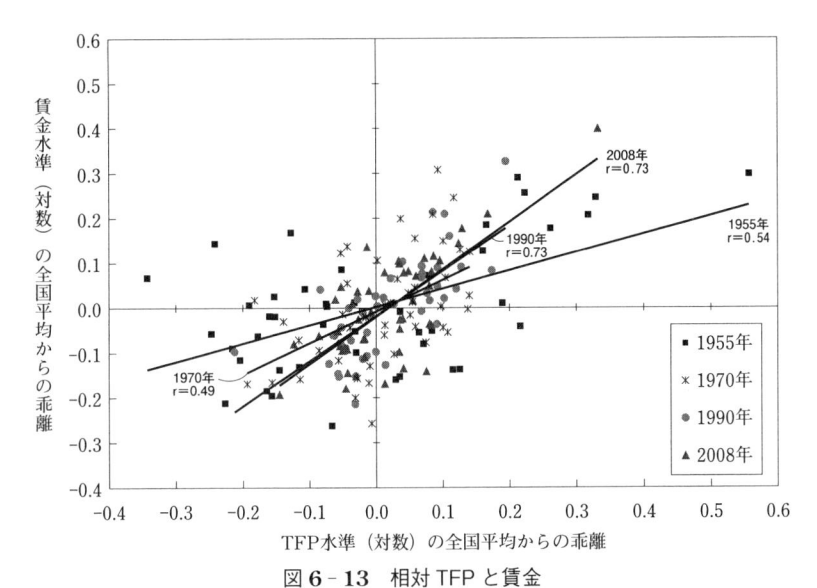

図 6 - 13　相対 TFP と賃金

出所：R-LTES, R-JIP データベース 2012,『毎月勤労統計調査（地方調査)』.

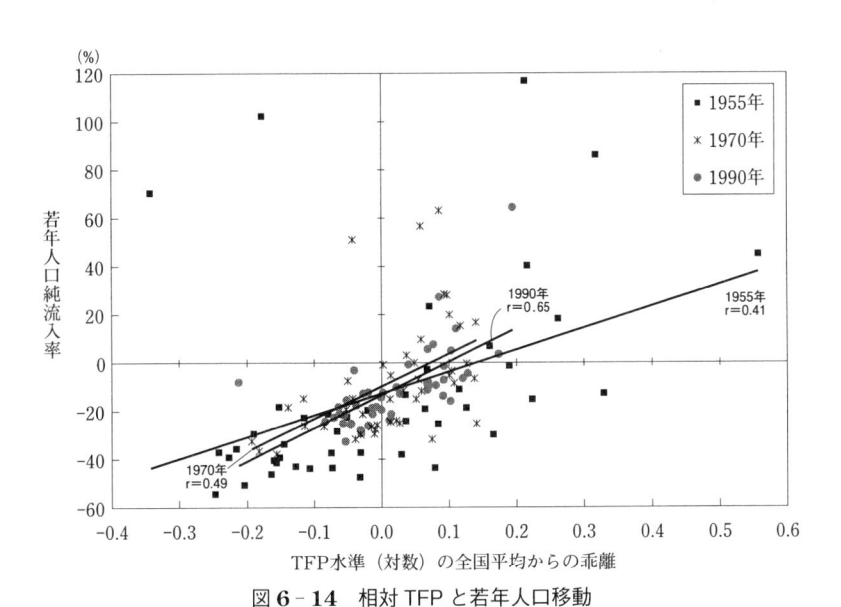

図 6 - 14　相対 TFP と若年人口移動

出所：『国勢調査』, R-LTES, R-JIP データベース 2012.

移動には統計的に有意な正の相関関係があることが分かる.

　本節の分析によって得られた結論をまとめると以下のようになる. 低 TFP が原因となり低賃金と若年人口流出をもたらすことから, 現在高齢化に直面している地域は 30〜40 年前に若年人口が流出していた, つまり 30〜40 年前に低 TFP とそれによる低賃金に直面していたと考えられる. また, 都道府県間の TFP 格差は長期的に安定しており, 30〜40 年前に低 TFP であった地域は現時点でも TFP が低い傾向がある. よって, 現時点の TFP 水準と高齢化率に負の相関関係が観察されたのである.

5. 高齢化県における純移入と産業構造

　図 6-6 で示したように, 高齢化県では財・サービスが純移入となっており, 貯蓄投資バランスを考慮すれば民間もしくは政府の貯蓄率が低く投資率が高いということになる. 本節では, このような傾向をもたらす原因を明らかにする. また, 開放マクロ経済学に従えば, 高齢化県では製造業や第 1 次産業のような貿易財部門は縮小し非貿易財部門が拡大すると考えられるが, 本節ではこの点についても併せて検証する.

　図 6-15 から 6-18 は, それぞれ 1955, 1970, 1990, 2008 年における高齢化率と民間粗貯蓄率, 民間粗投資率, 政府粗貯蓄率, 政府粗投資率の関係を示している[18]. 図 6-15, 6-16 によると, 民間貯蓄率, 投資率と高齢化率には非常に弱い相関しか観察されない. 一方, 図 6-17 をみると, 政府貯蓄率と高齢化率には 5% 有意水準で統計的に有意な負の相関関係があることが分かる. さらに, 近似線の傾きは時間の経過とともに大きくなっており, 2008 年においては高齢化率が高い地域で政府貯蓄率は顕著な負の値となっている (最大は高知の -34.6%, 次が島根で -31.9%). また, 図 6-18 のように政府投資率と高齢化率には 5% 有意水準で統計的に有意な正の相関関係が観察されるが, 政府がなぜそれほど高齢化県に投資を集中させているのか理解しがたい.

---

18)　貯蓄率, 投資率はいずれも県内総支出に対する比率である.

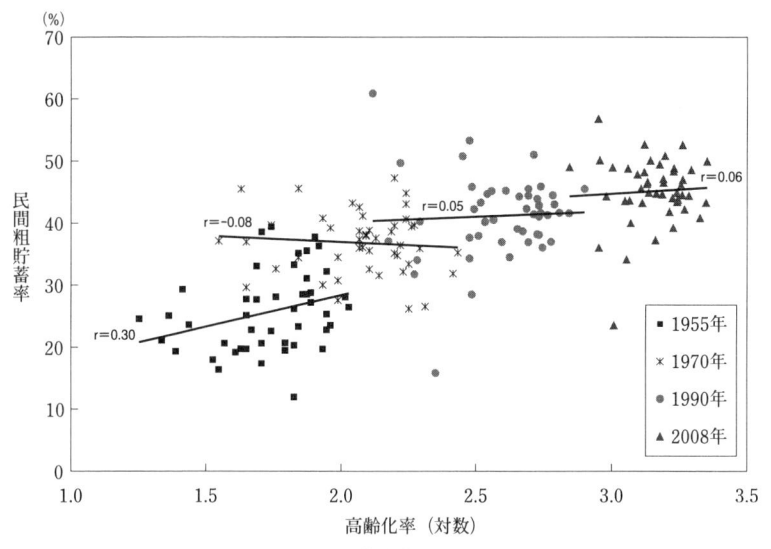

図 6 - 15　高齢化と民間貯蓄

出所：『国勢調査』，『都道府県別経済財政モデル・データベース』（内閣府）．

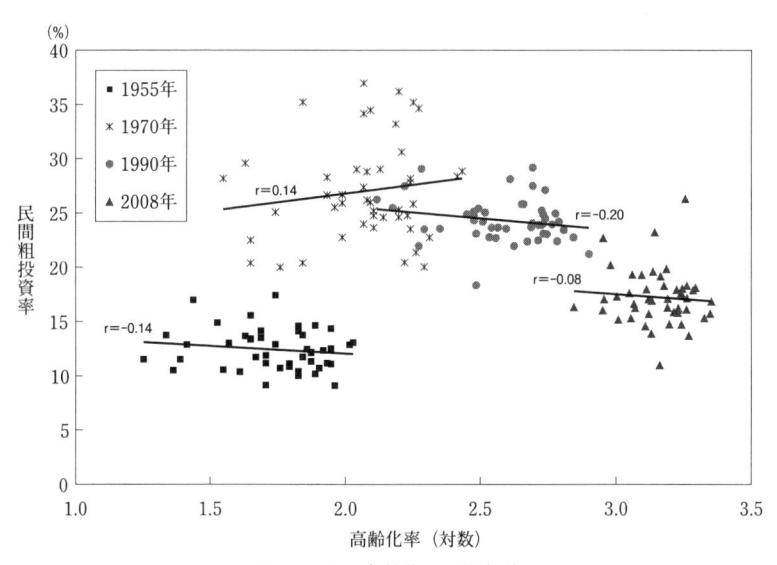

図 6 - 16　高齢化と民間投資

出所：『国勢調査』，『都道府県別経済財政モデル・データベース』（内閣府）．

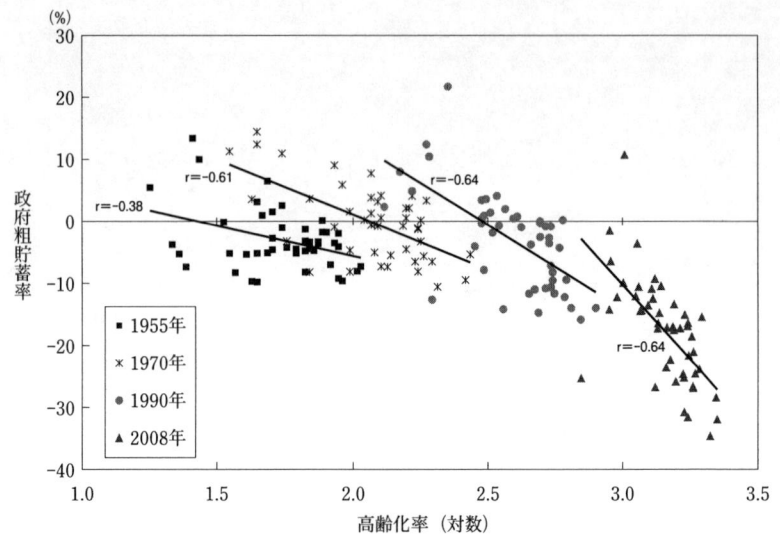

図6-17　高齢化と政府貯蓄

出所：『国勢調査』，『都道府県別経済財政モデル・データベース』（内閣府）.

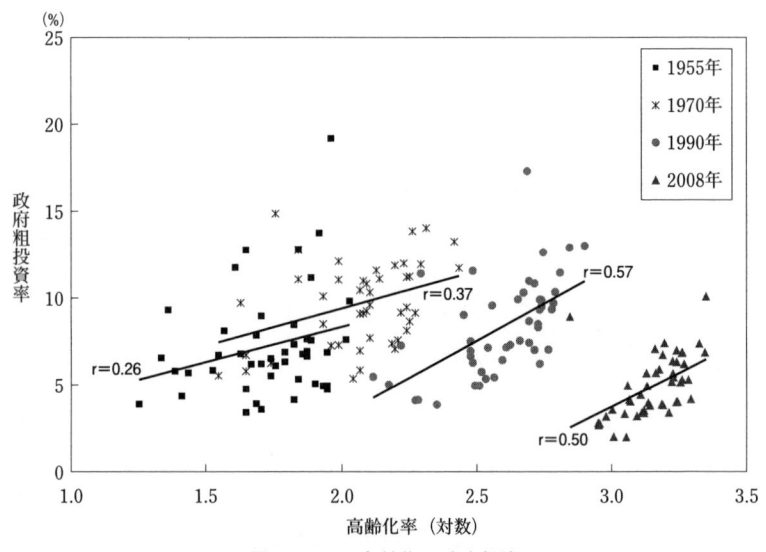

図6-18　高齢化と政府投資

出所：『国勢調査』，『都道府県別経済財政モデル・データベース』（内閣府）.

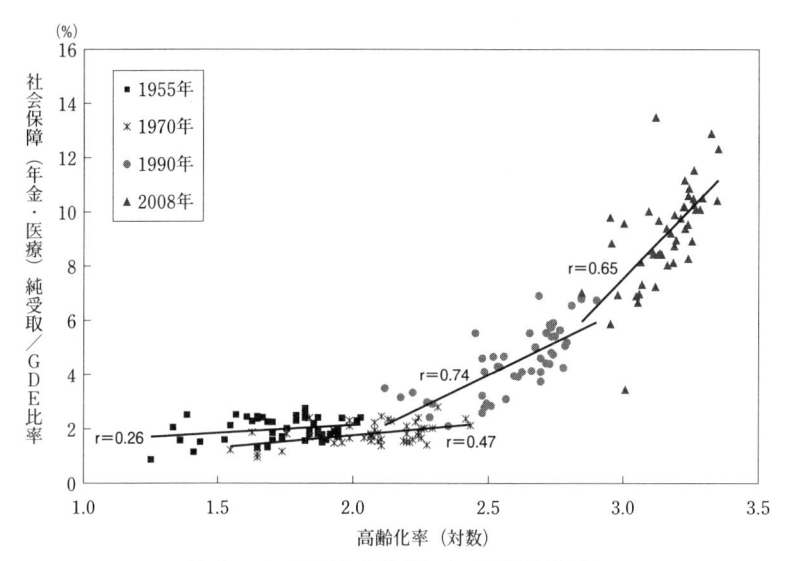

図 6-19　高齢化と公的年金・医療費純受取

出所：『国勢調査』，『都道府県別経済財政モデル・データベース』（内閣府）．

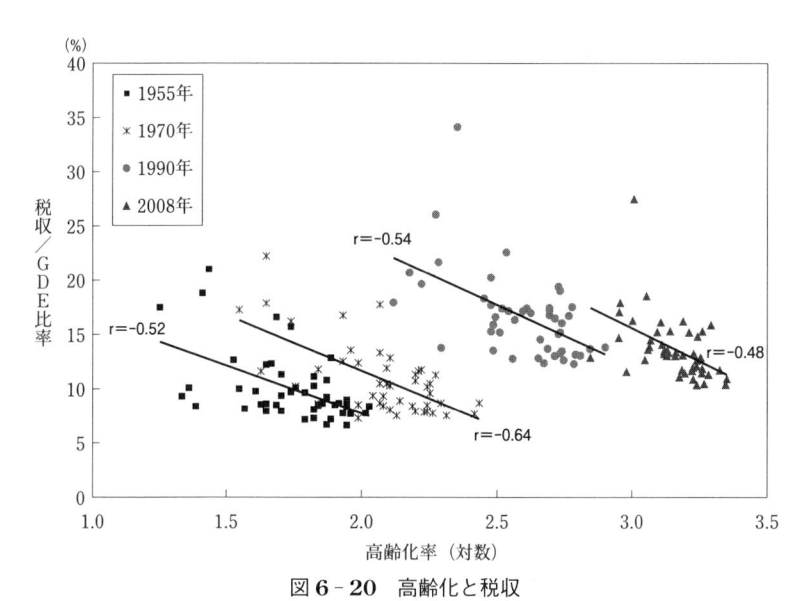

図 6-20　高齢化と税収

出所：『国勢調査』，『都道府県別経済財政モデル・データベース』（内閣府）．

　これらの図より，高齢化県において財・サービスが純移入となる原因は主に政府部門による巨額な負の貯蓄であり，政府部門による積極的な投資が一部助長しているといえる．図6-19によれば高齢化県での公的年金・医療費の純受取と県内総支出の比率は直近で12～13%になる一方，図6-20で示したように税収／県内総支出比率は高齢化県ほど低いことから，高齢化県の政府貯蓄率が大きな負の値となるのは当然であろう．

　このような政府部門による大規模な所得移転は，高齢化県における民間貯蓄率の引き上げに貢献する．つまり，図6-16での民間貯蓄率と高齢化率の無相関は一見すると消費のライフサイクル仮説と整合的でないが，その不整合性は政府部門による大規模な所得移転によって説明可能である．

　これら都道府県別の貯蓄投資バランスに関する事実から，日本全体の将来に関してどのような教訓が得られるであろうか．全国平均の高齢化率は15年後には現在の秋田や島根と同水準に達する，ということは図6-2により確認した．しかし，現在の秋田や島根が享受している年金・医療サービスや財・サービスの純移入水準を，15年後に日本全体で享受することはできないであろう．そのことは，日本の対外純資産は対GDP比でたかだか60%程度であり，10%の純輸入率を10年間維持することすら不可能であることに加えて，高齢化県とそれ以外の都道府県との間にある所得移転関係が，日本と他国の間に存在しうるとは考え難いことからも明らかである．現在高齢化の遅れている地域の居住者が経験する老後は相当厳しい状況になると考えられる．

　最後に，高齢化県における非貿易財部門のシェアは他の都道府県と比較して大きいか，という点を確認しよう．図6-21は高齢化率と非貿易財部門の付加価値シェアの関係を示している．図6-21からは両者の間に統計的に有意な相関関係は認められず，これは標準的な開放マクロ経済学と矛盾している．しかし，この矛盾は非貿易財の一部（卸売，金融・保険，運輸・通信など）が実際は貿易財であり高齢化県はそれらの財を多く移入していること，高齢化県は伝統的に第1次産業のシェアが高い，という2つの視点で解釈可能である．

　例えば，介護や医療を含むサービス業を「狭義」の非貿易財部門と定義し

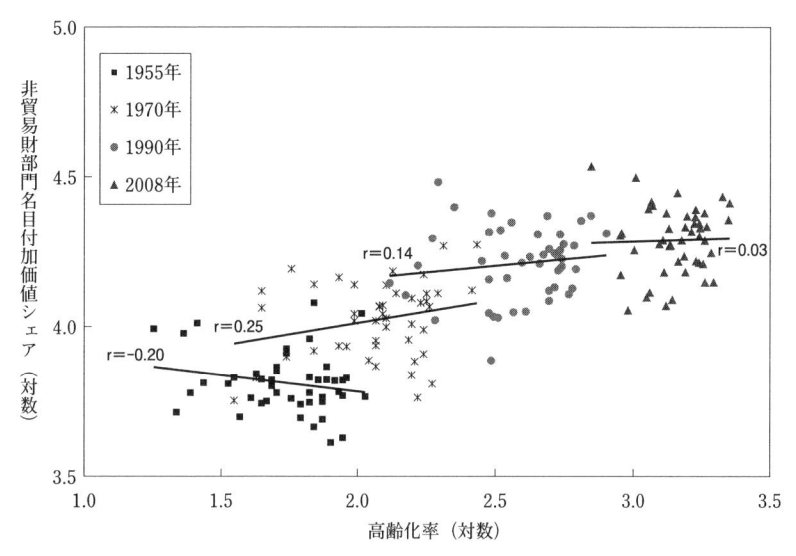

図 6 - 21　非貿易財部門シェアと高齢化

注：非貿易財部門は R-JIP 部門分類のうち農林水産業，鉱業，製造業を除く全部門の合計.
出所：『国勢調査』，R-LTES，R-JIP データベース 2012.

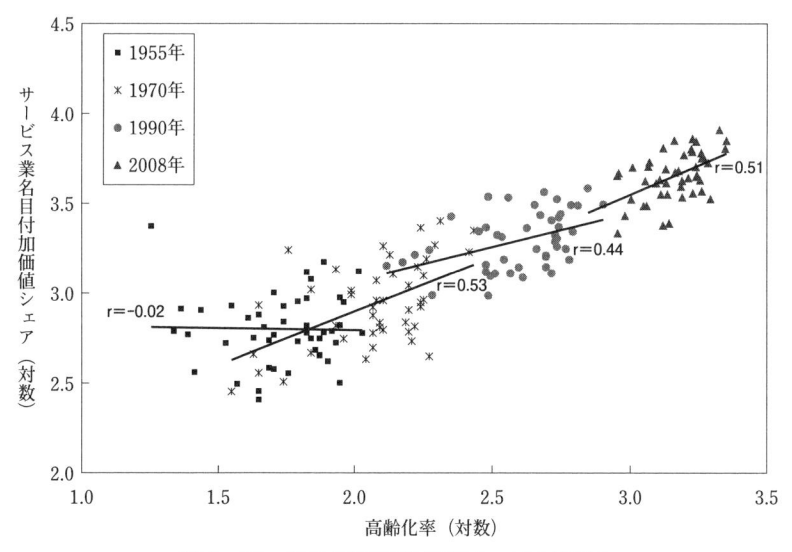

図 6 - 22　狭義の非貿易財部門シェアと高齢化

注：非貿易財部門は R-JIP 部門分類のうちサービス業（民間，非営利）とサービス業（政府）の合計.
出所：『国勢調査』，R-LTES，R-JIP データベース 2012.

た場合，図 6-22 に示したように高齢化率とサービス業付加価値シェアの間には有意水準 5% で統計的に有意な正の相関が観察される．

6.　おわりに──結論

本章より得られた結論をまとめると以下のようになる．

(1)　現在秋田や島根といった一部の県で高齢化率が高いのは，高度経済成長期にそれらの県で大規模な人口流出が起きたためである．

(2)　高齢化率の地域間格差は，低所得地域から高所得地域への人口移動減少に伴い，今後さらに縮小することが予想される．人口移動減少の原因は，人口移動の担い手である 10 代・20 代の若者が減少することや，移動のインセンティブとなる地域間所得格差が低下傾向にあることと考えられる．

(3)　高齢化県は労働生産性が低い．また，高齢化県は TFP が低い傾向がある．低 TFP が低賃金の原因となり，若年人口の流出が起きる．つまり現在の高齢化県は，30〜40 年前に TFP 水準が低かった．他方，都道府県間 TFP 格差は安定的に推移しているため，現在の TFP 水準と高齢化率に負の相関が観察される．

(4)　高齢化県は財・サービスの純移入率が高い．これは，政府による負の貯蓄と積極的な投資が原因である．

(5)　現在高齢化県が享受している所得移転の水準は，日本全体が高齢化する将来はおそらく維持不能である．高齢化の遅れている地域の居住者が経験する老後は，現在の高齢化地域と比較してより厳しい状況になると考えられる．

(6)　高齢化率と非貿易財部門の付加価値シェアとの間には統計的に有意な関係は確認されないが，介護や医療を含むサービス業を「狭義」の非貿易財産業とすると，高齢化率と狭義の非貿易財産業付加価値シェアとの間には統計的に有意な正の相関が観察される．

参考文献

徳井丞次・牧野達治・児玉直美・深尾京司（2013a）「地域間の人的資本格差とその要因」『経済研究』第 64 巻第 3 号，pp. 256-268.

徳井丞次・牧野達治・深尾京司・宮川努・荒井信幸・新井園枝・乾友彦・川崎一泰・児玉直美・野口尚洋（2013b）「都道府県別産業生産性（R-JIP）データベースの構築と地域間生産性格差の分析」『経済研究』第 64 巻第 3 号（2013 年 7 月調査），pp. 218-239.

Auerbach, A. J. and L. J. Kotlikoff（1990），"Demographics, Fiscal Policy, and U.S. Saving in the 1980s and Beyond," in: L. H. Summers ed., *Tax Policy and the Economy: Volume 4*, Cambridge, MA: MIT Press.

Caves, D. W., L. R. Christensen, and W. E. Diewert（1982），"Multilateral Comparisons of Output, Input, and Productivity Using Superlative Index Numbers," *Economic Journal*, Vol. 92（365），pp. 73-86.

Fukao, K. and T. Makino（2015），"Aging, Interregional Income Inequality, and Industrial Structure: An Empirical Analysis Based on the R-JIP Database and the R-LTES Database," RIETI Discussion Paper Series, No. 15-E-022.

Fukao, K., T. Makino, and J. Tokui（2015），"Regional Factor Inputs and Convergence in Japan: A Macro-Level Analysis, 1955-2008," RIETI Discussion Paper Series, No. 15-E-125.

Fukao, K., J.-P. Bassino, T. Makino, R. Paprzycki, T. Settsu, M. Takashima, and J. Tokui（2015），*Regional Inequality and Industrial Structure in Japan: 1874-2008*, Tokyo: Maruzen Publishing Co., Ltd.

Onitsuka, Y.（1974），"International Capital Movements and the Patterns of Economic Growth," *American Economic Review*, Vol. 64(1), pp. 24-36.

第7章

地域の資源配分と生産性向上政策

宮川　努・川崎一泰・枝村一磨

1. はじめに——社会資本の蓄積と構造改革特区

2014 年 9 月，安倍晋三首相は内閣改造にあたって，地方創生相を創設した．2018 年 3 月時点では梶山弘志氏が，内閣府特命担当大臣として引き続き地方創生を担当している．また公的固定資本形成は，第 2 次安倍政権発足後，震災復興関係事業もあり，全体としてプラスの伸びとなっている．さらに最近では金融政策の手詰まりもあって，財政政策の積極的活用が注目されるようになっている．このように安倍政権は地方創生策や公的資本の増加に積極的だが，これがアベノミクスの 3 本目の矢である「成長戦略」と整合的かどうかについては，検証が行われていない．

こうした問題意識から，本章では集計された生産性が，各産業における生

＊本章は，RIETI Discussion Paper, No. 17-J-022「資源配分の変化に伴う地域の生産性向上と経済政策の役割——社会資本整備か規制緩和か」宮川努・川崎一泰・枝村一磨（2017 年 3 月）を改稿したものである．本章を作成するにあたって，矢野誠経済産業研究所所長，森川正之経済産業研究所副所長，深尾京司一橋大学教授，徳井丞次信州大学教授，塩路悦郎一橋大学教授及び経済産業研究所，故和合肇教授追悼コンファレンス，日本経済学会 2017 年度春季大会の参加者からいただいた貴重なコメントに感謝したい．なお，残された誤りは筆者らの責任である．また構造改革特区数のデータ整理については，石川貴幸氏（一橋大学大学院）にお世話になった．

産性上昇効果と産業間の資源配分の変化に伴う生産性上昇効果に分解できるということを利用して，地域振興策が後者の効果にどのような影響を与えているかについて実証的な検討を試みる．後者の効果に特に注目する理由は，成長戦略の中では生産性向上による経済成長の促進が重みを増しており，経済財政諮問会議の議論でも，生産性向上の一手段として，産業間の資源配分効率化による生産性向上が述べられているためである．加えて日本の場合は，財政赤字が続き，国債が累増しているため，より財政負担の少ない地域振興策が選択される必要がある．

　我々は，地域振興策の手段として，従来型の社会資本の整備と構造改革特区による規制緩和の推進の2つを取り上げる．社会資本の整備が地域の生産力に及ぼす効果，いわゆる「社会資本の生産力効果」については，古くからMera（1973）やAsako and Wakasugi（1984）らによって分析が行われてきた．バブル崩壊後，こうした社会資本の生産力効果については疑問視されているが，宮川・川崎・枝村（2013）の分析では，1990年代以降も依然として生産力効果があるという実証結果が出されている[1]．この分析の基本的枠組みは，社会資本ストックが地域全体の全要素生産性（TFP）に影響を与えるという仕組を想定しているが，地域内の資源配分の効率化を通した生産性向上が達成されているかどうかを検証した分析はない．

　近年の地方創生策では，地域の自立的な生産性向上を促しており，そのためには，生産要素の移動に伴う産業構造の変化が求められる．例えば情報インフラの整備は，その使い方に関する講習の普及とともに，人々の購買行動や求職行動を変化させ，それとともに産業構造も変化すると考えられる．一方，従来型の社会資本整備は，特定の産業にのみ恩恵が行きわたり，むしろ高生産性部門への生産要素の移動を妨げる可能性がある．本章では，こうした効果について，都道府県別，産業別に生産性を計測するために整備されたR-JIP（都道府県別産業別生産性）データベース（http://www.rieti.go.jp/jp/database/r-jip.html）を利用する[2]．

---

1)　社会資本の生産力効果に関する実証分析については，多くの蓄積があるが，これらについては既に宮川・川崎・枝村（2013）に記載したので，本章では省略する．

2)　R-JIPデータベースの概要については，徳井他（2013）を参照されたい．

　さて地域の振興策としては，上記のような従来型の社会資本の整備が圧倒的な重要性を持っていたが，21 世紀に入り，小泉純一郎内閣は新たな日本経済活性化，特に地域活性化の手法として，構造改革特区を策定し，経済活性化のために障害となっている規制については，その特区内において緩和する政策をとってきた．この構造改革特区は，2003 年以来 2013 年まで 1,209 件が認定されている．特区の初期の事例としては，兵庫県神戸市の先端医療産業特区がある．これはポートアイランド地区及び神戸大学において，ライフサイエンスに関する研究機関や医療関連企業の集積を目指すために，2003 年に認可されたもので，外国人の入国や在留申請等の優先的処理や，外国企業の支店開設等を促進する施策がリストアップされている．この事例は，まさに特区の創設により，革新的な産業の集積を誘導しようとしているという点において，地域内の産業間資源配分の変更を通じた生産性向上策と位置付けられる．

　こうした政策の流れは，アベノミクスにおいて国家戦略特区としてより発展的な政策手段となっているが，この「特区」制度が地域経済にどのような影響を与えたかに関する定量的な分析は少ない．本章では，この構造改革特区についても都道府県ごとの採択数を調べ，特区の累積数が規制緩和を通して地域の産業間資源配分の効率化に寄与したかどうかを検証する．

　以上のデータを利用した我々の実証分析の結果を要約すると，1990 年代半ば以降の社会資本の蓄積は，どの資源配分効果に対してもマイナスとなっている．ただし，1990 年代半ばまでの社会資本は，労働力移動に伴う生産性向上には寄与していたと考えられる．そしてこの効果は地方の生産性向上効果に対して強くみられる．またこの構造改革特区数の増加が，資源配分を通じた生産性向上効果に与えた影響に関しては，労働力の移動に伴う生産性向上効果について有意な影響が観察された．

　本章の構成は以下の通りである．次節では，地域の集計的な生産性上昇率を，各産業の生産性上昇率の合計と産業間の資本収益率差に応じた資本移動の効果，産業間の生産性格差に応じた労働移動の効果に分解する．そしてR-JIP データベースを利用してそれぞれの項目について，各都道府県の 10 年ごとの推移を観察する．第 3 節では，地域全体に対する社会資本及び構造

改革特区の影響をみた上で，資源配分による生産性上昇効果に焦点を合わせ，この効果に対する社会資本及び構造改革特区の影響を，様々な角度から実証的に分析する．最終節では，こうした実証的分析をまとめ，今後の課題について検討する．

2. 生産性変動と資源配分

本節では，地域レベルでの集計的な生産性変動を，産業レベルの生産性変動と産業間の生産要素移動による生産性変動に分解する考え方を示し，R-JIP データベースを使って，各地域の資源配分による生産性変動の推移をみる．

最初に地域 r における生産関数を次のように表す．

$$(1)\quad Y_{rt} = A_{rt} F\big(K_{rt}, L_{rt}\big)$$

(1) 式の A は，各地域における全要素生産性である（以下では変数名の説明の際に時間を表す記号 t は省略する）．従来社会資本の整備は，その地域全体の生産性を向上させると考え，全要素生産性と社会資本を関係づけることで「社会資本の生産性効果」を計測してきた．しかし，宮川他（2008）によって示されたように，一国のソロー残差は，各産業の全要素生産性上昇率を集計したものと，各生産要素が，産業別の生産要素価格と一国全体の平均的な生産要素価格との差に応じて移動することで，生産性が変化する部分に分けることができる．すなわち，労働を例にとると，賃金は生産性水準を反映して決められるとすると，より賃金が高い産業へ労働が移動することにより，生産性の高い産業のシェアが増加し，経済全体の生産性が増加するのである．これを地域レベルで考えると，地域レベルの生産性変化率 $\left(\dfrac{\dot{A}_r}{A_r}\right)$ は，

$$(2)\quad \frac{\dot{A}_{rt}}{A_{rt}} = \sum_{j=1}^{n} S_{jrt}^{V} \frac{\dot{A}_{jrt}}{A_{jrt}} + R_{Kt} + R_{Lt}$$

$$R_{Kt} = \sum_{j=1}^{n} S_{jrt}^{V} \left(\frac{\pi_{jrt} - \pi_{rt}}{\pi_{jrt}}\right) \frac{\dot{K}_{jrt}}{K_{jrt}}$$

$$R_{Lt} = \sum_{j=1}^{n} S_{jrt}^{V} \left(\frac{w_{jrt} - w_{rt}}{w_{jrt}} \right) \frac{\dot{L}_{jrt}}{L_{jrt}}$$

で表すことができる．ここで，S_{jr}^{V}は，地域 r における産業 j の付加価値シェア，π_{jr}, π_r は，それぞれ地域 r の産業 j 及び産業平均の資本収益率である．同様に w_{jr}, w_r は，地域 r の産業 j 及び産業平均の賃金率である．したがって R_K, R_L は，資本収益率差及び賃金率差に応じた資本移動と労働力移動に伴う生産性の変化率を表している．従来の分析では，十分な期間にわたる地域別・産業別データがなかったが，R-JIP データベースを利用することにより，（2）式のような分解が可能となる[3][4][5]．

　R-JIP データベースでは，この（2）式左辺の各項目は，図 7-1 のように表される[6]．図 7-1 では，折れ線が地域全体の TFP 変化率で左辺全体を表し，棒グラフの各項目が（2）式左辺の各項目に対応している．これをみると 10 年ごとに各項目の地域全体の生産性変化率への寄与が変わっていることが分かる．

　まず 1980 年代では，地域全体の TFP 上昇率は，中部・近畿地方で相対的に高く，四国・九州地方では相対的に低位であった．またこの時期には，各産業の TFP 上昇率が地域全体の生産性上昇に大きく寄与していたことが分かる．一方で収益率差に基づく資本移動は，マイナスに寄与している．これはこの時期の旺盛な設備投資により，資本の集中が収益率を低下させてい

---

3)　RIETI DP 17-J-022 では，地域内における各産業の生産関数は全て同一であるという仮定を用いて地域全体の生産性上昇率を分解したが，（2）式ではそのような仮定はおいておらず，各産業の資本収益率及び賃金率は，それぞれの生産要素の限界生産力に等しくなっているという考え方に基づいている．それぞれの生産要素価格が均等化しないのは，地域内での生産要素移動に何らかの障害が生じていると想定している．

4)　塩路（2013）も指摘するように，現実の生産要素移動は，生産性格差の要因だけでなく，需要側の要因にも影響される．この点を塩路（2013）は，Dotsey = King 型効用関数を用いて示している．

5)　川崎（2013）第 3 章は，静学的な枠組みの中で，労働及び資本の限界生産力差に対応した地域間の生産要素移動を検証している．

6)　R-JIP データベースでは，賃金率については地域別・産業別のデータを得ることができるが，資本収益率については，その算定の基礎となる資本コストは各産業について全国同一の値を使っている．したがって，本章では，地域全体の生産性変化率，各産業の全要素生産性上昇率，R_L を求めて，残差項として R_K を計算している．

(1) 地域別生産性変化率の要因分解（1980〜90年）

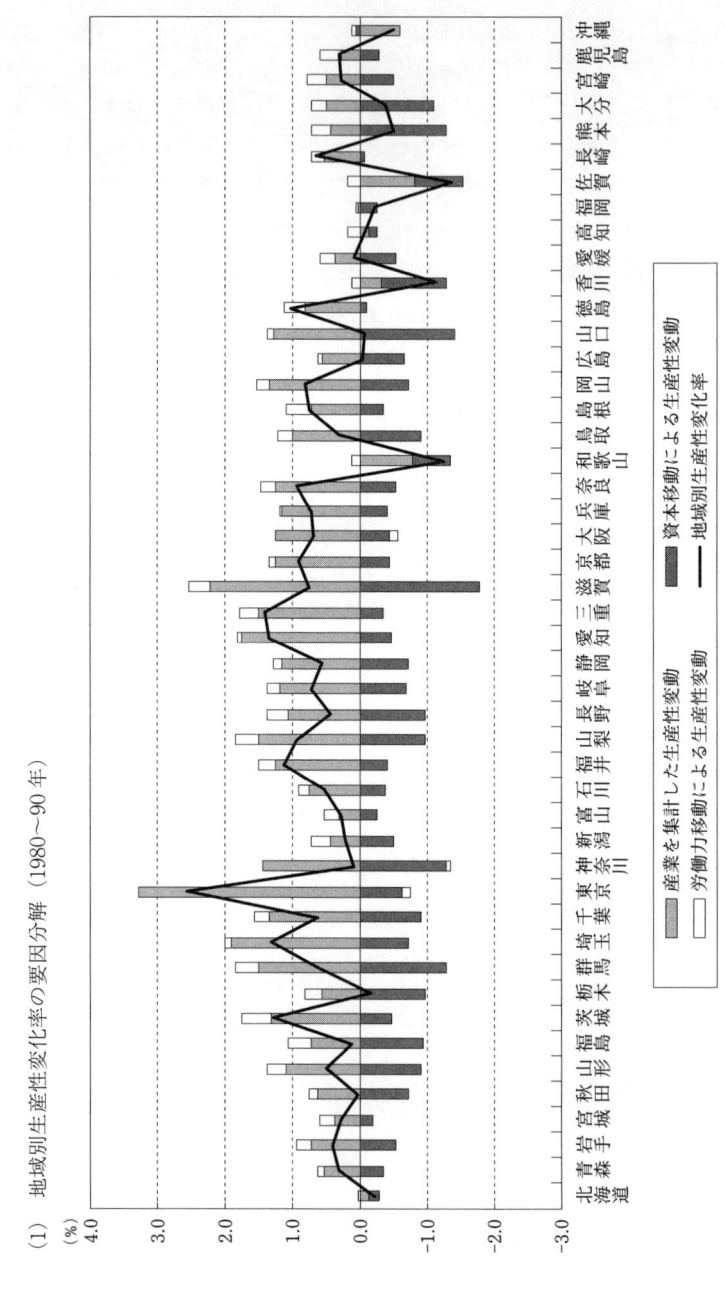

図 7-1 都道府県別 TFP 変化率の変動要因

出所：RJIP データベース。

(2) 地域別生産性変化率の要因分解 (1990～2000 年)

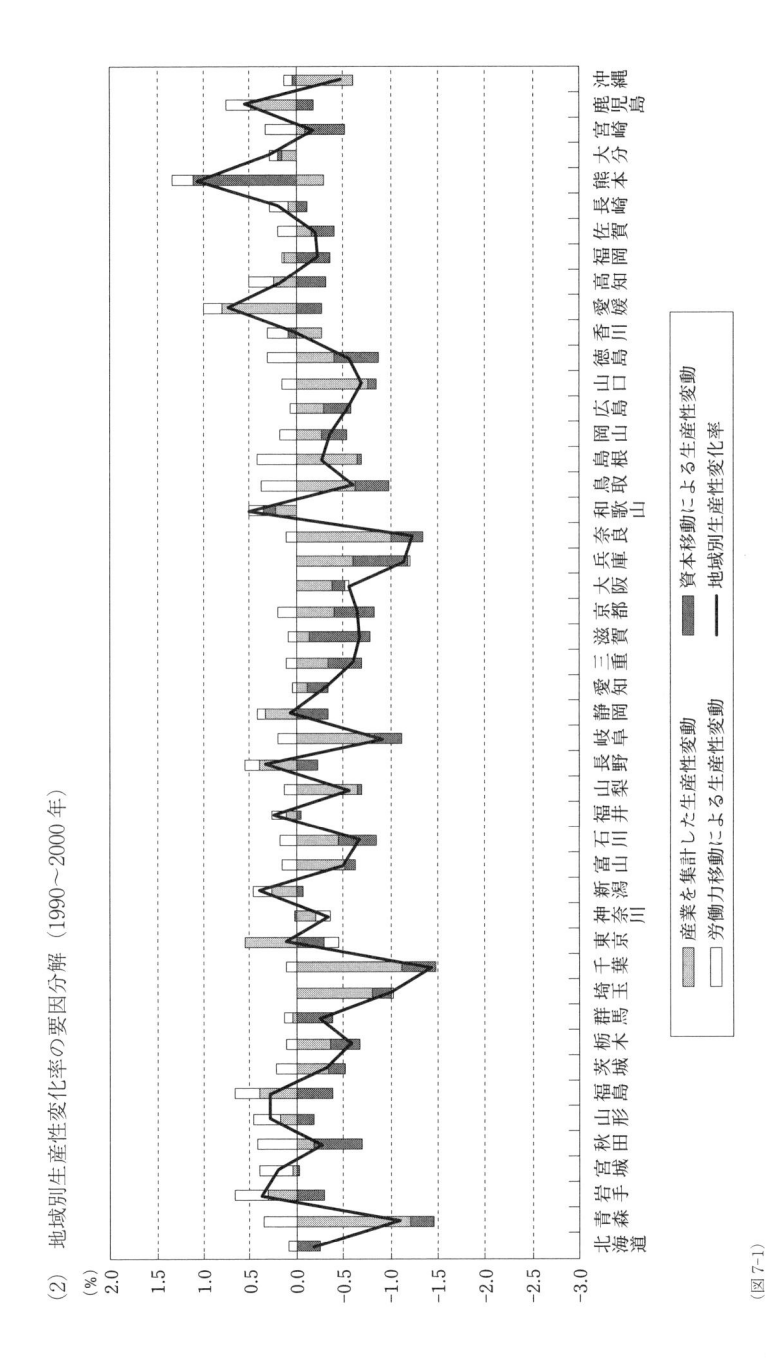

(図7-1)

(3) 地域別生産性変化率の要因分解 (2000～09 年)

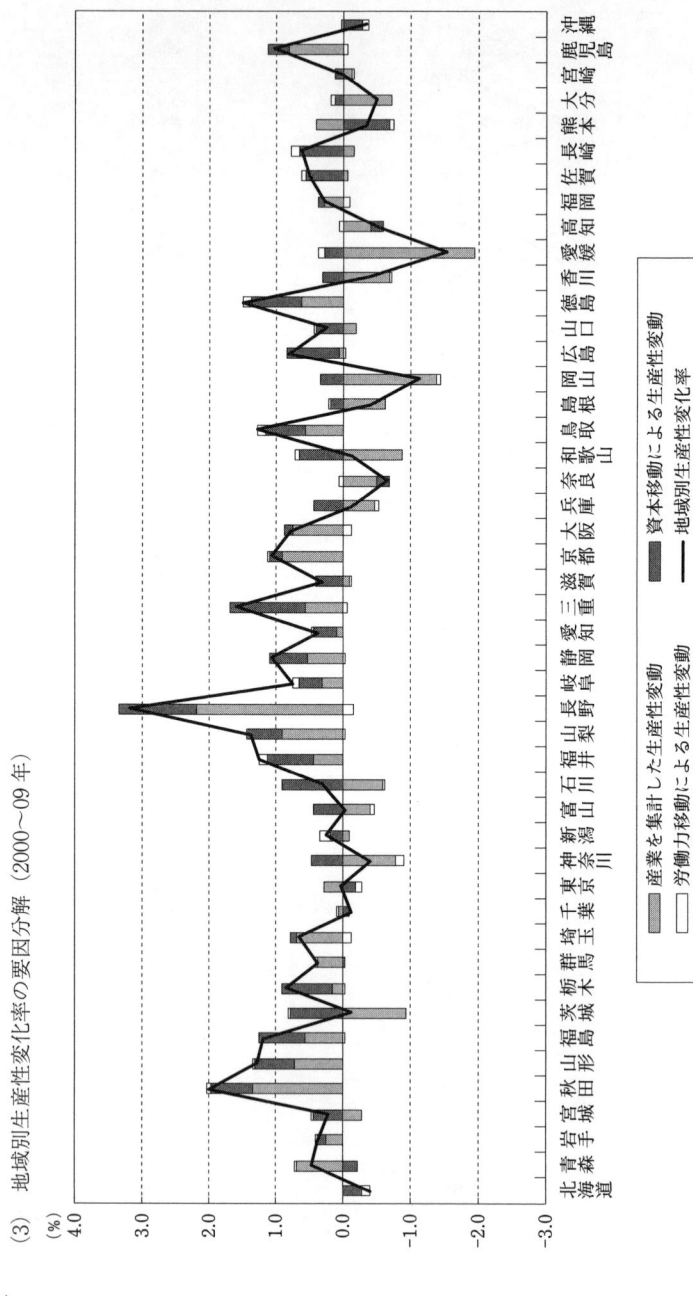

(図7-1)

表 7 - 1　地域間の生産性変動率の分散の要因分解

年	1980~1990	1990~2000	2000~2009
生産性変動の地域間のバラツキ	0.507	0.294	0.720
産業固有の生産性変動による地域間のバラツキ	0.585	0.207	0.520
資源配分要因による生産性変動の地域間のバラツキ	0.154	0.087	0.346
産業固有要因と資源配分要因との共分散	−0.232	0.000	−0.146

たと考えることができる．また生産性格差に基づく労働移動の寄与は，都道府県によってプラスの場合もマイナスの場合もあるが，その寄与度は全体的に小さい．

　1990 年代に入ると，バブルの崩壊により，多くの都道府県で地域全体のTFP 変化率がマイナスになる．これは各産業の TFP 変化率がマイナスに転じたことが大きいが，資本が依然収益率の低位な産業に留まったことも大きな要因となっている．これとは対照的に労働は生産性の高い産業への移動が進んで，多くの都道府県の生産性向上に寄与している．

　そして 2000 年代に入ると，地域全体の生産性上昇率は地域によって明暗が分かれる．総じて東日本地域では，生産性が上昇しているのに対し，西日本では生産性が大きく落ち込んでいる地域がある．生産性が回復した県では，各産業の生産性の回復と同時に資本収益率差に応じた資本移動が大きく寄与している．これに対して賃金率差に応じた労働移動の寄与は小さく，またその貢献がプラスかマイナスかは都道府県によって異なっている．

　表 7-1 は，各都道府県の TFP 上昇率の分散を，産業ごとの TFP 上昇率を集計した値の分散と資源配分による TFP 変動分の分散，さらには両要因の共分散に分解したものである．これをみると，TFP 上昇率の地域間格差は 90 年代には一旦縮小しているが，2000 年代に再び拡大していることが分かる．これは徳井他（2013）及び本書第 1 章が労働生産性水準及び成長会計を使って分析した際に，TFP 水準または TFP 上昇率の地域間格差が，1970年代から 2000 年代にかけて縮小していないという結果と整合的である．

　そしてこの地域全体の TFP 変化率の格差は，いずれの時期においても産業固有の TFP 上昇率を集計した値の格差に大きく影響されていることが分かる．しかし資源配分による TFP 変動分のばらつきもまた相応の影響を与

えており，特に 2000 年代においてはその影響が強くなっている.

3. 地域の資源配分に対する地域振興策の役割

3.1　地域の生産性全体に対する社会資本及び構造改革特区の効果

最初に，これまで社会資本の生産力効果を分析する際に最も多く使われてきた生産関数の推計を示しておく．推計に使用する生産関数は，(1) 式の生産関数に 1 次同次性を仮定し，次のように表される.

$$(3) \quad Y_{rt} / L_{rt} = A(Z_{rt}) f \left(K_{rt} / L_{rt} \right)$$

ここで，Z_t は，社会資本（V_t）と構造改革特区の数（Reg_t）のいずれかまたは双方を指す変数と考える．社会資本については，内閣府が公表している「日本の社会資本」からデータをとった．構造改革特区の制度は，小泉内閣時から発足したが，我々は，各都道府県における「構造改革特区」の認可数を累積した値を，地域における規制緩和への取り組みの積極性を表す変数として考えた.

我々は (3) 式を対数線形化して推計する際に，1980 年から 2009 年までのデータをパネル化して，固定効果モデル及び操作変数法によって推計した．操作変数は，各都道府県について，都道府県分と市町村分の地方交付税交付額を市町村数で割った金額である．ただし，構造改革特区数を変数として入れる場合は，1996 年から 2009 年までの推計とした．既にみたように，構造改革特区は 2003 年から始まっているが，十分なデータ数を確保するために上記の期間の推計とした.

推計結果は表 7-2 の通りである．宮川・川崎・枝村（2013）でみたように，単純に社会資本を含めた推計では，社会資本の生産力効果はほぼ確認できる．一方構造改革特区数の方は，2 つの推計とも係数が正で，そのうち操作変数で推計した方は有意となっているが，資本／労働比率の係数はマイナスとなっている.

以上の序論的な推計結果は，地域政策の役割を判断するためには，地域全体の生産性より細部に入って，その効果を分析していく必要があることを示

表 7‑2　生産関数推計

被説明変数	労働者 1 人当たり GDP	労働者 1 人当たり GDP	労働者 1 人当たり GDP	労働者 1 人当たり GDP
社会資本全体	− 0.017 (0.022)	0.458*** (0.092)	0.294*** (0.050)	1.285*** (0.194)
構造改革特区数（累積値）			0.021 (0.018)	0.077*** (0.025)
労働者 1 人当たり民間資本	0.376*** (0.018)	0.270*** (0.029)	0.066 (0.047)	− 0.317*** (0.093)
定数項	1.232*** (0.332)	− 5.821*** (1.363)	− 2.670*** (0.732)	− 16.914*** (2.791)
年次ダミー	Yes	Yes	Yes	Yes
観測数 都道府県数 Adjusted R2	1,410 47 0.929	1,410 47	658 47 0.845	658 47
推計方法 推計期間 (年)	FE 1980〜2009	FEIV 1980〜2009	FE 1996〜2009	FEIV 1996〜2009

注：1)　（　）内は標準偏差.
　　2)　***は 1% 水準で係数の値が 0 という帰無仮説が棄却されることを示す.

している.

3.2　地域の資源配分に対する社会資本の役割

　構造改革特区の制定に伴う規制緩和の広がりは，地域内の産業全般の生産性向上というよりも，それまで様々な規制によって成長が抑制されてきた産業を伸ばし，そうした成長産業へ生産要素が移動することで，地域全体の生産性向上に寄与すると考えられる．したがって，(3) 式に基づいて地域全体の生産関数の中で構造改革特区の増加が，どのような寄与をしているかを調べるよりも，(2) 式に基づいて，資源配分に伴う生産性変化率に社会資本がどのような影響を与えてきたかに着目して実証分析を行う方が望ましい．最初に推計する式は，より多いデータ数がとれることを考慮して，社会資本の効果だけを対象とする.

$$(4)\quad REA_{rt} = const. + a_1 \frac{\dot{V}_{rt}}{V_{rt}} + a_2 X_{rt} + b_3 REA_{rt-1}$$

ここで，REA は地域内の資源配分の変化を表す変数で，REA1 を資本収益

表 7‐3　変数の基本統計量

	サンプル数	平均	標準偏差	最小値	最大値
REA1	1,410	−0.215	1.193	−14.630	13.621
REA2	1,410	0.132	0.264	−0.821	1.048
社会資本（全体）（百万円）	1,410	4,556,908	3,915,728	655,472	22,027,974
社会資本変化率	1,410	0.047	0.031	−0.016	0.194
構造改革特区数 （累積，市町村当たり）	329	0.402	0.268	0.034	1.048

率差に応じた資本移動を表す変数（(2) 式の R_K に対応する），$REA2$ を生産性格差に応じた労働力移動を表す変数（(2) 式の R_L に対応する）とする．$\dfrac{\dot{V}_r}{V_r}$ は各都道府県の社会資本の変化率である．(4) 式の現実的な解釈としては，地方自治体が，内陸部に工業団地を造成し，それに伴って上下水道や産業用道路などを整備してより生産性の高い機械系産業を誘致したとする．こうした政策は，その地域の労働者がより生産性の高い産業で働く機会を作り出すとともに，資本の配分にも変化が生じることになる[7]．X_r は各地域の特性を表すコントロール変数で，研究費付加価値比率，大卒比率，高齢化比率をとっている．

　我々は，(4) 式を 1980 年から 2009 年までのデータを利用して，固定効果推計と GMM 推計を使って推計した．GMM 推計の際に使用した操作変数は，各都道府県について，都道府県分と市町村分の地方交付税交付額を市町村数で割った金額と地域の高齢化率である．基本統計量は，先ほどの推計に使ったデータも合わせて，表 7-3 に示されている．

　表 7-4 は，全期間，全都道府県のデータを利用した推計結果である．これをみると，被説明変数が $REA1$ のケースでは，社会資本の係数は，有意ではないもののマイナスとなっている．これは社会資本の蓄積は必ずしも収益率の高い産業への資本蓄積を誘導する効果を持たなかったことを示している．一方被説明変数が $REA2$ のケースでは，社会資本の係数は全てプラスである．しかし，有意となっている GMM 推計の場合，過剰識別性を棄却

---

7)　Miyara and Fukushige (2008) では，より詳細な社会資本の組み合わせについての生産力効果を推計している．

表 7 - 4　資源配分の変化を伴う生産性変化に関する基本推計

被説明変数	REA1	REA1	REA2	REA2
社会資本全体	-2.954 (2.778)	-1.497 (6.250)	0.713 (0.455)	1.758^{*} (1.047)
被説明変数（1 期ラグ）	-0.139^{***} (0.027)	-0.237^{***} (0.032)	0.132^{***} (0.027)	0.056 (0.039)
定数項	-0.549^{***} (0.153)		-0.178^{***} (0.025)	
観測数 都道府県数 Adjusted R2 Sargan Test Sargan P	1,410 47 0.219	1,363 47 170.136 0	1,410 47 0.521	1,363 47 139.839 0
推計方法 推計期間（年）	FE 1980～2009	GMM 1980～2009	FE 1980～2009	GMM 1980～2009

注：1)　（　）内は標準偏差.
　　2)　***，*はそれぞれ 1 %，10 % 水準で係数の値が 0 という帰無仮説が棄却されることを示す.

できていない．したがって，社会資本の蓄積は生産性の高い分野への労働移動を促した効果を持っていたと確実にいえるわけではない．

　次に表 7-5 では，推計を 1995 年で 2 分割した結果を示している．1990 年代までは社会資本の蓄積は右肩上がりで，かつ 1990 年代前半はバブル崩壊による景気の悪化を食い止めるために膨大な財政支出が行われた．しかし，1990 年代後半からは財政赤字の問題が顕在化し，財政支出に対する風当たりが強くなっていく．同時に国土計画でも 21 世紀に入ると「国土の均衡ある発展」という社会資本整備を後押しするスローガンがなくなり，「構造改革特区」といった新たな地域振興手段も現れる．推計期間の分割は，こうした経済環境の変化に対応したものである．表 7-5 をみると，被説明変数を *REA1* とした場合は，どちらの期間でも社会資本の係数は有意ではなく，特に前半の推計では一部の推計でマイナスに有意な係数がある．このことは，社会資本の増加は資本移動に伴う生産性向上を促さなかったことを示している．一方，*REA2* を被説明変数とした場合は，ほとんどの推計において，社会資本の係数はプラスとなっており，後半については有意となっている．このことは，財政事情が悪化した時期に社会資本は，労働の移動に伴う生産性向上に寄与していたことを示している．

表 7-5　期間別推計

被説明変数	REA1	REA1	REA1	REA1
社会資本全体	−1.573 (3.813)	−18.280*** (6.635)	4.351 (7.810)	−21.388 (14.353)
被説明変数（1 期ラグ）	−0.235*** (0.034)	−0.040 (0.049)	−0.309*** (0.039)	0.175** (0.075)
定数項	−0.451 (0.288)	−0.630*** (0.131)		
観測数	752	658	705	658
都道府県数	47	47	47	47
Adjusted R2	0.085	0.279		
Sargan Test			67.587	67.142
Sargan P			0	0
推計方法	FE	FE	GMM	GMM
推計期間（年）	1980〜1995	1996〜2009	1980〜1995	1996〜2009

被説明変数	REA2	REA2	REA2	REA2
社会資本全体	0.060 (0.505)	4.315*** (1.414)	1.233 (1.024)	7.457** (3.023)
被説明変数（1 期ラグ）	0.175*** (0.036)	−0.024 (0.043)	0.101** (0.051)	−0.004 (0.059)
定数項	−0.004 (0.038)	−0.182*** (0.027)		
観測数	752	658	705	658
都道府県数	47	47	47	47
Adjusted R2	0.563	0.443		
Sargan Test			99.506	44.799
Sargan P			0	0.023
推計方法	FE	FE	GMM	GMM
推計期間（年）	1980〜1995	1996〜2009	1980〜1995	1996〜2009

注：1)　（　）内は標準偏差.
　　2)　***，**はそれぞれ 1%，5% 水準で係数の値が 0 という帰無仮説が棄却されることを示す.

　さらにこの推計を都市圏と地方圏に分割した推計を試みた. 都市圏という
のは，総務省統計局による広義の都市圏の定義に沿って，東京圏（東京都,
神奈川県, 千葉県, 埼玉県），名古屋圏（愛知県, 岐阜県, 三重県），大阪圏（大阪
府, 京都府, 兵庫県, 奈良県）であり，地方圏はそれ以外の道県である. 表 7-6
をみると，*REA1* を被説明変数にした場合，社会資本の係数は，都市圏の
推計でマイナスとなり，地方圏の推計ではプラスとなっているが，いずれも
有意ではない. したがって，地域に分割しても，社会資本は，資本の効率的

表 7-6　都市圏及び地域圏の推計

被説明変数	REA1	REA1	REA1	REA1
社会資本全体	-6.655 (4.108)	-4.353 (7.294)	1.618 (3.628)	8.892 (8.276)
被説明変数（1期ラグ）	0.003 (0.055)	-0.117* (0.061)	-0.165*** (0.031)	-0.282*** (0.036)
定数項	-0.462** (0.224)		-0.569*** (0.188)	
観測数	330	319	1080	1044
都道府県数	11	11	36	36
Adjusted R2	0.286		0.215	
Sargan Test		118.872		155.567
Sargan P		0		0
推計方法	FE	GMM	FE	GMM
推計サンプル	都市	都市	地方	地方

被説明変数	REA2	REA2	REA2	REA2
社会資本全体	1.802** (0.877)	0.900 (1.580)	-0.147 (0.544)	1.090 (1.289)
被説明変数（1期ラグ）	0.095 (0.060)	-0.034 (0.073)	0.151*** (0.031)	0.090** (0.045)
定数項	-0.247*** (0.048)		-0.155*** (0.028)	
観測数	330	319	1080	1044
都道府県数	11	11	36	36
Adjusted R2	0.311		0.588	
Sargan Test		91.336		94.198
Sargan P		0.003		0.002
推計方法	FE	GMM	FE	GMM
推計サンプル	都市	都市	地方	地方

注：1）　（　）内は標準偏差.
　　2）　***，**，*はそれぞれ 1%，5%，10% 水準で係数の値が 0 という帰無仮説が棄
　　　　却されることを示す.

　な配分に寄与していなかったと考えられる．一方 *REA2* を被説明変数にした場合，社会資本の係数は，都市圏でプラスとなっており，固定効果推計の場合はプラスとなっている．一方地方圏では係数の符号が安定せず，しかも有意な結果は得られていない．この結果，社会資本の変化が労働の効率的な配分を通して生産性向上に寄与するのは，主に都市部であると考えられる．

3.3　構造改革特区の役割

既に述べたように，1990 年代後半から財政赤字の拡大が顕著になったこともあり，従来型の社会資本整備が再考されるようになった．そして新たな政策手段として「構造改革特区」を指定し，指定された地域内では産業を振興するのに妨げとなっている規制を改革できる制度が，小泉内閣時から発足した．我々は，各都道府県における「構造改革特区」の認可数を累積した値を，地域における規制緩和への取り組みの積極性を表す変数として考え，以下のような式を推計した．

$$
(5) \quad REA_{rt} = const. + b_1 \frac{\dot{V}_{rt}}{V_{rt}} + b_2 \log\left(Reg_{rt}\right) + b_3 \left(\frac{\dot{V}_{rt}}{V_{rt}}\right) \log\left(Reg_{rt}\right)
$$
$$
+ b_4 X_r + b_4 REA_{rt-1}
$$

推計期間は，3.1 項と同様，十分なデータの確保及び表 7-5 との比較可能性を考えて，1996 年から 2009 年までとした．したがって，1996 年から 2002 年までは，構造改革特区の変数は 0 となっている．さらに構造改革特区に中核的な社会資本を呼び込むことにより，資源配分の変化による生産性向上効果が強まるかどうかを調べるために，社会資本と構造改革特区の交差項を入れた推計も考察した．

表 7-7 の結果をみると，REA1 を被説明変数とした場合は，社会資本の係数は全ての推計でマイナスであり，しかも固定効果推計のケースでは有意となっていることから，これまでの推計結果と変わりはない．一方構造改革特区の係数はプラスとマイナスが入り混じった結果となっており，いずれの推計でも有意ではない．したがって構造改革特区は，必ずしも収益性の高い分野への資本の移動を促したとは考えられない．また社会資本と構造改革特区との交差項もプラスとマイナスが交錯しており，相乗効果を確認することはできない．

一方 REA2 を被説明変数とした場合は，やはり社会資本の係数はプラスで，しかも固定効果推計の場合には有意な係数がみられる．構造改革特区の係数は，全てのケースにおいてプラスで，GMM 推計については，過剰識別の可能性は高いものの有意となっている．したがって，この時期は社会資本

表 7-7 「構造改革特区」を含む推計

被説明変数	REA1	REA1	REA1	REA1
社会資本	-18.496*** (6.667)	-20.903 (15.159)	-18.336*** (6.912)	-14.683 (16.849)
ln（構造改革特区数，累積）	0.044 (0.121)	-0.006 (0.269)	0.041 (0.123)	-0.004 (0.268)
社会資本× ln（構造改革特区数，累積）			-0.387 (4.346)	7.534 (11.486)
被説明変数（1期ラグ）	-0.039 (0.049)	0.175** (0.075)	-0.039 (0.049)	0.153** (0.074)
定数項	-0.763* (0.389)		-0.757* (0.394)	
観測数 都道府県数 Adjusted R2 Sargan Test Sargan P	658 47 0.278	658 47 67.299 0	658 47 0.277	658 47 87.237 0
推計方法 推計期間（年）	FE 1996～2009	GMM 1996～2009	FE 1996～2009	GMM 1996～2009

被説明変数	REA2	REA2	REA2	REA2
社会資本	4.211*** (1.420)	5.179 (3.176)	5.194*** (1.475)	3.165 (3.430)
ln（構造改革特区数，累積）	0.020 (0.026)	0.114** (0.056)	0.007 (0.026)	0.118** (0.056)
社会資本× ln（構造改革特区数，累積）			-2.189** (0.929)	-3.584 (2.298)
被説明変数（1期ラグ）	-0.023 (0.043)	-0.004 (0.059)	-0.036 (0.043)	-0.020 (0.058)
定数項	-0.243*** (0.083)		-0.211** (0.083)	
観測数 都道府県数 Adjusted R2 Sargan Test Sargan P	658 47 0.443	658 47 42.345 0.04	658 47 0.447	658 47 48.757 0.029
推計方法 推計期間（年）	FE 1996～2009	GMM 1996～2009	FE 1996～2009	GMM 1996～2009

注：1) （ ）内は標準偏差.
　　2) ***，**，*はそれぞれ1%，5%，10%水準で係数の値が0という帰無仮説が棄却されることを示す.

表 7 - 8　産業基盤社会

被説明変数	REA1	REA1	REA1	REA1	REA1
産業基盤社会資本	− 0.753 (2.520)	− 1.824 (5.422)	− 14.029** (6.346)	− 11.785 (14.106)	− 11.060 (6.961)
ln（構造改革特区数，累積）			0.046 (0.121)	0.009 (0.274)	0.028 (0.123)
社会資本× ln（構造改革特区数，累積）					− 4.232 (4.081)
被説明変数（1期ラグ）	− 0.138*** (0.027)	− 0.239*** (0.032)	− 0.028 (0.049)	0.172** (0.074)	− 0.033 (0.049)
定数項	− 0.549*** (0.153)		− 0.790** (0.392)		− 0.752* (0.394)
観測数	1410	1363	658	658	658
都道府県数	47	47	47	47	47
Adjusted R2	0.219		0.274		0.275
Sargan Test		166.529		65.631	
Sargan P		0		0	
推計方法	FE	GMM	FE	GMM	FE
推計期間（年）	1996〜2009	1996〜2009	1996〜2009	1996〜2009	1996〜2009

注：1)　（　）内は標準偏差.
　　2)　***，**，*はそれぞれ1%，5%，10%水準で係数の値が0という帰無仮説が棄却されることを示す.

表 7 - 9　R-JIP との重複を除いた

被説明変数	REA1	REA1	REA1	REA1	REA1
産業基盤社会資本	− 4.986 (3.317)	− 3.163 (5.962)	− 9.580 (7.074)	0.770 (14.265)	− 7.457 (8.287)
ln（構造改革特区数，累積）			0.034 (0.122)	− 0.074 (0.270)	0.034 (0.122)
社会資本× ln（構造改革特区数，累積）					− 2.049 (4.159)
被説明変数（1期ラグ）	− 0.139*** (0.027)	− 0.237*** (0.032)	− 0.024 (0.049)	0.191** (0.076)	− 0.025 (0.049)
定数項	− 0.536*** (0.153)		− 0.708* (0.390)		− 0.696* (0.391)
観測数	1410	1363	658	658	658
都道府県数	47	47	47	47	47
Adjusted R2	0.220		0.271		0.270
Sargan Test		172.023		64.689	
Sargan P		0		0	
推計方法	FE	GMM	FE	GMM	FE
推計期間（年）	1996〜2009	1996〜2009	1996〜2009	1996〜2009	1996〜2009

注：1)　（　）内は標準偏差.
　　2)　***，**，*はそれぞれ1%，5%，10%水準で係数の値が0という帰無仮説が棄却されることを示す.

資本を使った推計

REA1	REA2	REA2	REA2	REA2	REA2	REA2
-8.523 (14.364)	0.865^{**} (0.413)	1.450 (0.897)	3.141^{**} (1.359)	0.502 (2.981)	3.145^{**} (1.497)	0.312 (2.986)
-0.034 (0.283)			0.020 (0.026)	0.104^{*} (0.057)	0.020 (0.026)	0.115^{**} (0.058)
12.640 (12.096)					-0.005 (0.868)	-3.511 (2.374)
0.167^{**} (0.075)	0.129^{***} (0.027)	0.049 (0.039)	-0.017 (0.043)	0.007 (0.058)	-0.017 (0.043)	-0.011 (0.058)
	-0.176^{***} (0.025)		-0.239^{***} (0.083)		-0.239^{***} (0.084)	
658	1410	1363	658	658	658	658
47	47	47	47	47	47	47
	0.522		0.440		0.439	
80.016		128.610		34.603		42.209
0		0		0.182		0.107
GMM $1996\sim2009$	FE $1996\sim2009$	GMM $1996\sim2009$	FE $1996\sim2009$	GMM $1996\sim2009$	FE $1996\sim2009$	GMM $1996\sim2009$

社会資本を使った推計結果

REA1	REA2	REA2	REA2	REA2	REA2	REA2
-0.453 (14.429)	1.752^{***} (0.546)	0.603 (0.992)	2.526^{*} (1.513)	0.018 (2.948)	5.009^{***} (1.782)	0.841 (2.982)
-0.125 (0.276)			0.022 (0.026)	0.102^{*} (0.056)	0.021 (0.026)	0.109^{*} (0.057)
10.216 (9.368)					-2.325^{***} (0.893)	-2.343 (1.897)
0.189^{**} (0.076)	0.122^{***} (0.027)	0.048 (0.038)	-0.013 (0.043)	-0.008 (0.058)	-0.031 (0.043)	-0.025 (0.058)
	-0.182^{***} (0.025)		-0.257^{***} (0.083)		-0.245^{***} (0.082)	
658	1410	1363	658	658	658	658
47	47	47	47	47	47	47
	0.524		0.437		0.443	
67.063		126.359		41.029		49.058
0		0		0.053		0.027
GMM $1996\sim2009$	FE $1996\sim2009$	GMM $1996\sim2009$	FE $1996\sim2009$	GMM $1996\sim2009$	FE $1996\sim2009$	GMM $1996\sim2009$

の蓄積も構造改革特区による規制緩和も，生産性の高い分野への労働力移動に寄与したと考えられる．しかしながら，社会資本と構造改革特区の交差項は，全てマイナスであり，相乗効果は確認できなかった．

3.4　社会資本の範囲を変えた推計

前節の推計における社会資本は，全てのタイプの社会資本の合計をとっていた．しかし，現実には，社会資本にも企業や産業に役立つ社会資本もあれば，国民生活に関連する社会資本もある．このため社会資本は，生活関連社会資本，産業基盤社会資本，国土保全型社会資本の3つに分類することができる．

生活関連社会資本：公共賃貸，下水道，廃棄物処理，水道，都市公園，学校・学術・社会教育施設，社会体育・文化施設
産業基盤社会資本：道路，港湾，航空，工業用水，農業，林業，漁業，国有林
国土保全社会資本：治水，治山，海岸

社会資本のタイプで分けた分類の中で，社会資本の生産力効果が最も発揮されるのは，産業基盤社会資本であるため，表7-8では産業基盤社会資本だけを取り出した推計結果を示している．推計結果についてみると，社会資本は，これまでの推計よりも明確に，資本移動に伴う生産性向上に対してはマイナスで有意な結果が多く，労働移動に伴う生産性向上に対してはプラスで有意な結果が多い．一方，構造改革特区は，資本移動に伴う生産性向上効果に対しては有意な結果が得られず，労働移動に伴う生産性向上効果に対して，GMM 推計において有意でプラスの結果を得ている．しかも，この GMM 推計では過剰識別性が薄れている．そして社会資本と構造改革特区の交差項に関しては，両者とも有意な結果は得られなかった[8]．

---

8)　生活関連社会資本を説明変数にした場合は，全ての推計で有意に労働移動に伴う生産性向上に寄与しているとの結果を得ている．一方国土保全社会資本の場合は，有意な結果は得られていない．構造改革特区についても符号はプラスが多いが，どちらの

　社会資本の範囲に関しては，もう一つ R-JIP との重複性の問題がある．本章で使用した社会資本は内閣府「日本の社会資本 2012」の 15 部門をベースに考えている．R-JIP においては，産業連関表に合わせて「生産活動単位（アクティビティ・ベース）」であるのに対して，内閣府社会資本は SNA と同様に事業所の主たる「事業ベース」となっている．このため，内閣府の社会資本の中には，R-JIP のサービス業（政府）や電気・ガス・水道などの産業に分類されるものも含まれている．したがって，一部には民間資本ストックとしてカウントされたものも社会資本に含まれている．

　ただし，こうした重複部分も意味がないわけではない．それはサービス業（政府）のように民間資本と同様に個別の生産に寄与する部分に加えて，社会資本としてネットワーク効果などの外部性を発揮し，生産に貢献する部分も考慮したと解釈できるからだ．本章でのこれまでの推計は，社会資本としての外部性を考慮したものと考えることができるが，この外部性の範囲について，R-JIP との重複性を除いた推計も試みた．この場合，社会資本の定義は，道路（有料道路以外）＋都市公園＋治水＋治山＋海岸となる．

　表 7-9 は社会資本の重複性を除いた推計結果だが，これをみると，社会資本が資本移動に伴う生産性向上に対して有意にマイナスの影響を与えている結果はなくなっている．しかし，労働移動に伴う生産性変化に対する社会資本及び構造改革特区の有意なプラスの効果は，これまでの推計結果とほぼ変わらない．また構造改革特区の係数は，GMM 推計の場合プラスで有意な結果となっている．その GMM 推計も従来の社会資本に比べるとパフォーマンスは改善している．

4.　おわりに──結論と今後の課題

　本章では，第 2 次安倍政権に入って，再び力が入れられ始めた地域振興策の評価について，地域内の生産要素の効率的配分への寄与という最近の政策

　　ケースについても有意な結果は得られなかった．生活関連社会資本が労働移動に伴う
　　生産性向上に寄与している背景には，このタイプの社会資本がサービス産業の成長を
　　促し，それがサービス業への労働移動につながっている可能性が考えられる．

目的に沿った観点から再検討を行った.

　地域全体の生産性の変化は, 産業固有の生産性変動の総和に加えて, 収益率差に対応した資本移動の効果と賃金率の差に対応した労働力移動に分解できる. 各都道府県の産業別生産性を推計するために作成された R-JIP データベースを用いると, 地域間の生産性変動の格差の多くは, 各産業固有の生産性変動の総和によって説明される. 一方資本移動に伴う生産性変動への寄与は, 1980 年代, 90 年代を通して概ねどの地域でもマイナスである. これは多くの地域において, 収益率とは関係のない旺盛な資本蓄積が行われた結果であると推察される. 労働力移動に伴う生産性変動が, 地域全体の生産性変化率に寄与する割合は小さく, 地域差はあるものの 1990 年代は概ねプラスに寄与していた.

　こうした地域の生産性変動に対して, 我々は 2 種類の地域振興策の貢献について実証的検討を行った. 一つは, 従来から地域振興策の中核として位置付けられている社会資本の整備であり, もう一つは, 21 世紀に入って導入された構造改革特区内での規制緩和である. ただ, 従来型の実証分析では, 地域全体の生産性向上に対する両政策の寄与については満足のいく結果が得られなかった. そこで, 地域内での資源配分の移動に伴う生産性向上に焦点をあて, 実証分析を行うと, 資本移動に伴う生産性変動に対する社会資本の効果は概ねマイナスであった. これは社会資本が蓄積されていた同時期に, 収益率とは関係なく旺盛な投資が行われていたことや, 一旦資本が蓄積されるとその用途を変えることが難しいことからも妥当な結果であるといえる. そしてこの効果は, 時期や地域を問わず見出すことができる. これとは対照的に, 労働力移動に伴う生産性変動に対する社会資本の効果は, 概ねプラスで有意な結果を得ている.

　一方「構造改革特区」は, 資本移動に伴う生産性上昇効果に対しては影響がなかったが, 労働力移動に伴う生産性上昇には寄与したと考えられる. このことは, 財政制約の強まりやサービス化といった, 日本経済の構造が変化する中で, 特区制度の活用が資源配分の効率化に必要な政策手段であることを示している.

　我々の実証分析は, 従来は注目されず, 最近では政策的課題とされている

産業間の資源配分に伴う生産性上昇に社会資本がどの程度寄与したかを調べたという点，及び新たな政策手段である「構造改革特区」の生産力効果を検証したという点で，従来にないアプローチを行っている．特に後者については，規制緩和の集計量に対する実証分析が少ない中での分析であり，アベノミクスにおける「国家戦略特区」の効果を類推する上でも役立つと考えられる．

　ただし，我々の分析でも留意すべき点がいくつかある．我々の実証分析は，地域内における資源配分の効率化に焦点を合わせているため，川崎（2013）が試みたような，地域をまたぐ資本移動の効果や労働力移動の効果については分析の対象外としている．この点については，今後 R-JIP データベースを利用して産業内における地域間の資本や労働力の移動効果を分析していきたい．

参考文献

川崎一泰（2013）『官民連携の地域再生──民間投資が地域を復活させる』勁草書房．

塩路悦郎（2013）「生産性要因，需要要因と日本の産業間労働配分」『日本労働研究雑誌』第 55 巻第 12 号，pp. 37-49.

徳井丞次・宮川努・深尾京司・荒井信幸・新居園枝・乾友彦・川崎一泰・児玉直美・野口尚洋・牧野達治（2013）「都道府県別産業生産性（R-JIP）データベースの構築と地域間生産性格差の分析」『経済研究』第 64 巻第 3 号，pp. 218-239.

宮川努・川崎一泰・枝村一磨（2013）「社会資本の生産力効果の再検討」『経済研究』第 64 巻第 3 号，pp. 240-255.

宮川努・深尾京司・浜潟純大・滝澤美帆（2008）「産業レベルの資源配分効率性」深尾京司・宮川努編『生産性と日本の経済成長──JIP データベースによる産業・企業レベルの実証分析』東京大学出版会，pp. 129-155.

Asako, K. and R. Wakasugi (1984), "Government Capital, Income Distribution, and Optimal Taxation,"『エコノミア』第 80 号, pp. 36-51.

Mera, K. (1973), "II. Regional Production Functions and Social Overhead Capital: An Analysis of the Japanese Case," *Regional and Urban Economics*, Vol. 3(2), pp. 157-185.

Miyara, I. and M. Fukushige (2008), "Types of Public Capital and Their Productivity in Japanese Prefectures," *Japanese Economic Review*, Vol. 59(2), pp. 194-210.

第8章

地域の知識集積と企業の研究開発機能の立地

枝村一磨・乾　友彦・山内　勇

1. はじめに

　経済政策の対象として，地方経済に注目が集まっている．2016年4月20日に施行された地域再生法の一部改正では，交付金の交付対象として雇用の創出等の地方創生事業全般や，官民共同による先駆的な事業が指定された．また，第5期科学技術基本計画では，「オープンイノベーションを推進する仕組みの強化」として，企業，大学，公的研究機関における推進体制の強化が掲げられ，大学や公的研究機関と企業との資金的なつながりを強化することが示されている．地方における雇用の創出と，官民共同による先駆的な事業を促しつつ，大学や公的研究機関と企業との連携を推進していくような政策を効果的に実施するには，企業が研究開発機能を工場に付設する際の決定要因を検証する必要がある．実際，企業は国全体の71.6%の研究費を支出していることからも，企業による工場への研究開発機能付設を定量的に分析

　＊本章は，（独）経済産業研究所「地域別・産業別データベースの拡充と分析」プロジェクトの一環として作成された．本章の分析にあたり，プロジェクトの参加者に感謝したい．また本研究は，日本学術振興会科学研究補助金基盤C（課題番号16K03692）及び挑戦的萌芽研究（課題番号15K13018）の支援を受けた．

することは非常に重要である．しかしながら，そのような実証研究はほとんど行われてこなかった．企業による工場への研究開発機能の付設の決定要因を考える際には，当該機能を付設する工場の特徴，企業本社の特徴，地域の特徴，産業集積の度合いを総合的に捉える必要があるが，データの制約もあり，今までは簡単に分析することができなかった．

そこで本章では，企業による工場への研究開発機能の付設に関する決定要因を，工場レベルの個票データを用いて実証的に分析する．分析を行う際には，研究開発機能が付設される工場の特徴，工場がある都道府県の集積の状況，大学等公的研究機関との近接性等の地理的な特徴や，都道府県の経済状況等も考慮する．本章の分析によって，工場の新設または増設の際に，研究開発機能を付設する工場と付設しない工場で，地理的要因の差を定量的に把握することができる．

研究所の立地選択を分析した数少ない先行研究として，日本企業が海外に研究開発拠点を立地する際の決定要因を実証分析した Iwasa and Odagiri（2004），西村・大西・真保（2005）と林（2010）がある．Iwasa and Odagiri（2004）は，137 の日本の多国籍企業について，本国の研究開発活動が外国での研究活動に与える影響を，研究開発費や米国における特許データ，米国にある支社の研究開発活動，ヨーロッパにおける研究開発活動，米国での活動実績等を考慮して実証的に分析している．その結果，米国にある支社が研究開発を主な活動にしている企業については，技術的知識が蓄積している地域に支部が立地していると，本国と米国における研究開発活動が活発となることが指摘されている．このことから，米国における研究開発支部にとって，技術知識源の存在や，立地地点の選定が重要であるという．西村・大西・真保（2005）は，日本企業が米国に研究所を立地する際の決定要因として，地域における産業集積や知識ストックを勘案し，定量的に分析している．複数の州から研究所の立地を選択すると仮定したコンディショナル・ロジット・モデルによる推計の結果，研究所立地の決定に産業集積は影響を及ぼさないが，知識ストックは大きな影響を及ぼすことが指摘されている．このことから，研究所の立地に関して，企業は産業集積よりも知識のスピルオーバー効果をより大きな決定要因としていることが分かる．林（2010）は，西村・

大西・真保（2005）と同様のデータセットを用いて，地域の研究分野を考慮した分析を行っている．コンディショナル・ロジット・モデルによる推計の結果を西村・大西・真保（2005）の結果に加えて，科学との関係性が小さな研究分野を対象とする研究開発拠点を立地する場合は，周辺の米国企業からの知識スピルオーバーを目的として立地選択が行われ，科学との関係性が大きな研究分野を対象とする研究開発拠点を立地する場合は，周辺の大学からのスピルオーバーを目的として立地選択が行われることが指摘されている．

　製造工場や企業の立地を分析した先行研究は多く行われてきた[1]．例えば，田邊・松浦（2006）は，社会資本投資が工場の立地に与える影響を，日本の有価証券報告書から抽出した事業所データを用いて分析している．その結果，企業は工場を立地させる際に本社までの移動時間を最も重要な要因と考えていること，空港や港湾，新幹線駅までの距離が立地要因の一つであることとが明らかになった．Mariotti, Piscitello, and Elia（2010）は，多国籍企業がどのような地域に集積するかを，イタリアのデータを用いて分析している．彼らの分析結果によると，多国籍企業は知識スピルオーバーによる知識の自社への流入よりも他社への漏出を心配するため，自国企業と同じ地域に立地しない傾向にあるという．一方，他の多国籍企業がある地域に立地することを検討する際には，知識の流入と漏出が同程度であると判断し，進んで他の多国籍企業がある地域に立地すると指摘している．また，Lee and Hwang（2016）は，日本企業が韓国に進出する際の立地要因について，韓国の事業所データを用いて分析を行っている．それによると，日本企業はソウルやプサン等の大消費地の近くに事業所を立地する傾向があるという．Yang, Chiu, and Tsou（2016）は，2000年から2005年までのベトナムのデータを用いて，多国籍企業と自国企業の立地特性を定量的に分析している．推計の結果，両社が新規に立地する場合，地域の特性が与える影響はほとん

ど同じであるという．また，FDI の集積がされている地域に，多国籍企業，自国企業ともに立地しやすいが，自国企業の集積は立地要因とはなっていないことが観察されている．多国籍企業が多く立地している地域は，隣接する地域の立地誘因をあげる補完的な効果を持つ一方，自国企業が多く立地している地域は，隣接する地域の立地誘因を必ずしもあげておらず，競争的な効果を持つ可能性が指摘されている．

　企業が工場や本社機能等を立地させる場合と，研究開発機能を立地させる場合で異なることは，その目的によると考えられる．企業が研究開発機能を立地するにあたって考慮するのは，研究開発活動を効率的に行うことができるかどうかである．企業が研究開発活動を効率的に進めるための一つの手段として，研究開発施設の周辺から享受できる知識スピルオーバーを利用するという方法がある．Jaffe（1986）や Audretsch and Feldman（1996），Bloom *et al.*（2013）は，知識スピルオーバーが企業の研究開発効率性を向上させる可能性を指摘している．また，知識スピルオーバーは地理的な制約を受けるため，知識源と距離が近い方がより効果的に知識スピルオーバーを享受することができることも指摘されている（Almeida and Phene 2004）．研究活動の成果は研究者に体化されており，暗黙知となっていることが多く，その場合，研究者同士の直接的または間接的な交流によってスピルオーバーが起こる（Almeida and Kogut 1999）．研究者同士の距離が近いほどその交流は容易に行われることから，知識源との距離が近いと，活発に知識スピルオーバーが起きるであろう（Singh 2005）．よって，企業が研究開発機能を工場に付設する可能性は，大学等公的研究機関の近くに工場がある場合に高くなると考えることができる．

　一方，Huber（2012）は，知識スピルオーバーの存在に否定的である．彼はケンブリッジの情報通信技術に関するクラスター（Cambridge Information Technology Cluster）に注目し，ランダムに抽出されたクラスター参加企業について，研究開発活動に従事する労働者のデータを収集してケーススタディを行っている．その結果，クラスター参加企業は必ずしも知識スピルオーバーを期待しておらず，ケンブリッジの労働市場へのアクセスのしやすさや，ケンブリッジに立地しているというブランドを期待していることが示唆され

ている.

　本章において研究開発機能の付設とスピルオーバー効果の関係を実証的に分析するには，研究開発機能の付設に関する詳細な情報を含む工場レベルのデータが必要である．そこで本章では，新設または増設される工場に関する本社名や本社住所，工場の用途や地理的情報を調査している工場立地動向調査の個票データを用いることとする．また，多くの先行研究で指摘されているが，工場の立地に大きな影響を与える産業集積の状況を考慮するため，都道府県別産業生産性（Regional-Level Japan Industrial Productivity: R-JIP）データベースを用いる．大学等公的研究機関の情報は，科学技術研究調査の公的機関，大学等の情報を用いる．工場立地動向調査の個票データにある工場の業種や住所の情報をもとに，都道府県レベルで集計された科学技術研究調査と，都道府県レベル，産業レベルで集計されている R-JIP データベースとをマッチングし，産業集積を考慮した上で，企業による工場への研究開発機能の付設と，大学等公的研究機関の近接性との関係を実証的に分析する．

　新設または増設する工場に研究開発機能を付設するか否かを，当該工場が位置する都道府県の産業集積を考慮しつつ，工場レベルでロジット・モデルにより推計した結果，大学等公的研究機関により近い距離の工場で，研究開発機能が付設される確率が高いことが明らかとなった．また，半径 30 km 圏内に大学等公的研究機関の数が多く，研究費や研究者数が多い工場ほど，研究開発機能が付設される確率が高いことが分かった．

　本章の構成は以下の通りである．第 2 節では，研究開発機能が付設された工場の立地状況について，工場立地動向調査の個票データを集計し，ファクト・ファインディングを整理する．第 3 節では，推計モデルと変数の設定方法を説明する．第 4 節で推計結果を示し，その結果を踏まえて第 5 節で結語を述べる．

2.　研究開発機能が付設された工場の立地状況

2.1　工場立地動向調査

本章では，企業が工場に研究開発機能を付設する際の決定要因を分析す

る．データは経済産業省が実施している工場立地動向調査の工場レベルの個票データを用いる．工場立地動向調査は工場立地法に定められており，統計法に基づく一般調査として 1967 年から実施されている[2]．本調査は，「工場の立地の動向を全国にわたって，統一された基準で迅速に調査することにより，工場立地の実態を把握し，工場立地の適正化及び土地利用の合理化に寄与すること」（経済産業省ホームページ）を目的として，毎年 2 回の頻度で実施されている．

　調査対象は，製造業，電気業，ガス業または熱供給業の用に供する工場または研究所を建設する目的を持って 1,000 m^2 以上の用地を取得または借地した事業者である．新たに用地が取得または借地されて建設される予定の工場について調査が行われ，工場の立地地点，用地面積，工場の機能，立地地点選定理由等が調査項目とされている．回収率は「ほぼ 100%」（経済産業省ホームページ）であり，日本に新設または増設される工場のほぼ全ての情報が網羅されている[3]．本章では，2 次利用により提供された 2007 年第 1 半期から 2011 年第 2 半期までの計 10 半期の個票データを用いる．

2.2　研究開発機能を持つ工場の立地状況

　2007 年から 2011 年に行われた工場立地動向調査の個票データをもとに，研究開発機能が付設された工場の状況を整理する．まず，研究開発機能が付設された工場と付設されていない工場の数について，推移を整理したのが図 8-1 である．本章で利用可能な企業による工場の設置 5,482 件のうち，研究開発機能が付設されているのは 1,318 工場（約 24%）であった．リーマンショック後の 2009 年第 1 半期には研究開発機能付設の有無にかかわらず，工場の付設自体が大きく減少している．一方，研究開発機能が付設された工場

---

2)　工場立地法第 2 条に下記のように定められている．「経済産業大臣（工場立地に伴う公害防止に関する調査にあっては，経済産業大臣及び環境大臣．次条第 1 項及び第 15 条の 3 において同じ．）は，あらかじめ，調査の対象，調査の方法その他調査に関する重要事項について産業構造審議会の意見を聴いて，工場適地の調査，工場立地の動向の調査及び工場立地に伴う公害の防止に関する調査を行うものとする．」

3)　本調査では，「自社の既存の工場敷地に隣接して当該工場が 1,000 m^2 以上の用地を取得した場合」を「増設」，それ以外で 1,000 m^2 の用地を取得した場合を「新設」と定義している．

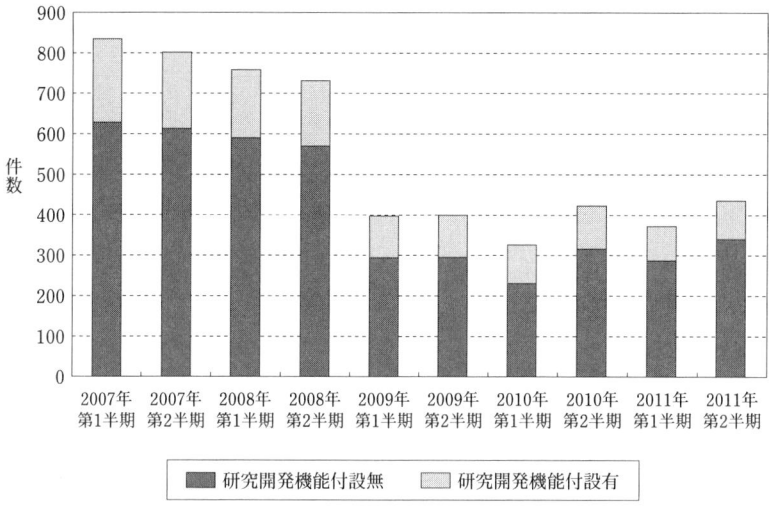

図**8-1**　研究開発機能が付設された工場の数

出所：工場立地動向調査の個票データより筆者作成.

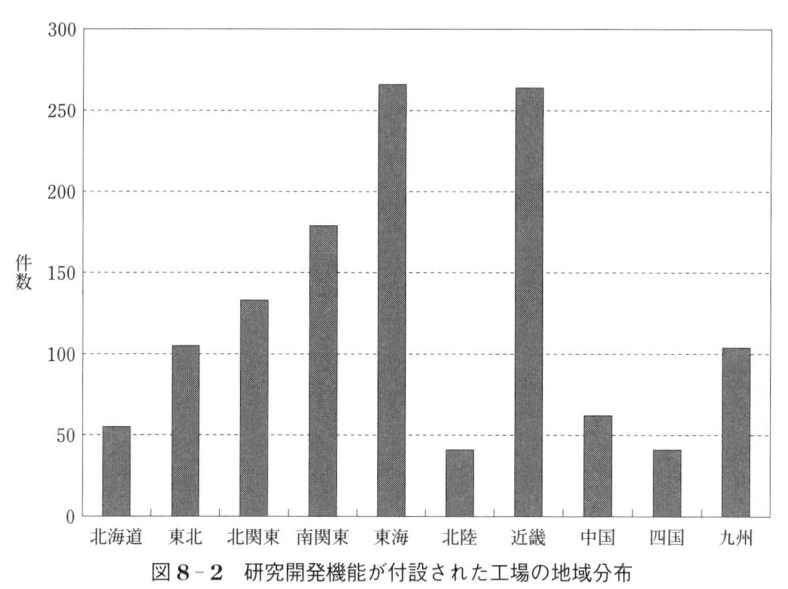

図**8-2**　研究開発機能が付設された工場の地域分布

出所：工場立地動向調査の個票データより筆者作成.

数の絶対数は全体の傾向と同様に減少傾向にあるが，割合は 2007 年から 2011 年までの間ほぼ一定である．

　研究開発機能が付設された工場の地域分布を整理したのが，図 8-2 である[4]．日本全国を 10 地域に分け，工場住所をもとに集計したところ，東海地方と近畿地方に研究開発機能が付設された工場が多く設置されていることが分かる．また，各地域において，研究開発機能が付設された工場の割合を整理したのが図 8-3 である．割合でみてみると，東海地方や近畿地方で多いが，南関東や北海道でも多いことが分かる．

　研究開発機能が付設された工場と付設されない工場のそれぞれについて立地選定理由を整理したのが図 8-4 である．研究開発機能の付設の有無にかかわらず共通して回答が多かった選定理由としては，自社近接性（調査項目の選択肢「本社・他の自社工場への近接性」），工業団地（選択肢「工業団地である」），地価（選択肢「地価」）と回答した工場が多い．一方，研究開発機能を付設する工場の方がそうでない工場に比べて多く回答された選定理由は，人材確保（選択肢「人材・労働力の確保」），公的助成（選択肢「国・地方自治体の助成」），地方自治体積極性（選択肢「地方自治体の誠意・積極性・迅速性」），産学連携（選択肢「学術研究機関の充実（産学共同等）」）であった．特に人材確保と産学連携の回答が多いという集計結果は，企業が人材確保や産学官連携を通じた大学等公的研究機関からの知識スピルオーバーを期待して，研究開発機能を付設していることを示唆している．また，公的助成や地方自治体の積極性も，企業が研究開発機能の付設に対して影響が大きいことが示唆されている．

---

4)　各地域区分は，総務省統計局の区分にしたがって以下のように定義した．
　　北海道地方：北海道
　　東北地方：青森，岩手，宮城，秋田，山形，福島
　　北関東地方：茨城，栃木，群馬，山梨，長野
　　南関東地方：埼玉，千葉，東京，神奈川
　　東海地方：岐阜，静岡，愛知，三重
　　北陸地方：新潟，富山，石川，福井
　　近畿地方：滋賀，京都，大阪，兵庫，奈良，和歌山
　　中国地方：鳥取，島根，岡山，広島，山口
　　四国地方：徳島，香川，愛媛，高知
　　九州地方：福岡，佐賀，長崎，熊本，大分，宮崎，鹿児島，沖縄

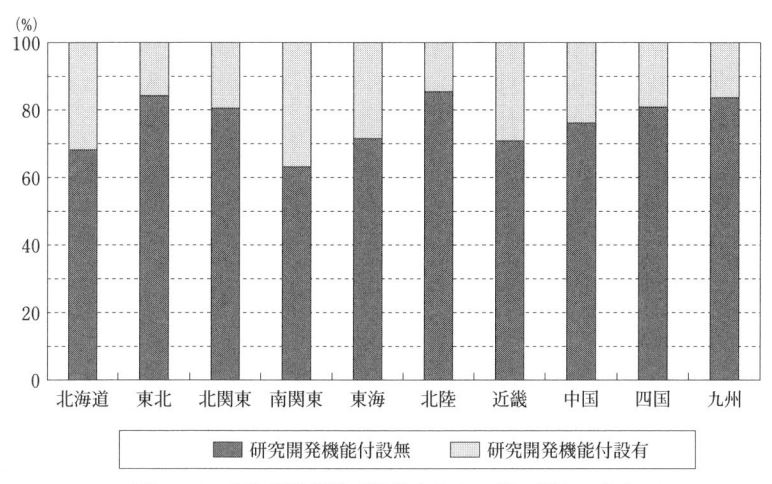

図8-3　研究開発機能が付設された工場の割合の分布

出所：工場立地動向調査の個票データより筆者作成.

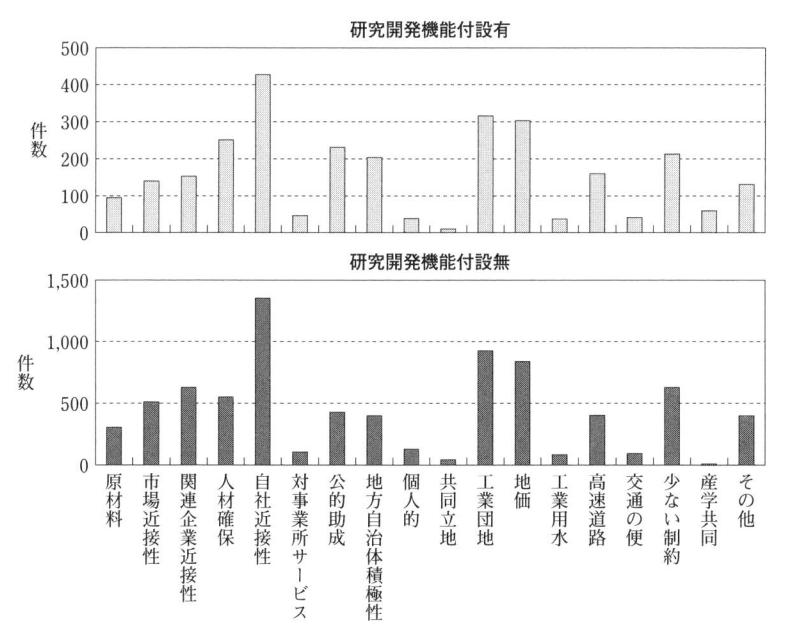

図8-4　研究開発機能が付設された工場と，付設されない工場の立地選定理由

出所：工場立地動向調査の個票データより筆者作成.

3. 推計モデルと変数

3.1　推計モデル

　本章では，工場への研究開発機能の付設に関する決定要因として大学等公的研究機関の影響を検討するため，工場立地動向調査の個票データを用いて統計分析を行う．工場立地動向調査の個票データを集計したところ，確かに，大学等公的研究機関の知識スピルオーバーを期待して，工場に研究開発機能を付設する可能性が示唆されていた．ただし，企業が工場に研究開発機能を付設するか否かについては，設置される工場の特性，工場が設置される地域の特性，地域に位置する大学等公的研究機関の特性を総合的に考える必要がある．そこで，工場の特性，地域の特性等を考慮しつつ，大学等公的研究機関の存在が，工場への研究開発機能の付設に対して影響を与えるか否かを定量的に推計する．

　推計を行う際には，まず企業は工場の設置（新設または増設）を決定し，その次に研究開発機能を付設するかしないかを検討すると考える（図8-5）.

　工場が設置される際に，研究開発機能が付設されるが否かを分析するため，上記のような経路を仮定し，ロジット・モデルで推計する．被説明変数として，研究開発機能が付設されない工場の場合に0を取り，研究開発機能が付設される工場の設置の場合に1を取る変数を用いる[5].

　工場に研究開発機能が付設されるか否かに影響を与える要因として，本章では大学等公的研究機関の立地状況を考える．具体的には，工場から最寄りの大学，公的研究機関への距離や，周辺に位置する大学，公的研究機関の数，使用している研究費，所属している研究者数を検討する．最寄りの大学，公的研究機関への距離が近い工場ほど，スピルオーバーを享受することが可能であることから，研究開発機能が付設される確率が高いと考えられる．また，設置される工場の周辺に位置する大学や公的研究機関の機関数が多く，使用している研究費が多く，所属している研究者の数が多いほど，ス

---

　5)　工場が設置されることが前提となっており，研究開発機能を付設する場合と，付設せずに事業工場としての機能のみを持つ場合を比較していることに留意されたい.

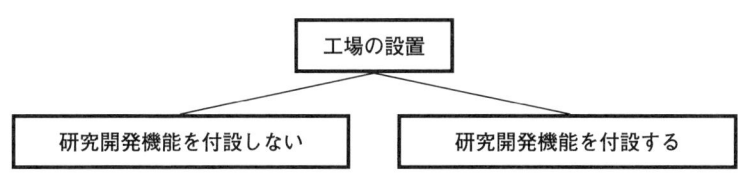

図8-5　研究開発機能付設のフロー

ピルオーバーを享受することが可能であり，当該工場に研究開発機能が付設される確率が高いと考えられる．

　工場への研究開発機能の付設に関する決定要因を分析する際には，設置される工場の特性や，地域の特性，トレンドを考慮する必要がある．本章では，工場の設置に影響を与える特性として，企業のガバナンスの状況や工場が設置される地域の特性，土地のコストを考慮するため，本社からの距離，本社工場か否か，工業団地に立地しているか否か，地価，工場の業種を考える．地域の特性としては，地域の需要の規模を考慮するための人口，地域の労働コストを考慮するための賃金水準，地域の産業集積の状況，都道府県固有の効果を考える．

3.2　変数の構成

　工場に研究開発機能が付設されない場合に0を取り，付設される場合に1を取る変数は，工場立地動向調査の個票データを用いる．工場立地動向調査では，「工場敷地内に研究開発機能を敷設する予定の有無」が調査項目となっており，「有（基礎研究）」，「有（応用研究）」，「有（開発研究）」，「無」の4つが選択肢として設定されている．本章では，「有（基礎研究）」，「有（応用研究）」，「有（開発研究）」のどれかに該当している工場を，研究開発機能が付設されているとする．一方，「無」に該当している工場は，研究開発機能が付設されていないと判断する．

　大学等公的研究機関の立地状況は，科学技術研究調査の個票データを用いる[6]．公的研究機関の研究に関する情報は調査票乙，大学の研究に関する情

---

6)　科学技術研究調査は，国際的な研究開発統計のマニュアルであるフラスカティ・マニュアルにしたがって，日本における研究活動の状態を調査する基幹統計である．調

報は調査票丙の個票データを用いる．各大学等公的研究機関の住所情報と，工場立地動向調査の工場住所の情報を用いて，最寄りの大学，公的研究機関への距離を算出し，最寄りの大学や公的研究機関への距離とする[7]．また，同様の住所情報を用いて，工場立地動向調査で調査されている各工場から半径30 km圏内の大学，公的研究機関を割り出し，その機関数や使用されている研究費の額，所属している研究者数を集計して，工場周辺に位置する大学等公的研究機関に関する変数とする．

　工場の特性に関する変数は次のように作成する．本社からの距離については，工場立地動向調査にある「本社所在地」と工場住所から，両者の距離を算出し，変数とする．工業団地に立地しているか否かを考慮する変数は，工場立地動向調査において工場が工業団地内であると回答している場合に1を取り，工業団地内でないと回答している場合に0を取るダミー変数とする．地価を考慮する変数は，工場立地動向調査で調査が行われている「用地取得費」を「敷地面積」で除し，1平方メートル当たりの地価を算出することで求める．本社工場か否かを考慮するための変数は，工場立地動向調査において工場の予定機能として「本社工場」と回答している工場の場合に1を取り，それ以外の予定機能を有する工場の場合に0を取るダミー変数とする．工場の業種を考慮する変数は，工場立地動向調査で調査されている工場の製品コードを利用して作成する．工場立地動向調査の製品コードと，R-JIPデータベースの産業分類をマッチングしてから，産業ダミーを作成し，推計に含める[8]．

　地域の特性に関する変数は次のように作成する．人口はR-JIPデータベースから都道府県別，年別の情報を抽出する．賃金水準は，R-JIPデータベー

査は毎年1回行われ，「企業」，「非営利団体・公的機関」，「大学等」の3つを対象としている．特に大学については，学部または研究科，大学附置研究所ごとに調査が行われている．

7)　大学等公的研究機関の住所と，工場住所の緯度と経度を調べ，両者の直線距離を算出する．

8)　R-JIPデータベースは，経済産業研究所によって整理されているデータベースである．産業別，都道府県別，年別に，全要素生産性（TFP）を算出するための付加価値，資本，労働に関するデータが整理されている．経済産業研究所のホームページに，無料で公開されている．

スの労働コストを就業者数で除した 1 人当たり労働コストを，産業別，都道府県別，年別で算出し，変数として推計に含める．また，都道府県固有の効果を考慮するための変数は，工場が設置される都道府県の場合 1 を取るダミー変数とする．

　地域の産業集積の状況に関する変数は，都道府県間，産業間の前方連関と後方連関について Tomiura（2003）を参考に，日本産業生産性（JIP）データベースと，R-JIP データベースを用いて以下のように算出する．

$$Input\_Linkage_{rj} = R \sum_{h \neq j} \left(\frac{X_j^h}{X_j} \right) \left(\frac{Q_{rh}}{Q_h} \right)$$

$$Output\_Linkage_{rj} = R \sum_{h \neq j} \left(\frac{X_h^j}{X^j} \right) \left(\frac{Q_{rh}}{Q_h} \right)$$

ただし，

X_j^h：h 産業から j 産業への中間投入（JIP データベース）

X_j：j 産業への投入

X^j：j 産業の算出

Q_{rh} / Q_r：地域 r にある産業 h の実質付加価値シェア（R-JIP データベース）

R：都道府県の数（＝47）

　トレンドは，年ダミーを用いる．また，都道府県ごとのトレンドも考慮するため，都道府県ダミー変数と年ダミーの交差項を含めた推計も行う．

4.　推計結果

　推計結果を整理したのが表 8-1，8-2，8-3，8-4 である[9]．モデルに含める大学や公的研究機関に関する変数として，表中のモデル［1］～［4］は最寄り

---

9)　より詳細な基本統計量，相関係数は枝村・乾・山内（2017）を参照．

表 8 - 1　推計結果 (1)

	[1]	[2]	[3]	[4]	[5]	[6]	[7]	[8]
本社からの距離	0.0100 (0.0179)	0.0070 (0.0181)	0.0293 (0.0213)	0.0219 (0.0223)	0.0123 (0.0179)	0.0091 (0.0182)	0.0320 (0.0213)	0.0258 (0.0222)
立地 (工業団地)	0.2252*** (0.0711)	0.2219*** (0.0712)	0.2504*** (0.0793)	0.2906*** (0.0828)	0.2138*** (0.0711)	0.2107*** (0.0712)	0.2518*** (0.0793)	0.2879*** (0.0829)
m^2当たり地価	0.6182 (0.4587)	0.5795 (0.4457)	0.4992 (0.4850)	0.3159 (0.5584)	0.6877 (0.4812)	0.6559 (0.4682)	0.6022 (0.4797)	0.4344 (0.5319)
本社工場ダミー	0.3495*** (0.0772)	0.3425*** (0.0773)	0.3845*** (0.0842)	0.4190*** (0.0868)	0.3526*** (0.0771)	0.3459*** (0.0773)	0.3863*** (0.0841)	0.4213*** (0.0867)
都道府県人口		0.0361 (0.0275)				0.0320 (0.0275)		
マンアワー当たり労働コスト		−0.2312 (0.2025)				−0.2360 (0.2031)		
Input Linkage	0.0957* (0.0564)	0.0356 (0.0893)	0.0362 (0.1066)	0.0337 (0.1407)	0.0821 (0.0568)	0.0337 (0.0889)	0.0419 (0.1060)	0.0451 (0.1402)
Output Linkage	0.2410*** (0.0371)	0.2324*** (0.0400)	0.2350*** (0.0437)	0.0031 (0.0707)	0.2423*** (0.0371)	0.2363*** (0.0401)	0.2388*** (0.0438)	0.0050 (0.0713)
最寄り公研までの距離	−2.2736*** (0.4031)	−2.2814*** (0.4060)	−2.3225*** (0.4779)	−2.2134*** (0.4863)				
最寄り大学までの距離					−2.5257*** (0.5600)	−2.5392*** (0.5699)	−2.1006*** (0.6330)	−1.9872*** (0.6386)
_cons	−1.3836*** (0.0918)	−0.8924* (0.4639)	−0.1427 (1.1168)	4.3105*** (1.6457)	−1.4264*** (0.0937)	−0.9207** (0.4682)	0.0136 (1.1181)	4.4880*** (1.6416)
Prefecture	No	No	Yes	Yes	No	No	Yes	Yes
Year	No	No	Yes	Yes	No	No	Yes	Yes
PrefectureXYear	No	No	Yes	Yes	No	No	Yes	Yes
Industry	No	No	No	Yes	No	No	No	Yes
N	4468	4468	4277	4236	4468	4468	4277	4236
Pseudo R2	0.0313	0.0318	0.0928	0.1275	0.0289	0.0293	0.0901	0.1251

注：***：1%，**：5%，*：10% 有意水準を示す．

表 8-2 推計結果 (2)

	[9]	[10]	[11]	[12]	[13]	[14]	[15]	[16]
本社からの距離	0.0042 (0.0179)	0.0041 (0.0182)	0.0289 (0.0212)	0.0211 (0.0222)	0.0095 (0.0179)	0.0065 (0.0182)	0.0289 (0.0212)	0.0213 (0.0222)
立地（工業団地）	0.2450*** (0.0711)	0.2434*** (0.0711)	0.2803*** (0.0792)	0.3190*** (0.0828)	0.2533*** (0.0713)	0.2541*** (0.0713)	0.2886*** (0.0794)	0.3278*** (0.0830)
m^2 当たり地価	0.6602 (0.4665)	0.6355 (0.4589)	0.5973 (0.4907)	0.4083 (0.5598)	0.3372 (0.4134)	0.3560 (0.4140)	0.3876 (0.5334)	0.0943 (0.7226)
本社工場ダミー	0.3652*** (0.0770)	0.3623*** (0.0771)	0.3968*** (0.0840)	0.4281*** (0.0866)	0.3423*** (0.0774)	0.3404*** (0.0775)	0.3770*** (0.0843)	0.4064*** (0.0869)
都道府県人口		0.0235 (0.0287)				-0.0233 (0.0306)		
マンアワー当たり労働コスト		-0.0430 (0.2008)				-0.1730 (0.2002)		
Input Linkage	0.0829 (0.0571)	0.0307 (0.0891)	0.0332 (0.1059)	0.0313 (0.1402)	0.0093 (0.0597)	0.0847 (0.0905)	0.0414 (0.1062)	0.0339 (0.1406)
Output Linkage	0.2488*** (0.0374)	0.2382*** (0.0404)	0.2376*** (0.0437)	0.0028 (0.0695)	0.2320*** (0.0373)	0.2516*** (0.0411)	0.2422*** (0.0437)	0.0074 (0.0707)
公研数 (30 km 圏内)	0.0022*** (0.0007)	0.0020*** (0.0007)	0.0016* (0.0008)	0.0019** (0.0009)				
大学学部数 (30 km 圏内)					0.0053*** (0.0009)	0.0058*** (0.0011)	0.0051*** (0.0014)	0.0058*** (0.0015)
_cons	-1.6737*** (0.0787)	-1.5968*** (0.4520)	-0.1318 (1.1141)	4.4359*** (1.6459)	-1.7098*** (0.0792)	-1.3044*** (0.4515)	-0.1545 (1.1138)	4.4361*** (1.6442)
Prefecture	No	No	Yes	Yes	No	No	Yes	Yes
Year	No	No	Yes	Yes	No	No	Yes	Yes
PrefectureXYear	No	No	Yes	Yes	No	No	Yes	Yes
Industry	No	No	No	Yes	No	No	No	Yes
N	4468	4468	4277	4236	4468	4468	4277	4236
Pseudo R2	0.0263	0.0265	0.0884	0.1239	0.0303	0.0307	0.0904	0.1262

注：***：1%，**：5%，*：10% 有意水準を示す．

225

表 8-3　推計結果（3）

	[17]	[18]	[19]	[20]	[21]	[22]	[23]	[24]
本社からの距離	0.0043 (0.0179)	0.0045 (0.0182)	0.0292 (0.0212)	0.0214 (0.0222)	0.0062 (0.0179)	0.0045 (0.0182)	0.0286 (0.0212)	0.0209 (0.0222)
立地（工業団地）	0.2405*** (0.0710)	0.2389*** (0.0711)	0.2790*** (0.0792)	0.3185*** (0.0828)	0.2539*** (0.0712)	0.2536*** (0.0713)	0.2887*** (0.0794)	0.3282*** (0.0830)
m^2 当たり地価	0.7801 (0.5140)	0.7313 (0.4942)	0.6341 (0.4860)	0.4455 (0.5452)	0.4253 (0.4147)	0.4393 (0.4166)	0.4756 (0.5115)	0.2358 (0.6425)
本社工場ダミー	0.3689*** (0.0769)	0.3651*** (0.0771)	0.3977*** (0.0840)	0.4293*** (0.0866)	0.3514*** (0.0772)	0.3503*** (0.0773)	0.3865*** (0.0841)	0.4162*** (0.0868)
都道府県人口		0.0298 (0.0285)				−0.0034 (0.0298)		
マンアワー当たり労働コスト		−0.0425 (0.2014)				−0.0981 (0.1997)		
Input Linkage	0.0911 (0.0570)	0.0227 (0.0889)	0.0340 (0.1059)	0.0304 (0.1402)	0.0380 (0.0587)	0.0596 (0.0899)	0.0372 (0.1061)	0.0329 (0.1404)
Output Linkage	0.2515*** (0.0374)	0.2374*** (0.0402)	0.2379*** (0.0437)	0.0029 (0.0696)	0.2390*** (0.0374)	0.2457*** (0.0408)	0.2402*** (0.0437)	0.0054 (0.0700)
公研総額研究費（30 km 圏内）	0.7028** (0.2775)	0.6211** (0.2883)	0.5652 (0.3496)	0.7251** (0.3688)				
大学総額研究費（30 km 圏内）					1.2396*** (0.2574)	1.2702*** (0.2815)	0.9919*** (0.3429)	1.1559*** (0.3624)
_cons	−1.6676*** (0.0787)	−1.5970*** (0.4530)	−0.1223 (1.1141)	4.4495*** (1.6462)	−1.6810*** (0.0788)	−1.4573*** (0.4502)	−0.1276 (1.1139)	4.4559*** (1.6455)
Prefecture	No	No	Yes	Yes	No	No	Yes	Yes
Year	No	No	Yes	Yes	No	No	Yes	Yes
PrefectureXYear	No	No	Yes	Yes	No	No	Yes	Yes
Industry	No	No	No	Yes	No	No	No	Yes
N	4468	4468	4277	4236	4468	4468	4277	4236
Pseudo R2	0.0255	0.0258	0.0882	0.1237	0.0288	0.0289	0.0894	0.1251

注：***：1%，**：5% 有意水準を示す．

表 8-4 推計結果 (4)

	[25]	[26]	[27]	[28]	[29]	[30]	[31]	[32]
本社からの距離	0.0047 (0.0179)	0.0048 (0.0182)	0.0291 (0.0212)	0.0213 (0.0222)	0.0064 (0.0179)	0.0045 (0.0182)	0.0287 (0.0212)	0.0211 (0.0222)
立地 (工業団地)	0.2419*** (0.0710)	0.2409*** (0.0711)	0.2833*** (0.0793)	0.3226*** (0.0828)	0.2546*** (0.0713)	0.2540*** (0.0713)	0.2890*** (0.0794)	0.3286*** (0.0830)
m² 当たり地価	0.6799 (0.4716)	0.6554 (0.4643)	0.5706 (0.4926)	0.3746 (0.5718)	0.4252 (0.4144)	0.4396 (0.4163)	0.4761 (0.5112)	0.2349 (0.6433)
本社工場ダミー	0.3675*** (0.0770)	0.3650*** (0.0771)	0.3961*** (0.0840)	0.4275*** (0.0866)	0.3502*** (0.0772)	0.3488*** (0.0773)	0.3856*** (0.0842)	0.4153*** (0.0868)
都道府県人口		0.0195 (0.0289)				− 0.0020 (0.0297)		
マンアワー当たり労働コスト		− 0.0251 (0.2014)				− 0.1119 (0.1997)		
Input Linkage	0.0772 (0.0574)	0.0325 (0.0892)	0.0332 (0.1060)	0.0289 (0.1403)	0.0374 (0.0587)	0.0573 (0.0898)	0.0377 (0.1061)	0.0337 (0.1404)
Output Linkage	0.2477*** (0.0373)	0.2385*** (0.0403)	0.2381*** (0.0436)	0.0024 (0.0690)	0.2395*** (0.0373)	0.2461*** (0.0408)	0.2406*** (0.0437)	0.0055 (0.0701)
公研研究者数 (30 km 圏内)	0.0456*** (0.0133)	0.0427*** (0.0140)	0.0416** (0.0175)	0.0494*** (0.0184)				
大学研究者数 (30 km 圏内)					0.0166*** (0.0034)	0.0170*** (0.0037)	0.0132*** (0.0045)	0.0153*** (0.0048)
_cons	− 1.6707*** (0.0787)	− 1.6309*** (0.4531)	− 0.1265 (1.1141)	4.4603*** (1.6485)	− 1.6863*** (0.0789)	− 1.4329*** (0.4501)	− 0.1342 (1.1139)	4.4470*** (1.6450)
Prefecture	No	No	Yes	Yes	No	No	Yes	Yes
Year	No	No	Yes	Yes	No	No	Yes	Yes
PrefectureXYear	No	No	Yes	Yes	No	No	Yes	Yes
Industry	No	No	No	Yes	No	No	No	Yes
N	4468	4468	4277	4236	4468	4468	4277	4236
Pseudo R2	0.0266	0.0267	0.0888	0.1244	0.0288	0.0289	0.0894	0.1251

注: ***:1%, **:5% 有意水準を示す.

公的研究所，モデル［5］〜［8］は大学までの距離，モデル［9］〜［12］は公的研究機関数，モデル［13］〜［16］は大学学部数，モデル［17］〜［20］は30 km 圏内の公的研究機関の研究費，モデル［21］〜［24］は 30km 圏内の大学の研究費，モデル［25］〜［28］は 30 km 圏内の公的研究機関に属する研究者数，モデル［29］〜［32］は 30 km 圏内の大学に属する研究者数を用いている．また，大学や公的研究機関に関する各変数を用いた推計では，都道府県の特性として，産業集積を含めるモデル，産業集積と都道府県人口，マンアワー当たり労働コストを含めるモデル，産業集積と都道府県ダミー，年ダミー，都道府県ダミーと年ダミーの交差項を含めるモデル，それに産業ダミーを加えたモデルの 4 モデルで分析を行っている[10]．

　表 8-1 のモデル［1］〜［8］をみてみると，最寄りの公的研究機関や大学までの距離に関する係数が，有意にマイナスである．これは，最寄りの公的研究機関や大学までの距離が短い工場で，研究開発機能が付設される確率が高いことを示している．つまり，公的研究機関や大学に近い工場ほど，研究開発機能が付設される可能性が高いことを示唆している．

　表 8-2 のモデル［9］〜［16］をみてみると，工場から半径 30 km 圏内にある公的研究機関の数や大学の学部数の係数が，有意にプラスとなっている．これは，半径 30 km 圏内に公的研究機関や大学の学部数が多い工場ほど，研究開発機能が付設される可能性が高いことを示している．つまり，周辺に公的研究機関や大学が多く立地している工場ほど，研究開発機能が付設される可能性が高いことを示唆している．

　表 8-3 のモデル［17］〜［24］をみてみると，工場から半径 30 km 圏内にある公的研究機関や大学で使用される研究費の係数が，有意にプラスとなっている．これは，半径 30 km 圏内に立地する公的研究機関や大学で使用される研究費が多い工場ほど，研究開発機能が付設される確率が高いことを示している．つまり，研究費を多く使用している公的研究機関や大学が周辺に立地している工場ほど，研究開発機能が付設される可能性が高いことを示唆

---

10)　本章で行っている推計の他に，大都市圏に設置される工場を除いたサンプルを用いた推計や，周辺 10 km 圏内の大学等公的研究機関に注目した推計も行っている．詳細は枝村・乾・山内（2017）を参照．

している.

表8-4のモデル［25］〜［32］をみてみると，工場から半径30 km圏内にある公的研究機関や大学に所属している研究者数の係数が，有意にプラスとなっている．これは，半径30 km圏内にある公的研究機関や大学に所属する研究者数が多い工場ほど，研究開発機能が付設される確率が高いことを示している．つまり，多くの研究者が所属する公的研究機関や大学が周辺に立地している工場ほど，研究開発機能が付設される可能性が高いことを示唆している.

表8-1〜8-4の全てのモデルにおいて，工業団地に立地している場合1を取るダミー変数の係数がプラスで有意になっている．これは，工業団地に設置される工場において，研究開発機能が付設される確率が高いことが示されている．研究開発機能を付設するには，ある程度の広さが必要であり，まとまった土地を取得しやすい工業団地に立地する工場は，研究開発機能を付設する可能性が高い.

本社工場である場合1を取るダミー変数の係数をみてみると，全てのモデルで有意にプラスとなっている．これは，工場が本社工場である場合，研究開発機能が付設される確率が高いことを示している．本社からの距離に関する変数の係数は有意ではないことを考慮すると，本社からの距離は工場を設置する際の研究開発機能付設の有無に与える影響に大差はないが，本社工場か否かは研究開発機能の付設に大きな影響を与えることが統計的に示唆されている.

産業集積に関する変数の係数をみてみると，Input Linkageの係数はほとんどのモデルで有意ではないが，Output Linkageの係数はほとんどのモデルで有意にプラスである．これは，後方連関が強い都道府県にある工場ほど，研究開発機能が付設される確率が高いことを示している．つまり，製品供給先の産業が集積している地域に設置される工場に，研究開発機能が付設される可能性が高い.

5. おわりに

　本章では，企業が工場に研究開発機能を付設する決定要因として大学等公的研究機関が与える影響を考え，工場立地動向調査の個票データや科学技術研究調査，R-JIP データベースを用いて実証分析を行った．工場の特性，工場が設置される地域の特性，産業集積を考慮した上で，大学等公的研究機関の立地が工場への研究開発機能付設に与える影響をロジット・モデルによって推計した結果，最寄りの公的研究機関・大学までの距離の係数が有意にマイナスであったことと，工場の半径 30 km 圏内にある大学の学部数，大学で使用される研究費の額，公的研究機関や大学に所属する研究者数の係数が有意にプラスであった．これらの一連の推計結果は，大学や公的研究機関から近く，研究規模が大きい大学や公的研究機関が周辺にある工場ほど，研究開発機能が付設される確率が高いことを示唆している．つまり，企業は，大学等公的研究機関に近い場所に工場を設置する際には，研究開発機能を付設する可能性が高い．

　本章の推計結果から，企業が工場に研究開発機能を付設する際には，周囲にある大学の学部数，使用されている研究費の規模，所属している研究者の規模が影響を与えている可能性がある．また，公的研究機関の研究者の数も，工場への研究開発機能の付設に対して大きな影響を与えている可能性がある．これらの結果から，研究開発機能の付設に際して，企業が地域の知識スピルオーバーを期待していることが考えられる．この結果は，先行研究と整合的である．

　企業はなぜ，地域の大学における学部の数や使用されている研究費，所属している研究者数，公的研究機関の研究者数を考慮して，工場への研究開発機能の付設を検討するのであろうか．それには，2 つの可能性が考えられる．一つは，先行研究でも指摘されている通り，知識スピルオーバーの享受を企業が重視しているという可能性である．学部の数が多く，使用されている研究費が大きく，多くの研究者が所属している大学は，研究の規模が大きい大学を意味しており，そのような大学の周辺に研究開発機能を付設するこ

とができれば，より幅広く様々な分野の研究者と交流することが期待できる．また，企業が大学と共同研究を行う際には，研究開発機能を付設した工場と共同研究先の研究室との間のアクセスがしやすくなり，知識スピルオーバーをより効率的に得ることができるであろう．

もう一つの可能性は，研究開発人材の確保である．一般的に企業が既存の工場を移転させることを検討する場合，問題の一つとなるのが社員の移動である．社員によっては配偶者と子供を持ち，通勤圏内に一軒家やマンションを購入している場合も多く，経営効率以外の様々な理由から社員の移動は簡単にはできない．これは，研究開発機能についても同様である．そこで考えられるのが，企業が新たに設置する工場に研究開発機能の付設を検討する際に，大学や公的研究機関の人的資源を活用する，ということである．研究規模の大きい大学には，様々な研究分野の研究室があり，学生も多いことは想像に難くない．このような大学の近くに研究開発機能を付設した工場を設置することで，研究開発人材をリクルートしやすくなる．また，公的研究機関の研究費及び研究者数については頑健な結果を得ることができなかったことを考えると，大学からの新卒採用だけでなく，中途採用も含めて公的研究機関の人的資源の活用を考慮し，企業は工場への研究開発機能の付設を検討していると考えられる．

本章の推計結果は，重要な政策的インプリケーションを持つ．公的研究機関や大学の周辺に設置される工場に研究開発機能が付設されやすいという本章の推計結果から，自治体が地域の大学等公的研究機関の研究活動を政策的にサポートすることによって，企業の研究開発機能の誘致がしやすくなり，新たな雇用が創出される可能性が指摘できる．製造機能のみを持つ事業工場は，為替変動や低賃金国からの安価な製品の輸入等の外部要因から影響を受けやすく，赤字が続けば企業は工場を閉鎖する．一方，研究開発機能は製品貿易に直接関係しているわけではないので為替変動の影響を比較的受けづらく，製造機能のみの工場と比較すると雇用は安定すると考えられる．したがって，大学等公的研究機関の研究活動を国や自治体が政策的にサポートすることで，知識スピルオーバーによる企業の研究開発活動の活発化だけでなく，地域の雇用も安定するという効果が期待できるであろう．

　企業の研究開発機能を誘致する方法としては，大学等公的研究機関に人的，財政的支援を直接行う方法と，当該機関の周辺の土地取得を研究開発機能が付設される工場に限定して優遇するという方法が考えられる．また，大学等公的研究機関を中心としたクラスターの組織を推進する方法もあろう．さらに，従来から実施されてきた工場立地促進法とも効果的に組み合せて，効率的に政策を進めるという方法もある．

　本章に残された課題もある．一つは，分析に用いたデータの制約である．工場立地動向調査を用いることで，立地する工場に関して有用で詳細なデータを得ることができるが，立地しなかった工場の情報を得ることはできない．企業は工場設置の有無を検討し，設置すると決まれば研究開発機能を付設するか否かを検討する，と考えた方が自然かもしれないが，データの制約から企業による工場設置の有無については考慮することができなかった．もし企業内部の工場設置に関する検討資料が利用可能であれば，より精緻な実証分析が可能となるが，企業秘密となっている可能性が大きいので，現実的には難しいであろう．

　残された課題のもう一つは，大学等公的研究機関の研究内容を考慮していないということである．本章では，工場から最寄りの機関までの距離や，半径30 km圏内の機関または大学学部の数，使用されている研究費，所属している研究者数を分析に用いた．ただ，工場が利用可能な外部の知識は地理的な要因だけでなく，自身の持つ受容能力（absorptive capacity）に依存するため，大学等公的研究機関と工場または企業との技術的近接性も考慮する必要がある．しかしながら，大学等公的研究機関と民間企業の研究内容を統一的かつ詳細に整理したデータは今のところ存在しない．今後，もしデータの整備が進めば，研究開発機能の付設に関する決定要因や研究所の立地要因に関する精緻な実証分析が可能となるであろう．

参考文献

枝村一磨・乾友彦・山内勇（2017）「大学等公的研究機関が工場への研究開発機能付設に与える影響」RIETI Discussion Paper Series, No. 17-J-048.

田邊勝巳・松浦寿幸（2006）「交通社会資本が与える工場立地選択への影響——電機機械・自動車産業の事業所データによるコンディショナル・ロジット分析」『三田商学研究』第 49 巻第 3 号，pp. 77-97.

西村陽一郎・大西宏一郎・真保智行（2005）「海外拠点の立地選択と集積の経済」Center for Japanese Business Studies（HJBS），Graduate School of Commerce and Management Hitotsubashi University, Working Paper Series, No. 015.

林正（2010）「知識のスピルオーバーと海外研究開発拠点の立地選択」『福島大学地域創造』第 21 巻第 2 号，pp. 6565-6581.

松浦寿幸（2012）「日本企業の本社部門の立地について——本社移転の決定要因と生産性による選別」RIETI Discussion Paper Series, No. 12-J-022.

Aarland, K., J. C. Davis, J. V. Henderson, and Y. Ono（2007）, "Spatial Organization of Firms: The Decision to Split Production and Administration," *RAND Journal of Economics*, Vol. 38(2), pp. 480-494.

Almeida, P. and B. Kogut（1999）, "Localization of Knowledge and the Mobility of Engineers in Regional Network," *Management Science*, Vol. 45(7), pp. 905-917.

Almeida, P. and A. Phene（2004）, "Subsidiaries and Knowledge Creation: The Infuluence of the MNC and Host Country on Innovation," *Strategic Management Journal*, Vol. 25(8-9), pp. 847-864.

Audretsch, D. B. and Feldman, M. P.（1996）, "R&D Spillovers and the Geography of Innovation and Production," *American Economic Review*, Vol. 86(3), pp. 630-640.

Bloom, N., M. Schankerman, and J. Van Reenen（2013）, "Identifying Technology Spillovers and Product Market Rivalry," *Econometrica*, Vol. 81(3), pp. 1347-1393.

Davis, J. and J. V. Henderson（2008）, "The Agglomeration of Headquarters," *Reginal Science and Urban Economics*, Vol. 38(5), pp. 445-460.

Henderson, J. V. and Y. Ono（2008）, "Where do Manufacturing Firms Locate their Headquarters?" *Journal of Urban Economics*, Vol. 63(2), pp.431-450.

Huber, F.（2012）, "Do Clusters Really Matter for Innovation Practices in Information Technology? Questioning the Significance of Technological Knowledge Spillovers," *Journal of Economic Geography*, Vol. 12(1), pp. 107-126.

Inoue, H., K. Nakajima, and Y. U. Saito（2014）, "Localization of Knowledge-creating Establishments," RIETI Disucussion Paper Series, No. 14-E-053.

Iwasa, T. and H. Odagiri（2004）, "Overseas R&D, Knowledge Sourcing, and Patenting: An Empirical Study of Japanese R&D Investment in the US," *Research Policy*, Vol. 33(5), pp. 807-828.

Jaffe, A. B.（1986）, "Technological Opportunity and Spillovers of R&D: Evidence from Firms' Patents, Profits, and Market Value," *American Economic Review*,

Vol. 76(5), pp. 984–1001.

Lee, K.-D. and S.-J. Hwang (2016), "Regional Characteristics, Industry Agglomeration and Location Choice: Evidence from Japanese Manufacturing Investments in Korea," *Asian Economic Journal*, Vol. 30(2), pp. 123–145.

Mariotti, S., L. Piscitello, and S. Elia (2010), "Spatial Agglomeration of Multinational Enterprises: The Role of Information Externalities and Knowledge Spillovers," *Journal of Economic Geography*, Vol. 10(4), pp. 519–538.

Okubo, T. and E. Tomiura (2016), "Multi-plant Operation and Headquarters Separation: Evidence from Japanese Plant-level Panel Data," *Japan and the World Economy*, Vol. 39, pp. 12–22.

Singh, J. (2005), "Collaborative Networks as Determinants of Knowledge Diffusion Patterns," *Management Science*, Vol. 51(5), pp. 756–770.

Strauss-Kahn, V. and X. Vives (2009), "Why and Where do Headquarters Move?" *Regional Science and Urban Economics*, Vol. 39(2), pp. 168–186.

Tomiura, E. (2003), "Changing Economic Geography and Vertical Linkages in Japan," *Journal of the Japanese and International Economies*, Vol. 17(4), pp. 561–581.

Yang, C.-H., C.-Y. Chiu, and M.-W. Tsou (2016), "Location Choice of Multinational and Local Firms in Vietnam: Birds of a Feather Flock Together?" *Japanese Economic Review*, Vol. 68(1), pp. 95–114.

Yang, C.-H., K. Motohashi, and J.-R. Chen (2009), "Are New Technology-based Firms Located on Science Parks really more Innovative?: Evidence form Taiwan," *Research Policy*, Vol. 38(1), pp. 77–85.

第 9 章

製造業における生産性動学と R&D スピルオーバー

深尾京司・権　赫旭・金　榮愨・池内健太

1. はじめに

『失われた 20 年』における我が国の生産性上昇停滞の原因については，数多くの研究が行われてきた[1]．それらの先行研究によれば，1990 年代以降の日本経済全体の全要素生産性（Total Factor Productivity：以下 TFP と略記する）上昇の減速のうち約半分は，製造業における TFP 上昇の減速で説明される（深尾 2012）．また，事業所レベルのミクロデータを用いた生産性動学分析によれば，1990 年代以降の製造業の生産性上昇低迷の主因は，中小規模の工場で TFP 上昇が大きく減速したことと，生産性の高い工場が閉鎖される一方非効率的な工場が生き残り，負の退出効果が継続したことにある（Fukao and Kwon 2006，金・権・深尾 2007，深尾 2012）[2]．

---

*本章の実証研究は一橋大学，文部科学省科学技術政策研究所，経済産業研究所の共同研究の一部として行われた．また，本章の主な内容は池内他（2013a）に基づいて改訂されたものである．なお，データ構築や推計モデルの詳細，公的 R&D のスピルオーバー効果や企業間の取引関係が R&D スピルオーバーに与える影響に関する詳しい内容は，池内他（2013a）と池内他（2013b）を参照されたい．

1) 先行研究のサーベイに関しては，金・深尾・牧野（2010）を参照されたい．

2) 生産性の高い企業が閉鎖され，生産性の低い企業が存続する問題については，Nishimura, Nakajima, and Kiyota（2005），Caballero, Hoshi, and Kashyap（2008），

生産性の高い工場が多数閉鎖された原因としては, 金・権・深尾 (2007) が示したように, 大企業による生産の海外移転によって, 当該企業が国内に持つ工場と比較すれば非効率的であるものの, 産業平均よりも生産性の高い工場が閉鎖された可能性が指摘できよう[3].

中小工場 (その多くは中小企業によって所有されている) で TFP 上昇が減速したのは, 大企業から中小企業への技術知識のスピルオーバーが減少したことが一因であると考えられる. もともと日本では米国と比較して, 大企業が活発に R&D を行う一方, 中小企業の R&D 集約度は低い[4]. 日本の製造業では機械産業を中心に, 大企業とサプライヤーである中小企業との間で緊密な取引関係や資本関係が築かれ, 大企業から中小企業に技術知識が恒常的にスピルオーバーしていたために, 中小企業はそれほど R&D を行わなくても TFP 上昇を達成できていた可能性がある. しかし 1990 年代以降大企業は, 生産の多くを海外に移転し, また比較的単純労働集約的な財の生産を国内の中小企業でなく, アジアの日系現地法人や現地の独立系企業に任せるようになった. さらに日産自動車のリバイバルプランに象徴されるように, 1990 年代に苦境に立った大企業の多くは, 自社にとって決定的に重要な技術を持つサプライヤー以外については, サプライヤー数の削減, 資本関係の解消など, 垂直系列の選別を行った. このような取引関係の希薄化と「関係特殊的な機能」の減退 (浅沼 1997) によって, 大企業から中小企業への R&D スピルオーバーが減速した可能性がある.

以上の仮説に従えば, 負の退出効果と中小企業の TFP 上昇停滞は, 緊密に関係している可能性が高い. R&D 集約的な大企業が産業集積地にある工

Kwon, Narita, and Narita (2015) も参照されたい.

3) 金・権・深尾 (2007) は, 製造業三桁産業別にアジアへの生産移転の状況と退出効果の大きさを比較し, アジアへの生産移転が進行した産業ほど大きな負の退出効果が生じていることを示している.

4) 総務省の『平成 21 年度科学技術研究調査報告』(資本金 1000 万円以上を対象) によれば, 従業者 300 人以上の企業が 13 兆円の研究開発支出 (委託研究を含む) を行ったのに対し, 300 人未満の企業の研究開発支出は 1 兆円に過ぎなかった. また, 中小企業庁 (2009) によれば, 従業者 5,000 人以上の企業の研究開発集約度 (研究開発支出/売上高) は日本の方が高いのに対し, 従業者 5,000 人未満の企業の研究集約度は米国の方が高い. 他方米国では最も研究開発集約度が高いのは, 従業者数 100 人から 249 人の規模の企業である.

場を閉鎖したために，産業集積地に立地している中小企業がR&Dスピルオーバーを享受できなくなったかもしれない[5]．この問題を検証するためには，中小工場のTFP上昇が堅調であった1980年代を含む長期について，企業のR&D支出データと工場の生産性データを接合し，地域経済の視点から生産性動学分析を行い，また工場間の距離がR&Dスピルオーバーに与える影響を分析する必要がある．本章では1981〜2007年という長期間について，『科学技術研究調査』の企業データと『工業統計調査』の工場データを接合することにより，このような分析を行う[6]．

　本章の構成は次の通りである．まず第2節では日本の製造業における県別の生産性動学の分析結果を示し，第3節でR&D集約的な企業の工場の退出によりR&Dスピルオーバー効果が減少したか否かについて検証する．最後に第4節では，本章の主な結果を要約し，その政策的含意について考察する．

2.　日本の製造業における県別の生産性動学

　本節では，『工業統計調査』ミクロデータを用いて生産性動学分析を行い，その結果を都道府県別に集計することにより，負の退出効果が主にどの地域で生じたかを調べることにする．データの作成方法やTFPの測定方法，集計に関する詳細な説明は池内他（2013a）を参照されたい．

　製造業全体のTFPの上昇は，各工場内におけるTFP上昇と，TFP水準の高い工場の生産拡大や低い工場の縮小，TFP水準の高い工場の参入や低い工場の退出のような，工場間の資源再配分の効果に分解できる（生産性動学分析）．ここで，TFPレベルの測定にはCaves, Christensen, and Diewert

---

　5)　企業内，企業間のR&Dスピルオーバーが，事業所，企業や地域間の生産性上昇の差をもたらしていることは多くの先行研究で指摘されてきた（例えばGriliches（1979），Hall *et al.*（2010）参照）．

　6)　企業間の取引関係の希薄化については，池内他（2015a）では企業間の取引関係がR&Dスピルオーバーに統計的に有意なプラスの影響を与えるとの結果を得ている．また，池内他（2015b）は，日本の自動車産業における組み立てメーカーと1次下請け企業の間の取引関係の希薄化や技術力の低いサプライヤーの生産性の低迷などを示している．

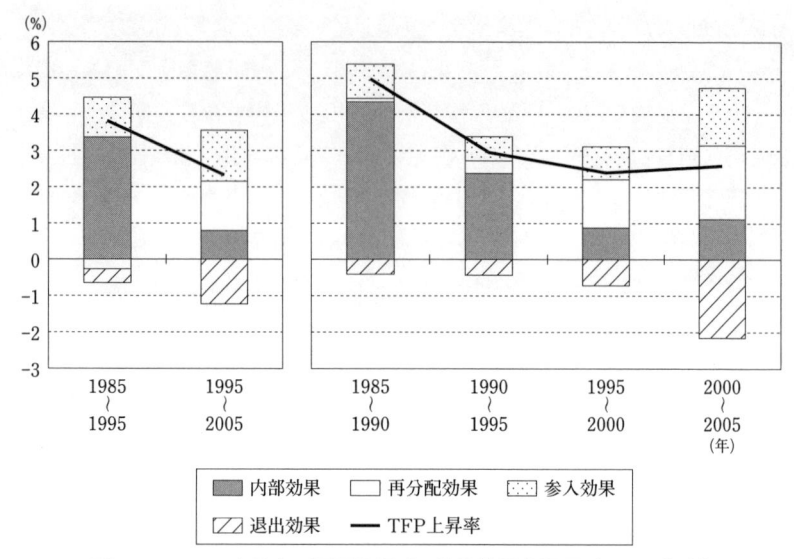

図 9‑1　TFP 上昇率の要因分解（工業統計調査個票データ，年率）

（1982）や Good, Nadiri, and Sickles（1997）の生産性指数を採用した．な
お，労働投入は「都道府県産業生産性（R-JIP）データベース」で推計された
各年の都道府県・産業別の労働時間だけではなく，労働の質も考慮した．産
業の TFP の集計方法は Baily, Hulten, and Campbell（1992）の方法に従い，
TFP 上昇率の分解方法としては，Foster, Haltiwanger, and Krizan（2001）
の分解方法（以下では FHK 分解方法と呼ぶ）を採用した[7]．FHK 分解方法によ
れば，各産業における TFP 水準対数値の基準年から比較年にかけての変化
は，各工場内で達成された TFP 上昇の効果（内部効果），存続工場間の資源
再配分の効果（再配分効果），生産性の高い工場の参入と相対的に生産性の低
い工場の退出による効果（参入効果と退出効果）の和として分解できる[8]．
　図 9-1 の左側は全期間を 10 年ごとで分けて，また右側は全期間を 5 年ご

---

7)　本章で測定されている工場の生産性はグロス・アウトプット・ベースの生産性であ
　　るため，Domar（1961）に従ってドマー・ウェイトを採用している．詳細は池内他
　　（2013a）を参照されたい．
8)　本文での参入と退出効果は，事業所の産業の変化による効果を含む．

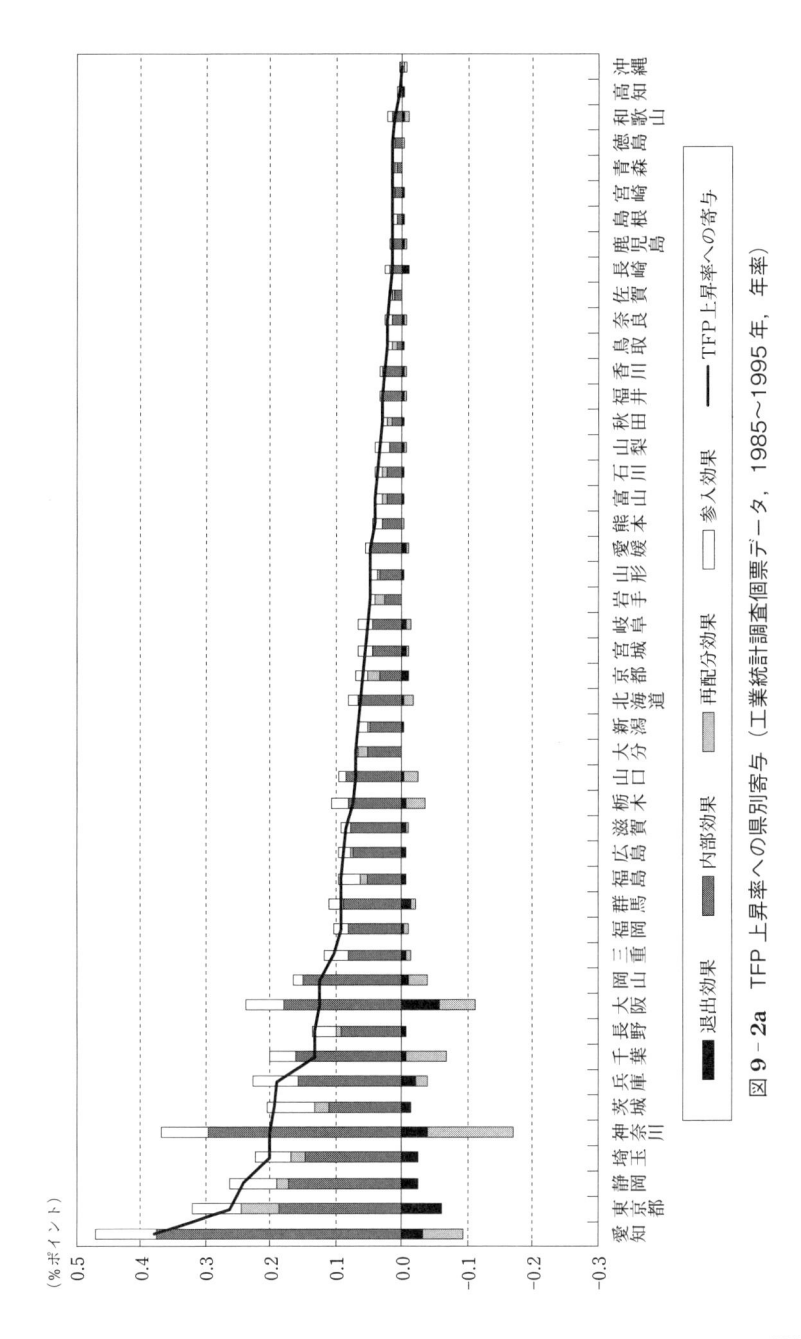

図 9-2a　TFP 上昇率の県別寄与（工業統計調査個票データ，1985〜1995 年，年率）

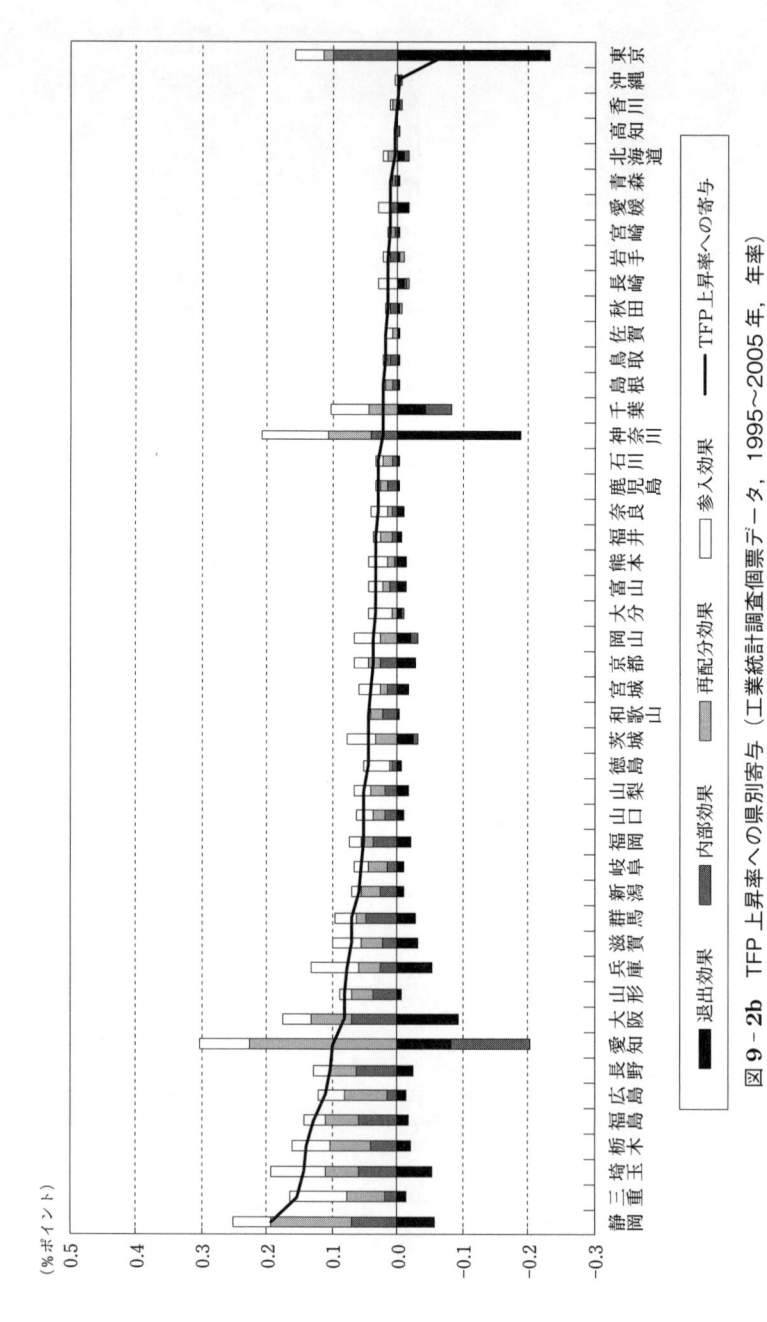

図 9 - 2b TFP 上昇率への県別寄与（工業統計調査個票データ，1995〜2005 年，年率）

とで分けて，各工場の生産性成長を日本の製造業全体に集計した結果である．これによれば，Fukao and Kwon（2006），金・深尾・牧野（2010）の分析結果と同様に，TFP 上昇率下落の主要な原因は内部効果の下落であった．また，退出効果は期間の区分と関係なく負で，最近になるにつれて徐々に大きくなっている．

　図 9-2a と 9-2b は，図 9-1 の左側で報告した 10 年を単位とする TFP 上昇の要因分解を県別に集計した結果である．製造業全体の TFP 上昇への寄与が，県間で大きく異なることが分かる．1985〜1995 年には，愛知県，東京都，静岡県，埼玉県，神奈川県といった，大都市に比較的近い製造業集積地が日本の製造業の TFP 上昇を支える中心的な役割を果たしていた．これに対して 1995 年以降は，東京都，神奈川県，大阪府，愛知県，千葉県のような都市部において，負の退出効果が正の参入効果を大きく上回った．また特に大きな負の退出効果のために，東京と神奈川の日本全体の製造業 TFP 上昇への寄与は，全ての効果を合計してもほとんどゼロないしマイナスに落ち込んでしまった．1995 年以降都市部で大きな負の退出効果が生じた原因としては，生産性の高い企業が都市部の工場を閉鎖し，海外や地方などに工場を新設した可能性が指摘できよう[9]．

3.　民間・公的 R&D による技術知識スピルオーバー効果

　前節で説明された負の退出効果の拡大に関しては，大企業から中小企業へのスピルオーバーの減少に関係する可能性があるため，本節では，研究開発（R&D）投資による企業内の技術知識ストックの蓄積と，企業間及び公的機関からの技術知識スピルオーバーが製造業の県別の生産性動学に与える効果を分析する[10][11]．

---

9)　生産性による企業の立地選択に関しては Fukao *et al.*（2011）及び Belderbos *et al.*（2015）を参照されたい．

10)　技術知識ストックとそのスピルオーバー効果は工場の参入（新規設立）・退出にも影響する可能性があるが，ここでは存続工場の生産性上昇への影響のみ分析している．

11)　技術知識ストックが生産性に及ぼす影響については Griliches（1979）を先駆的研究として多くの研究の蓄積があり（Hall *et al.* 2010），企業間の技術知識スピルオーバー

　本節の分析で用いる主なデータは，経済産業省が実施する『工業統計調査』の 1981 年から 2008 年までの個票データと，総務省が実施する『科学技術研究調査』の 1983 年から 2007 年までの個票データである．『工業統計調査』を用いて製造業の工場レベルの TFP を計測する一方，『科学技術研究調査』を用いて民間企業，大学，その他公的機関の技術知識ストックを推計し，工場レベルの TFP の上昇率に対する民間企業，大学，その他公的機関の技術知識ストックの効果を分析する．分析対象は，『工業統計調査』と『科学技術研究調査』のミクロデータを，両調査の名簿情報（企業名称，住所，資本金，産業分類等）を用いて企業レベルで接続できた企業及びその工場であり，最終的に分析に用いたサンプルは 1 年当たり平均で約 1 万 5000 の工場である[12]．

3.1　モデルと変数

　工場 i の TFP の t 年から $t+\tau$ 年までの変化（対数値の差分，以下同様）を，自社の R&D ストック R_i の変化，他社の R&D ストックからのスピルオーバー S_i の変化，公的 R&D ストックからのスピルオーバー P_i の変化の関数と仮定し，以下のように定式化する．

(1)
$$\Delta \ln TFP_{it} = \alpha_R \, \Delta \ln R_{it-1} + \alpha_S \, \Delta \ln S_{it-1} + \alpha_P \, \Delta \ln P_{it-1} + \mathbf{X}_{it}\boldsymbol{\pi} + u_{it}$$

なお，企業の R&D は目的とする製品分野が分かれており，t 年における工場 i の自社 R&D ストック R_{it} を次のように定義する．

(2)　$$R_{it} = \sum_{s'} R_{f(i)s't} \, T_{s(i)s'}$$

ただし，工場 i が属する企業を $f(i)$，工場 i が生産する財の製品分野を $s(i)$

　に関しては Jaffe *et al.*（1993），Adams and Jaffe（1996），Goto and Suzuki（1989），Aldieri and Cincera（2009），公的機関からのスピルオーバーに関しては Jaffe（1989），Adams（1990），Anselin *et al.*（1997），Furman *et al.*（2005）などがある．

12)　『工業統計調査』の名簿情報は 1994 年以降のみ利用可能であり，『科学技術研究調査』の名簿情報は 2001 年以降のみ利用可能である．そのため，1983 年から 2000 年までの期間については，2001 年時点での対応関係を過去に延長して接続を行った．

とおき，$R_{f(i)s't}$ は企業 $f(i)$ の製品分野 s' 向けの t 年の R&D ストックである[13]．$T_{s(i)s'}$ は先行研究（Leten *et al.* 2007, Schmoch *et al.* 2003）に従って求めた製品分野 $s(i)$ と s' の間の技術的近接性である．

　次に，工場 i が他社の製品分野別 R&D ストックから受け取る技術知識スピルオーバーについては，製品分野間の技術的近接性の影響に加えて，地理的な距離による減衰効果も加味して次のように定義する．

$$(3) \quad S_{it} = \sum_{f' \neq f(i)} \sum_{s'} \left(R_{f's't} \, T_{s(i)s'} e^{\tau_s d_{if's't}} \right)$$

ここで，$d_{if's't}$ は工場 i の立地と企業 f' の製品分野 s' に属する財を生産する工場との t 年の地理的距離を表す．地理的近接性の効果を表すパラメータ τ_s が負の場合，当該工場が工場の集積地遠く立地するほど，受け取るスピルオーバーが小さくなることを意味している[14]．

　公的 R&D については，立地と学術分野別に R&D ストックを推計する．$\tilde{R}_{hmt}$ を立地 h における学術分野 m に関する公的機関の R&D ストック[15]とし，公的 R&D ストックからのスピルオーバーも同様に，製品分野 $s(i)$ と学術分野 m の技術的近接性と地理的な近接性を加味して，次のように特定化する．

$$(4) \quad P_{it} = \sum_{h} \sum_{m} \tilde{T}_{s(i)m} e^{\tau_p \tilde{d}_{ih}} \tilde{R}_{hmt}$$

ただし，$\tilde{T}_{s(i)m}$ は工場 i が生産する製品 $s(i)$ と学術分野 m との技術的近接性であり，$\tilde{d}_{ih}$ は工場 i と立地点 h の地理的距離である．製品分野（産業）

---

13)　『科学技術研究調査』の製品分野別研究開発支出データを，恒久棚卸法で資本化して推計した．R&D ストックにかかる陳腐化率は，1985 年と 2009 年の「民間企業の研究活動に関する調査報告」（科学技術政策研究所）の産業別の「研究開発成果の受益期間」に関する調査結果を用いて推計した．

14)　変数などの詳細な説明は池内他（2013b）を参照されたい．また，本章では取引先や資本関係のある企業からのスピルオーバー効果を考慮していないが，この問題について別途分析している池内他（2015a）を参照されたい．

15)　公的 R&D にかかる陳腐化率については，先行研究に従って 15% と仮定した．なお，科学技術政策研究所が大学及び公的研究機関に在籍する研究者を対象として 2012 年に実施したアンケート調査から，公的 R&D の陳腐化率を推計した結果は 14.3% であり，ほぼ同一の水準である（文部科学省科学技術政策研究所「分野別知識ストックに係るデータの収集・分析」NISTEP NOTE No.1, 2012 年）．

と学術分野の技術的な近さは，van Looy *et al.*（2004）が特許から学術論文
への引用件数をベースに開発したコンコーダンス行列を，『科学技術研究調
査』の製品分野分類と学術分野分類に適合するように調整して用いた．な
お，このコンコーダンスは，各学術分野の論文が特許に引用される確率を国
際標準技術分類（IPC）別に推計したものである．

　本節では，企業内の R&D は当該製品分野に属する全ての工場で利用可能
であると仮定し，R&D スピルオーバーの量は工場同士の立地距離と製品分
野間の技術距離に依存すると考える[16]．なお，工場や公的機関の立地はデー
タの制約から市区町村単位で定義し，同一市区町村内の距離は，市区町村の
面積と同一の円内で無作為に立地が行われた場合の 2 地点の距離の期待値で
代理する[17]．先行研究で指摘されるように，他社 R&D スピルオーバーや公
的 R&D スピルオーバーが工場の生産性に与える影響は，全ての工場で共通
であるとは限らない．先行研究ではしばしば，「吸収能力（Absorptive Capac-
ity）」の違いによる R&D スピルオーバー効果の異質性が注目される（Cohen
and Levinthal 1989）．特に，大学など公的 R&D からのスピルオーバーの場合
は吸収能力が，より重要となるといわれている（Cockburn and Henderson
1998, Cassiman and Veugelers 2006）．そこで，工場の吸収能力の違いがスピル
オーバーが生産性に与える限界効果に影響するかどうかについても仮説検定
する．

3.2　TFP 上昇率に対する R&D 及び技術知識スピルオーバー 効果の貢献

　パネルデータを用いた分析では，長期階差モデルを用いることによって，
固定効果モデルや 1 次階差（first difference）モデルに比べて，測定誤差によ
るバイアスの影響が緩和されることが知られている（Griliches and Hausman
1986, Branstetter 2000, Haskel *et al.* 2007）．そのため，(1) 式に (2) 式から

---

16)　もし研究者のインフォーマルなコミュニケーションが R&D スピルオーバーにとっ
　　て重要であれば，研究所や本社の距離の効果が強くなるかもしれない．この点につい
　　ては池内他（2013b）を参照されたい．

17)　円内の 2 点間の距離の期待値＝((円の面積／円周率)$^{0.5}$)×0.9054（伊藤 1993 参照）

表 9‑1　推定結果

従属変数：5 年間の TFP 上昇率の平均値（県・産業別の労働の質を考慮した推計値）

		推定式 [1]	推定式 [2]	推定式 [3]
非線形部分 立地距離 1 km 当たりのスピルオーバー効果減衰率				
企業間スピルオーバー	τ_S	-0.0048 $[0.002039]$ **	-0.0049 $[0.002112]$ **	-0.0053 $[0.002333]$ **
公的 R&D のスピルオーバー	τ_P		0.0000 $[0.002852]$	0.0000 $[0.001074]$
線形部分				
自社 R&D ストック増加率	α_R	0.0217 $[0.002214]$ ***	0.0217 $[0.002215]$ ***	0.0218 $[0.002216]$ ***
他社 R&D スピルオーバー増加率	α_S	0.0375 $[0.015158]$ **	0.0367 $[0.015087]$ **	0.0344 $[0.014605]$ **
×1 期前の自社 R&D ストック・売上高比率との交差項	β_{RS}			0.001748 $[0.006629]$
公的 R&D スピルオーバー増加率	α_P		0.0553 $[0.034077]$	0.0355 $[0.034017]$
×1 期前の自社 R&D ストック・売上高比率との交差項	β_{RP}			0.1543 $[0.040314]$ ***
1 期前の自社 R&D ストック・売上高比率	γ_R			-0.005062 $[0.001291]$ ***
初期 TFP 水準産業内相対値（対数）	ρ	-0.0768 $[0.000710]$ ***	-0.0768 $[0.000710]$ ***	-0.0768 $[0.000709]$ ***
TFP 上昇率の産業平均		0.9548 $[0.019417]$ ***	0.9584 $[0.019831]$ ***	0.9585 $[0.019786]$ ***
定数項		0.0080 $[0.007501]$	0.0063 $[0.007604]$	0.0070 $[0.007560]$
産業ダミー 年次ダミー		Yes Yes	Yes Yes	Yes Yes
観測数		47957	47957	47957
パラメータ数		71	73	76
誤差の標準偏差		0.013075	0.013075	0.013073
決定係数		0.167138	0.167151	0.167317
F 統計量（H0：NULL モデル）		9609.72***	9610.24***	9621.07***

注：1）　5 年階差モデルで推定された．サンプルは 1987〜2007 年の『科学技術研究調査』サンプル企業と接合された『工業統計調査』の工場である．ただし，自社 R&D ストック増加率が ±50% 以上の工場を除いた．

　　2）　*** p＜1%，** p＜5%，括弧内は分散不均一性に対して頑健な標準誤差．なお，「立地距離 1 km 当たりのスピルオーバー効果減衰率」のパラメータ τ_S 及び τ_P は 0 以下の値をとるように制約を付けて推定している．したがって，公的 R&D スピルオーバーに関する立地距離の効果の係数 τ_P が 0 となっているのは制約付最適化問題の端点解であることを示していることに注意されたい．

(4) 式を代入した1次階差モデルの両辺を1987年から2007年まで5年ごとにプールして平均をとり，長期階差モデルの推定を行った[18].

表9-1は長期階差モデルの推定結果を示している．推定式［1］は公的R&Dや企業の吸収能力の効果を考えない場合，推定式［2］は公的R&Dの効果を考慮した場合，推定式［3］はさらに企業の吸収能力の効果を考慮した場合の結果である．3つの推定式いずれについても，自社R&Dストックと地理的・技術的に近接した他社のR&Dストックの増加がTFP上昇に与える効果は正で有意であった．また，企業間のR&Dスピルオーバー効果の距離に関する減衰率τ_Sの推定値は推定式［3］の場合，-0.0053（1km当たり）であり，これは立地距離が1km離れると他社R&Dストックから受けるスピルオーバー効果がおよそ0.53%低下することを示している（100kmでは$(1-\exp(-0.0053\times100))\times100=41\%$の減衰）.

一方，推定式［2］の結果が示す通り，公的R&Dストック増加の係数は正だが，有意ではなかった．ただし，推定式［3］の結果によれば，自社R&Dストック・売上高比率と公的R&Dストック増加の交差項は正で有意であり，公的R&Dスピルオーバーは吸収能力の高い企業の工場の生産性には，正で有意な影響を与えていると考えられる．ただし，公的R&Dについては，地理的な距離拡大による減衰効果を示す係数の推定値は0であり，有意でなかった.

また，推定式［3］によれば，工場のTFPの自社R&Dストックに対する弾力性は0.022，他社R&Dスピルオーバーに対する弾力性は0.034である．一方，公的R&Dスピルオーバーに対する弾力性は，R&Dストックを持たない企業の工場については0.035で有意ではないが，R&Dストックの売上高比率との交差項の係数の推定値（0.1543）によれば，R&Dストックの売上高比率が1%上昇するごとに0.0015（≒$0.1543\div100$）上昇するとの結果であった.

---

18) 本節の推計式において，S_{it}とP_{it}はそれぞれ企業間及び公的R&Dスピルオーバーに対する地理的近接性の効果を表すパラメータ（τ_S, τ_P）に関して非線形の関数であるため，τ_Sとτ_Pがともに0以下の値をとる制約の下で非線形最小二乗法を用いて推定した.

3.3　TFP 上昇率に対する技術知識の寄与の分解

　以上報告した推定結果に基づいて，存続工場の全国の製造業全体の TFP 上昇率を，技術知識に関する各要因で説明される部分に分解してみよう．推定式 [3] の結果を使えば，製造業全体の TFP 上昇率は自社 R&D の寄与，企業間 R&D スピルオーバーの寄与，公的 R&D スピルオーバーの寄与，その他の要因の寄与の 4 つの項の和として分解できる．図 9-3 はドマー・ウェイトを用いて集計した存続工場全体の TFP 上昇率の推移に加え，上記の 4 つの寄与がどのように推移したかを示している．図 9-1 で既にみた内部効果の動きと同様に，1980 年代の後半から 2000 年代にかけて，R&D が生み出した存続工場の TFP 上昇は低下傾向にあった（1987〜1992 年は 1.6% ポイント TFP 上昇に寄与したが，2002〜2007 年は 0.6% ポイントの寄与にとどまる）．

　各要因の寄与の時間を通じた変化をみると，1992 年以前は企業間スピルオーバー効果が最も大きかったが，それは 1987〜1992 年の 0.8% から 1992〜1997 年の 0.34% へと急落し，1990 年代以降は公的 R&D スピルオーバーの寄与が最も重要になった．一方，自社 R&D の寄与も 1987〜1992 年の 0.36% から 1992〜1997 年の 0.19% へと減少している．

　企業間スピルオーバー効果の寄与や自社 R&D の寄与の減少は，1990 年代以降の経済停滞の下で，民間の R&D ストックの蓄積が低調になったことを反映していると考えられる．1990 年代以降も民間企業の R&D 支出の GDP 比は比較的高い水準にあったが，GDP 自体がほとんど成長していないため，R&D 支出もほとんど増えていない．このため R&D ストックの成長率は 1980 年代と比較して，1990 年代以降大きく下落したのである．

　2000 年代になると自社 R&D の寄与は若干上昇しているのに対し，企業間 R&D スピルオーバーの寄与は微減という状況である．一方，公的 R&D スピルオーバーの寄与は 1990 年代前半のバブル崩壊前後には 0.46% から 0.61% に上昇したが，2000 年前後には 0.49% から 0.36% へと減少した．

　次に，自社 R&D の寄与が 1990 年代に入って低下した原因を探るため，より詳細な要因分解を試みる．表 9-2 では，自社 R&D が TFP を上昇させる効果（A-1）を，製造業に属する全企業における R&D に関する資源配分

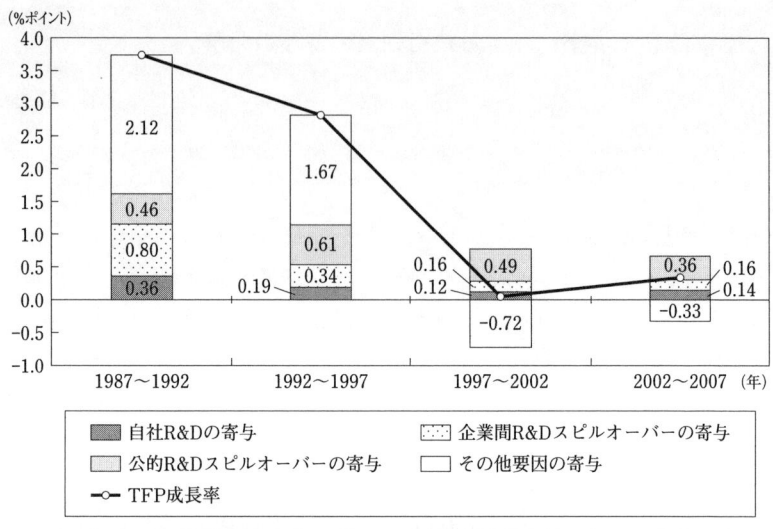

図 9‑3　推定結果［3］に基づく日本の製造業全体の TFP 上昇率
（存続企業のみ）の要因分解（年率）

注：推定結果［3］に基づき，工場レベルの TFP 上昇率の要因分解を行い，ドマー・ウェイトで集計した．ま
た同時に，R&D 実施企業の割合が母集団と一致するようにウェイトを付けて集計している．「その他の要因
の寄与」は TFP 成長率の産業平均の効果，定数項，年次ダミー，産業ダミーの効果などを含んでいる．

の視点から，製造業全体の R&D ストックの規模拡大効果（A‑1‑1）の寄与
と，R&D の資源配分の効率化（A‑1‑2：技術的近接性を加味した R&D ストック
の企業間・製品分野間配分が，製造業生産高の企業間・製品分野間配分にどれほど近
づいたか）の寄与の 2 つの要素に分解している[19]．R&D ストックの規模拡大
効果の寄与は年々低下しており，これが自社 R&D の寄与の低下の主因であ
るとみられる．これに対し，企業・製品分野間配分効率化の寄与は 1987〜
1992 年までは負であったが，バブル崩壊後は正に転じ，年々上昇していて
いる．

　さらに，企業間スピルオーバー効果の寄与が大幅に低下した原因を詳しく
みてみよう．表 9‑2 では，企業間 R&D スピルオーバー効果の TFP 上昇率に
対する寄与（A‑2）を，存続工場の R&D 増加の寄与（A‑2‑1），工場の新設

---

19)　詳細な分解方法の説明は池内他（2013a）を参照されたい．

表 9 - 2 推定結果 [3] に基づく TFP 上昇率の要因分解詳細

（製造業全体の TFP 上昇率への寄与，年率，% ポイント）

年	1987〜1992	1992〜1997	1997〜2002	2002〜2007
TFP 上昇率（製造業全体）	3.738	2.817	0.049	0.337
①民間・公的 R&D ストックの変化の寄与分	1.619	1.144	0.773	0.664
A）企業の R&D ストックの変化の寄与	1.156	0.534	0.282	0.304
A-1）自社 R&D の寄与	0.358	0.190	0.120	0.144
A-1-1）R&D ストックの規模拡大効果	0.442	0.172	0.091	0.080
A-1-2）R&D の企業・製品分野間配分の効率化の効果	−0.084	0.018	0.029	0.064
A-2）企業間 R&D スピルオーバー効果の寄与	0.798	0.344	0.162	0.159
A-2-1）存続工場の R&D ストックの変化の効果	0.736	0.331	0.284	0.421
A-2-2）工場の新設による近接性上昇の効果	0.127	0.151	0.216	0.254
A-2-3）工場の退出による近接性低下の効果	−0.065	−0.138	−0.337	−0.516
B）公的 R&D スピルオーバーの寄与	0.463	0.610	0.490	0.360
B-1）大学等からのスピルオーバーの寄与	0.230	0.324	0.264	0.239
B-2）その他公的機関からのスピルオーバーの寄与	0.232	0.286	0.226	0.121
②その他要因の寄与	2.120	1.674	−0.724	−0.326

注：推定結果 [3] に基づき，工場レベルの TFP 上昇率の要因分解を行い，ドマー・ウェイトで集計した．
また同時に，R&D 実施企業の割合が母集団と一致するようにウェイトを付けて集計している．

及び退出による近接性の変化の寄与（A-2-2，A-2-3）の，3 つの要素に分解している．企業間 R&D スピルオーバー効果が減少し，製造業全体の TFP 上昇を減速させたメカニズムとしては，存続工場の R&D 増加ペースの減少（規模拡大効果の低下）以上に，退出工場の負の効果の拡大がより強力に作用したことが分かる．前節で示したように，1990 年代の後半から 2000 年代にかけて都市部・製造業集積地において大きな負の純参入効果が観察されるが，これが企業間のスピルオーバー効果を大幅に低下させた可能性が高い．

このことを確認するため，図 9-4a，9-4b において企業間 R&D スピルオーバーの TFP 上昇率に対する寄与を，都道府県別に分解してみた．これによると 1990 年代後半からの退出工場による R&D 消失効果の寄与は，東京や神奈川など都市圏に集中していることが分かる（図 9-4b）．これは，都市部の集積地に立地していた R&D に積極的な企業の工場が閉鎖したり，海外や地方の非集積地に移転したりすることによって，R&D に積極的な企業の工場とそれ以外の工場との間の地理的な距離が増大し，企業間のスピルオー

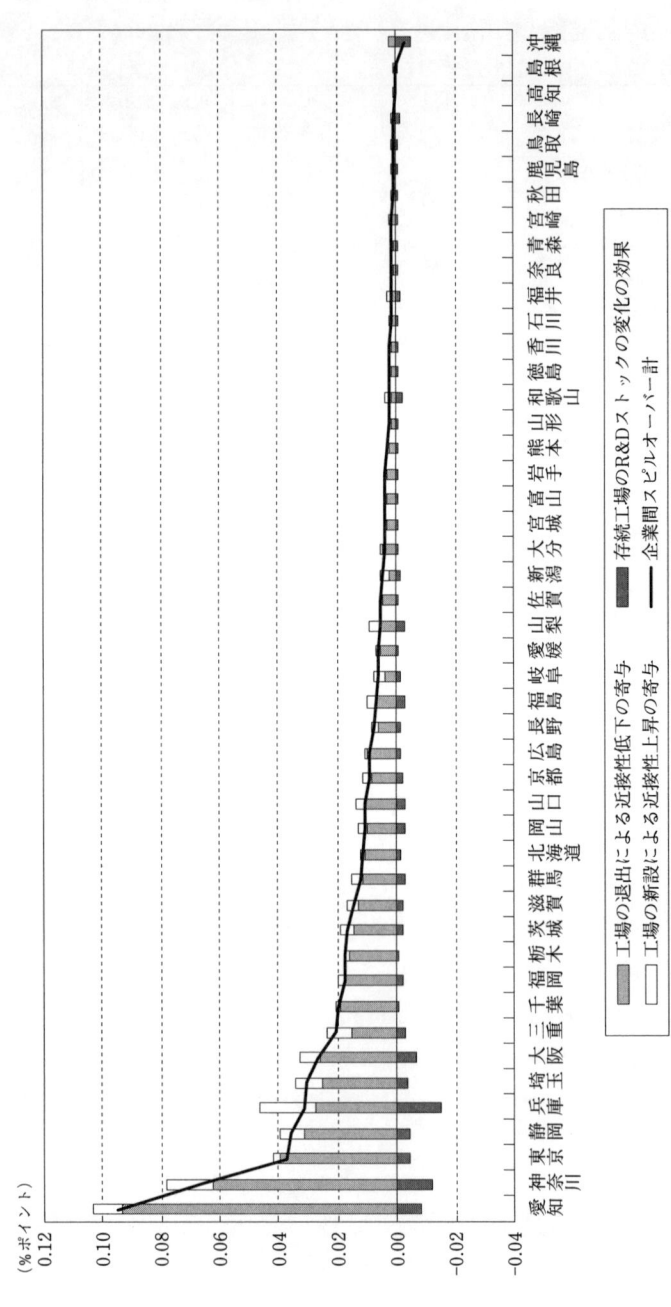

図 9-4a　企業間スピルオーバー効果における各県別 R&D ストックの寄与
（1987～1997 年の製造業全体の TFP 上昇率、年率）

注：推定結果 [3] に基づき、工場レベルの TFP 上昇率の要因分解を行い、ドゥー・ウェイトで集計した。また同時に、R&D 実施企業の割合が母集団と一致するようにウェイトを付けて集計している。全都道府県の寄与を合計すると日本の製造業全体の TFP 上昇率に対する企業間スピルオーバーの寄与に一致する。

250

(％ポイント)

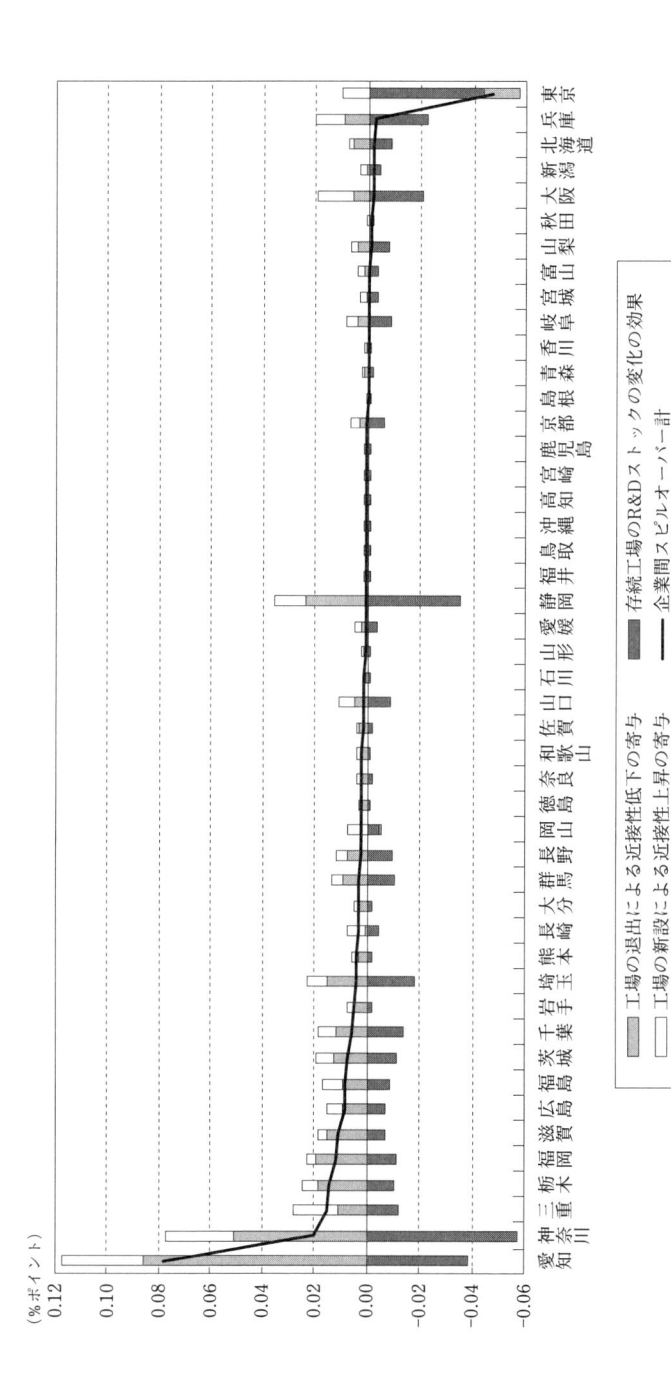

図 9-4b　企業間スピルオーバー効果の製造業全体の TFP 上昇率への寄与
（1997～2007 年の製造業全体の TFP 上昇率，年率）

注：推定結果 [3] に基づき，工場レベルの TFP 上昇率の要因分解を行い，ドマー・ウェイトで集計した。また同時に，R&D 実施企業の割合が母集団と一致するようにウェイトを付けて集計している。全都道府県の寄与を合計すると日本の製造業全体の TFP 上昇率に対する企業間スピルオーバーの寄与に一致する。

バー効果の寄与が低下したことを示唆している.

4. おわりに

1990 年代以降のいわゆる「失われた 20 年」と呼ばれる期間において，製造業における事業所の参入・退出（生産性動学）の効果を調べると，「負の退出効果」といえるような奇妙な現象が起こっていたことが指摘されている. これは，事業所の退出によって，通常期待される新陳代謝とはむしろ逆に，産業全体の平均生産性の低下が引き起こされているという現象である. こうした現象は，海外展開余力のある企業の事業所が国内生産から退出し積極的に生産活動を海外に移していった結果生じたものと理解されている.

本章では，こうした中核企業の国内生産からの退出が，純粋な生産性動学による効果を越えて，企業間の R&D スピルオーバー効果を通じて，国内の事業所の生産性上昇を停滞させる効果を持ったのではないかという仮説を立て，その検証を行った. 企業間の R&D スピルオーバー効果を考える際には，技術的な近接性に加えて，事業所間の立地の近接性が重要になるため，まず研究の第 1 段階として，生産性動学による「負の退出効果」がどの地域で顕著にみられるかを確認した. その結果，1995 年から 2005 年の期間で，東京，大阪，神奈川などこれまで製造業の集積地であった地域で，大きな負の退出効果が生じたことが確認できた.

次に研究の第 2 段階として，『工業統計調査』と『科学技術研究調査』のミクロデータを接合して，事業所の TFP 上昇に対する，当該事業所を持つ企業自身の R&D の効果，他企業や政府の R&D のスピルオーバー効果の大きさを推計し評価した. その結果，1990 年代以降の企業の R&D 投資の減速に加えて，企業間 R&D スピルオーバーの低下が注目された. 企業間 R&D スピルオーバーの低下の主因は，R&D ストックの増加率が低迷したことに加え，東京や神奈川，大阪など都市部において R&D 集約的な企業の工場が退出したことであった. これは，事業所間の R&D スピルオーバー効果は，他企業の事業所との距離が遠くなれば減衰していく性質があるため，産業集積地における R&D 集約的な企業の工場閉鎖が 1990 年代後半以降スピルオ

ーバー効果を著しく弱めたためである．このことから，産業集積地における
R&D 集約的な企業の工場閉鎖が，負の退出効果に加えて，周辺中小工場で
の TFP 上昇の低迷を同時にもたらしたことを示唆する．

　以上の分析結果は，産業集積地域における R&D 集約的な中核企業の存在
の重要性を示している．R&D 集約的な中核企業の国内立地を促すような政
策，例えば，経済連携協定による国際競争環境の整備，研究開発促進税制，
研究開発人材の確保などに積極的に取り組むことは，こうした政策の影響を
直接受ける中核企業だけでなく，その周辺に立地する中小規模の事業所にも
生産性上昇効果を通じて間接的なプラスの効果が及ぶことが予想される．そ
の一方で，他企業の R&D 活動からのスピルオーバー効果による波及を期待
するのみならず，中小規模の企業自身が自らの R&D 活動によって生産性上
昇の活路を見出させるような環境整備と誘因付けも必要であろう．こうした
ことを通じて，「失われた 20 年」の期間に観察された「負の退出効果」のよ
うな現象が消滅し，産業の参入・退出による正常なダイナミズムが働く環境
を整えていくことが求められる．

参考文献

浅沼万里（1997）『日本の企業組織革新的適応のメカニズム──長期取引関係の構造
　　と機能』東洋経済新報社.

池内健太・金榮愨・権赫旭・深尾京司（2013a）「製造業における生産性動学と R&D
　　スピルオーバー──ミクロデータによる実証分析」『経済研究』第 64 巻第 3 号,
　　pp. 269-285.

池内健太・R. Belderbos・深尾京司・金榮愨・権赫旭（2015a）「Buyers, Suppliers, and
　　R&D Spillovers」NISTEP Discussion Paper, No. 114.

池内健太・深尾京司・R. Belderbos・権赫旭・金榮愨（2013b）「工場立地と民間・公
　　的 R&D スピルオーバー効果──技術的・地理的・関係的近接性を通じたスピル
　　オーバーの生産性効果の分析」NISTEP Discussion Paper, No. 93.

池内健太・深尾京司・金榮愨・権赫旭・郷古浩道（2015b）「取引関係のオープン化が
　　日本の自動車部品産業の生産性に与えた影響の分析」RIETI Discussion Paper
　　Series, No. 15-J-017.

伊藤忠雄（1993）「円の中の 2 点間の距離の期待値について」『オペレーションズ・リ

サーチ：経営の科学』第 38 巻第 1 号，pp. 41-43.

科学技術政策研究所（2012）「分野別知識ストックに係るデータの収集・分析」NISTEP NOTE, No. 1. http://hdl.handle.net/11035/1167

金榮愨・権赫旭・深尾京司（2007）「企業・工場の参入・退出と産業レベルの生産性」RIETI Discussion Paper Series, No. 07-J-022.

金榮愨・深尾京司・牧野達治（2010）「「失われた 20 年」の構造的原因」『経済研究』第 61 巻第 3 号，pp. 237-260.

中小企業庁（2009）『中小企業白書　2009 年版』.

深尾京司（2012）『失われた 20 年と日本経済──構造的原因と再生への原動力の解明』日本経済新聞出版社.

Adams, J. D. (1990), "Fundamental Stocks of Knowledge and Productivity Growth," *Journal of Political Economy*, Vol. 98(4), pp. 673-702.

Adams, J. D. and A. B. Jaffe (1996), "Bounding the Effects of R&D: An Investigation Using Matched Establishment-Firm Data," *Rand Journal of Economics*, Vol. 27 (4), pp. 700-721.

Aldieri, L. and M. Cincera (2009), "Geographic and Technological R&D Spillovers within the Triad: Micro Evidence from US Patents," *Journal of Technology Transfer*, Vol. 34(2), pp. 196-211.

Anselin, L., A. Varga, and Z. Acs (1997), "Local Geographic Spillovers between University Research and High Technology Innovations," *Journal of Urban Economics*, Vol. 42(3), pp. 422-448.

Baily, M. N., C. Hulten, and D. Campbell (1992), "Productivity Dynamics in Plants," *Brookings Papers on Economic Activity: Microeconomics*, Vol. 23, pp. 187-267.

Belderbos, R., K. Ikeuchi, K. Fukao, Y. G. Kim, and H. U. Kwon (2015), "Agglomeration and Adverse Selection: Evidence from Multi-plant Firms," NISTEP (National Institute of Science and Technology Policy) Discussion Paper, No. 115.

Branstetter, L. (2000), "Vertical Keiretsu and Knowledge Spillovers in Japanese Manufacturing: an Empirical Assessment," *Journal of the Japanese and International Economies*, Vol. 14(2), pp. 73-104.

Caballero, R. J., T. Hoshi, and A. K. Kashyap (2008), "Zombie Lending and Depressed Restructuring in Japan," *American Economic Review*, Vol. 98(5), pp. 1943-1977.

Cassiman, B. and R. Veugelers (2006), "In Search of Complementarity in Innovation Strategy: Internal R&D and External Knowledge Acquisition," *Management Science*, Vol. 52(1), pp. 68-82.

Caves, D. W., L. R. Christensen, and W. E. Diewert (1982), "The Economic Theory of Index Numbers and the Measurement of Input, Output, and Productivity," *Econometrica*, Vol. 50(6), pp. 1393-1414.

Cockburn, I. M. and R. M. Henderson (1998), "Absorptive Capacity, Coauthoring Behavior, and the Organization of Research in Drug Discovery," *Journal of Industrial Economics*, Vol. 46(2), pp. 157-182.

Cohen, W. M. and D. A. Levinthal (1989), "Innovation and Learning: The Two Faces of R&D," *Economic Journal*, Vol. 99(397), pp. 569-596.

Domar, E. D. (1961), "On the Measurement of Technological Change," *Economic Journal*, Vol. 71(284), pp. 709-729.

Foster, L., J. Haltiwanger, and C. J. Krizan (2001), "Aggregate Productivity Growth: Lessons from Microeconomic Evidence," in: C. R. Hulten, E. R. Dean, and M. J. Harper eds., *New Developments in Productivity Analysis*, Chicago: University of Chicago Press, Ch. 8, pp. 303-372.

Fukao, K. and H.-U. Kwon (2006), "Why Did Japan's TFP Growth Slow Down in the Lost Decade? An Empirical Analysis Based on Firm-level Data of Manufacturing Firms," *Japanese Economic Review*, Vol. 57(2), pp. 195-228.

Fukao, K. and H.-U. Kwon (2011), "The Key Drivers of Future Growth in Japan," presentation prepared for the CCJ Growth Strategy Task Force White Paper, June 10, 2011.

Fukao, K., Y.-G. Kim, and H.-U. Kwon (2006), "Plant Turnover and TFP Dynamics in Japanese Manufacturing," Hi-Stat Discussion Paper Series, No. 180.

Fukao, K., K. Ikeuchi, Y.-G. Kim and H.-U. Kwon (2011), "Do More Productive Firms Locate New Factories in More Productive Locations? An Empirical Analysis Based on Panel Data from Japan's Census of Manufactures," RIETI Discussion Paper Series, No. 11-E-068.

Furman, J. L., M. K. Kyle, I. M. Cockburn, and R. Henderson (2005), "Public & Private Spillovers, Location and the Productivity of Pharmaceutical Research," NBER Working Paper, No. 12509.

Good, D. H., M. I. Nadiri, and R. C. Sickles (1997), "Index Number and Factor Demand Approaches to the Estimation of Productivity," in: H. Pesaran and P. Schmidt eds. *Handbook of Applied Econometrics Volume 2: Microeconomics*, Oxford : Blackwell, pp. 13-74.

Goto, A. and K. Suzuki (1989), "R&D Capital, Rate of Return on R&D Investment and Spillover of R&D in Japanese Manufacturing Industries," *Review of Economics and Statistics*, Vol. 71(4), pp. 555-564.

Griliches, Z. (1979), "Issues in Assessing the Contribution of Research and Development to Productivity Growth," *Bell Journal of Economics*, Vol. 10(1), pp. 92-116.

Griliches, Z. and J. A. Hausman (1986), "Errors in Variables in Panel Data," *Journal of Econometrics*, Vol. 31(1), pp. 93-118.

Hall, B. H., J. Mairesse, and P. Mohnen (2010), "Measuring the Returns to R&D," in: B. H. Hall and N. Rosenberg eds., *Handbook of the Economics of Innovation, Volume 2*, Amsterdam: Elsevier, pp. 1034-1074.

Haskel, E. J., S. Pereira, and M. J. Slaughter (2007), "Does Inward Foreign Investment Boost the Productivity of Domestic Firms?," *Review of Economics and Statistics*, Vol. 89(3), pp. 482-496.

Jaffe, A. B. (1989), "Real Effects of Academic Research," *American Economic Review*, Vol. 79(5), pp. 957-970.

Jaffe, A. B., M. Trajtenberg, and R. Henderson (1993), "Geographic Localization of Knowledge Spillovers as Evidenced by Patent Citations," *Quarterly Journal of Economics*, Vol. 108(3), pp. 577-598.

Klette, T. J. (1996), "R&D, Scope Economics, and Plant Performance," *Rand Journal of Economics*, Vol. 27(3), pp. 502-522.

Kwon, H.-U., Y.-G. Kim, and K. Fukao (2009), "R&D and Productivity Growth: An Empirical Analysis Based on Micro-Data on Japanese Manufacturing Firms," mimeo.

Kwon, H.-U., F. Narita, and M. Narita (2015), "Resource Reallocation and Zombie Lending in Japan in the 1990s," *Review of Economic Dynamics*, Vol. 18(4), pp. 709-732.

Leten, B., R. Belderbos, and B. van Looy (2007), "Technological Diversification, Coherence, and Performance of Firms," *Journal of Product Innovation Management*, Vol. 24(6), pp. 567-579.

Lokshin, B., R. Belderbos, and M. Carree (2008), "The Productivity Effects of Internal and External R&D: Evidence from a Dynamic Panel Data Model," *Oxford Bulletin of Economics and Statistics*, Vol. 70(3), pp. 399-413.

Nishimura, K. G., T. Nakajima, and K. Kiyota (2005), "Does the Natural Selection Mechanism Still Work in Severe Recessions? Examination of the Japanese Economy in the 1990s," *Journal of Economic Behavior and Organization*, Vol. 58(1), pp. 53-78.

Schmoch, U., F. Laville, P. Patel, and R. Frietsch (2003), "Linking Technology Areas to Industrial Sectors: Final report to the European Commission, DG Research". http://www.obs-ost.fr/sites/default/files/TechInd_Final_Report_Revision.pdf

Suzuki, K. (1993), "R&D Spillovers and Technology Transfer among and within Vertical Keiretsu Groups: Evidence from the Japanese Electrical Machinery Industry," *International Journal of Industrial Organization*, Vol. 11(4), pp. 573–591.

van Looy, B., R. J. W. Tijssen, J. Callaert, T. van Leeuwen, and K. Debackere (2004), "European science in industrial relevant research areas: Development of an indicator-based bibliometric methodology for performance analyses of countries and research organizations," Report for the European Commission (DG Research) produced by the Centre for Science and Technology Studies, Leiden, (CWTS) and International Centre for Studies in Entrepreneurship and Innovation Management, Leuven (INCENTIM).

索　引

編者・執筆者紹介

［編者］

徳井丞次（とくい・じょうじ）
信州大学経法学部応用経済学科教授，独立行政法人経済産業研究所ファカルティフェロー／序章，第1章，第2章，第3章，第5章.

［執筆者］（五十音順）

新井園枝（あらい・そのえ）
独立行政法人経済産業研究所計量分析・データ専門職／第4章.

池内健太（いけうち・けんた）
独立行政法人経済産業研究所研究員／第9章.

乾　友彦（いぬい・ともひこ）
学習院大学国際社会科学部教授，同学部長，独立行政法人経済産業研究所ファカルティフェロー／第8章.

枝村一磨（えだむら・かずま）
公益財団法人日本生産性本部主任研究員／第7章，第8章.

川崎一泰（かわさき・かずやす）
東洋大学経済学部教授／第7章.

金　榮愨（Kim YoungGak）
専修大学経済学部教授／第4章，第9章.

権　赫旭（Hyeog Ug Kwon）
日本大学経済学部教授，独立行政法人経済産業研究所ファカルティフェロー／第9章.

深尾京司（ふかお・きょうじ）
一橋大学経済研究所教授，日本貿易振興機構アジア経済研究所長，独立行政法人経済
産業研究所ファカルティフェロー／第5章，第6章，第9章．

牧野達治（まきの・たつじ）
独立行政法人経済産業研究所リサーチアシスタント／第1章，第2章，第5章，第6
章．

水田岳志（みずた・たけし）
一橋大学経済研究所機関研究員／第3章．

宮川　努（みやがわ・つとむ）
学習院大学経済学部教授，独立行政法人経済産業研究所ファカルティフェロー／第7
章．

山内　勇（やまうち・いさむ）
明治学院大学経済学部講師，独立行政法人経済産業研究所リサーチアソシエイト／第
8章．

日本の地域別生産性と格差
R-JIP データベースによる産業別分析

2018 年 8 月 31 日　初　版

［検印廃止］

編　者　徳井丞次

発行所　一般財団法人　東京大学出版会

代表者　吉見俊哉

153-0041　東京都目黒区駒場 4-5-29
http://www.utp.or.jp/
電話　03-6407-1069　Fax 03-6407-1991
振替　00160-6-59964

印刷所　株式会社三秀舎
製本所　誠製本株式会社

ここに表示された価格は本体価格です．御購入の
際には消費税が加算されますので御了承下さい．